Bruder Hund & Schwester Katze

Jürgen Körner

Bruder Hund
& Schwester Katze

Tierliebe – Die Sehnsucht des Menschen
nach dem verlorenen Paradies

Kiepenheuer & Witsch

Erste Auflage 1996

© 1996 by Verlag Kiepenheuer & Witsch, Köln
Alle Rechte vorbehalten. Kein Teil des Werkes
darf in irgendeiner Form (durch Fotografie, Mikrofilm
oder ein anderes Verfahren) ohne schriftliche
Genehmigung des Verlages reproduziert
oder unter Verwendung elektronischer Systeme verarbeitet,
vervielfältigt oder verbreitet werden.
Umschlaggestaltung: Silke Niehaus, Düsseldorf
Gesetzt aus der Berthold Garamont Amsterdam
bei Kalle Giese Grafik, Overath
Druck und Bindearbeiten: Pustet, Regensburg
ISBN 3-462-02527-9

Inhalt

1. Zur Einleitung zwei Geschichten   9

2. Die Geschichte der Mensch-Tier-Beziehung   11
Der Abschied des Menschen aus der
    Gemeinschaft mit dem Tier   11
Frühe Bilder vom Tier: Schöpfungsgeschichten und
    Göttergestalten   16
Domestikation des Tieres: Nutztier und Untertan   20
Wachsende Entfremdung von der Natur   32
    Tierliebe als biblisches Gebot   32
    Die Tierprozesse des Mittelalters   37
    Tierliebe im Übergang zur Neuzeit   42
    Die »Erfindung« der Tierliebe und das Ende
        des Mittelalters   45
    Die Liebe und die Verliebtheit   50
    Die Geschichte der Tierpsychologie   58
    Der Kluge Hans   62
    Tierpsychologie und Verhaltensforschung   68

3. Die Liebe unter den Menschen   75
Entwicklung des Mitgefühls, der Empathie   76
Kindliche und jugendliche Grausamkeit an Tieren   87
Menschen brauchen den anderen   95
    Die Frage nach dem eigenen Selbst   96
    Gewissensprobleme   100
    Den anderen verwenden   103

4. Die Liebe zum Tier 110
Das Fremde und das Vertraute 110
Verständigungen zwischen Mensch und Tier 117
Tierliebe zwischen Hingabe und Kontrolle 135

5. Die Illusionen der Tierliebe 141
Das böse Tier in einer guten Welt 145
   Sündenbock und Werwolf 147
   Die Leiden des bösen Tieres 152
   Die Angst vor dem bösen Tier im Menschen 162

Das gute Tier in einer bösen Welt 166
   Erzählungen über das gute Tier 168
   Über die Verwendung des Haustieres 176
   Ein Tag in der Hundeausstellung 180
   Katzen und Katzenliebhaber 184
   Das Tier als Sportkamerad 187
   Ein Tag beim Preisangeln 192
   Das gute Tier als Erzieher und Therapeut 200

Noch bessere Tiere, noch schlechtere Menschen 208

6. Eine Ethik der Mensch-Tier-Beziehung 222
Das ethische Problem ist unvermeidbar 225
Das ethische Problem ist unlösbar 229
Dem Problem begegnen! 234

Anmerkungen 241
Literatur 247

1. Zur Einleitung zwei Geschichten

Vor etwa 12 000 Jahren starb ein alter Mann in der Nähe des Ortes Ein Mallaha in Israel. Man wählte für ihn eine günstige Grabstelle; sie war trocken und für Raubtiere unzugänglich, und sie ließ nur einen sehr langsamen Verfall des toten Körpers zu. So fand man zu Beginn dieses Jahrhunderts ein gut erhaltenes Skelett. Das Erstaunlichste an diesem Fund war aber, daß dieser Mann in Gesellschaft eines Tieres begraben worden war: Er hielt einen jungen Hund in seinen Armen.

Das Gebiß dieses drei bis fünf Monate alten Welpen [1] legt die Vermutung nahe, daß hier keine Jagdtrophäe, nicht der erbitterte Feind des steinzeitlichen Menschen erlegt und seinem Jäger beigegeben worden war. Es muß ein Tier gewesen sein, daß nach vielen Generationen der Gewöhnung an den Menschen sein Leben in der Wildnis schon aufgegeben hatte. Vieles an ihm mag noch wölfisch ausgesehen haben, und gewiß besaß er keine der Fähigkeiten eines Wach- oder Hütehundes. Die Menschen jener Zeit hatten noch keine Herden, die man treiben oder bewachen mußte, und so wird dieser Hund, der einer der Ahnen unseres Haushundes war, ein Spielgefährte gewesen sein, ein Begleiter im Leben dieses alten Mannes, undressiert und eigenwillig, aber vielleicht auch nähebedürftig und anschmiegsam. Das steinzeitliche Grab in Ein Mallaha ist eines der frühesten Zeugnisse menschlicher Tierliebe, die einsetzte, noch bevor Menschen damit begannen, Tiere zu zähmen und zu züchten, um aus ihnen wirtschaftlichen Nutzen zu ziehen.

Im Jahre 1993 schrieb eine ältere Dame im Stadtteil Wilmersdorf in Berlin ihr Testament. Sie verfügte, man möge nach ihrem Ableben auch ihren kleinen Hund einschläfern und ihr im Grabe beigeben. Sie mochte ihm nicht zumuten, ohne sie weiterzuleben, fürchtete, er würde sich im Schmerz verzehren und müsse seine Jahre unter kaltherzigen Menschen oder gar im Tierasyl zubringen.

Wir wissen nicht, wie weit sich die Schicksale des Wolfshundes in Ein Mallaha und des Schoßhundes in Berlin-Wilmersdorf ähneln. Beide aber sind Zeugen menschlicher Tierliebe, einer rätselhaften, manchmal verwirrenden Beziehung zwischen Menschen und Tieren, die vielleicht vor 120 Jahrhunderten mit den Menschen der mittleren Steinzeit begann.

Tierliebe überwindet die große Distanz zwischen Mensch und Tier, sucht Nähe und Vertrautheit. Darin ist sie der Liebe unter den Menschen ähnlich. Aber sie ist auch ganz anders, weil auch die intensivste Tierliebe auf unüberschreitbare Grenzen stößt, nämlich auf die unzugängliche Eigenart des Tieres. Diese Grenzen lassen sich nur in der Illusion und in der »Liebe bis auf den Tod« überwinden. Davon handelt dieses Buch.

2. Die Geschichte der Mensch-Tier-Beziehung

Der Abschied des Menschen aus der Gemeinschaft mit dem Tier

Als Menschen damit begannen, ihre Erlebnisse in Malereien festzuhalten, malten sie vor allem Tiere. Sie malten Jagdwild, herbeigesehntes, das sich ihnen entzog, und sie malten furchterregende Raubtiere, die immer wieder und nach unbegreiflichen Plänen ihre Opfer unter den Menschen suchten.

Wir können heute nicht wissen, was jene Menschen dachten oder fühlten, als sie mit roter Kreide die Umrisse einer Antilope oder eines Auerochsen auf die Felswand zeichneten. Vielleicht waren es Beschwörungsformeln, magische Phantasien, die das Jagdtier herbeirufen, seine Schritte lenken sollten, so daß es im Gesichtsfeld erschiene. Vielleicht waren es intensive Wünsche, die das Raubtier, das gefährliche, beschwichtigen und seinen Plänen eine günstige Richtung geben sollten.

Merkwürdig genug ist, daß Menschen zunächst – etwa bis ins 8. Jahrtausend vor Christus [2] – nicht sich, sondern nur Tiere in ihren Zeichnungen abbildeten. Mit Tierbildern begannen sie, die Gegenstände der Welt zu erfassen und gedanklich, bildhaft festzuhalten. An ihnen entwickelten sie die Fähigkeit, sich auch abwesende Dinge vorzustellen, und sicher zu sein, daß auch die nicht sichtbare Antilope doch anwesend ist – irgendwo in der Steppe, verborgen gewiß, aber nicht aus der Welt. In ihren Zeichnungen wiesen sie sich selbst darauf hin, daß es diese Tiere gibt, auch wenn man sie nicht sieht. Und wenn sie unsicher wurden in Zeiten geringeren Jagdglücks, so genügte ein Blick auf die Zeichnung, um doch wieder Hoffnung zu schöpfen.

Ähnlich wie Kleinkinder noch glauben, das versteckte Spielzeug sei nicht mehr vorhanden, mag den Menschen der mittleren Steinzeit noch die Einsicht in die Dauerhaftigkeit der Dinge gefehlt haben. Aber mit der Fähigkeit zur gedanklichen und bildhaften Vorstellung der Tiere wuchs ihnen die Sicherheit über die Kontinuität der Objekte. Diese Gewißheit, daß das Tier fortlebt, wenn es aus dem eigenen Gesichtskreis herausgetreten ist, stellten die Menschen vor 10 000 Jahren in ihren Zeichnungen dar.

Erst sehr viel später entwickelten sie auch von sich selbst ein Bild, gewannen eine Vorstellung über sich, konnten sich gleichsam von außen betrachten. Sie begannen, nicht nur zu »sein«, sondern sich auch zu »haben«, wie der Philosoph Plessner[3] sagt. Sie lebten und wirkten nicht nur, sondern sie betrachteten sich auch von einem äußeren, »exzentrischen« Standpunkt aus, dachten über sich selbst nach (»so bin ich«) – und malten Bilder über sich.

Die Menschen jener Zeit des Überganges sahen sich als Tiere unter Tieren, nicht überlegen, und schon gar nicht als die Herren dieser Welt. Im Gegenteil, im Vergleich zu den Tieren ihrer Umwelt waren sie jämmerlich ausgestattet: Zum Kämpfen waren sie zu schwach, zum Fliehen zu langsam, und außerhalb eines gemäßigten Klimas froren sie bitterlich oder schwitzten sich schier zu Tode. Daß derartige »Mängelwesen« (Gehlen) überleben konnten, lag daran, daß sie begonnen hatten, mit ihrer wachsenden Intelligenz die Unzulänglichkeiten ihrer Ausstattung auszugleichen. Aber es sollte noch lange dauern, bis sie ihre Fähigkeit zu planvollem, zielbezogenem Handeln genießen konnten, bis sie ihre Sprache dazu verwendeten, alle wichtigen Erfahrungen mitzuteilen, um über Generationen hinweg einen gewaltigen Wissensbestand aufzubauen, und bis sie in wichtigen Situationen des täglichen Lebens ihre Möglichkeiten überdenken und sichere Entscheidungen fällen konnten. Noch erlebten sie ihre Fähigkeit zur gedanklichen Vorwegnahme vieler Alternativen eher als Last der Ratlosigkeit und ihre Möglichkeit, Entscheidungen abzuwägen, als gefährlichen Wankelmut. Halbwegs schon aus der Sicherheit ihrer Instinktbindung entlassen, konnten sie ihre Freiheit noch längst nicht als Überlegenheit nutzen.

Auch hatte ihre Fähigkeit, sich abwesende Dinge vorzustellen und zunehmend auch sich selbst gleichsam von außen betrachten zu können, ihnen eine Last auferlegt, die sich nie wieder abschütteln ließ: die Furcht vor dem Tode. Tiere, die keine Vorstellung über sich haben, können auch nicht wissen, daß es sie eines Tages nicht mehr geben wird. Weil die Vorstellung von der Existenz eines Dinges unvermeidlich auch die Ahnung seiner Nichtexistenz einschließt, gewann der Mensch mit der Fähigkeit, sich ein Bild von sich selbst zu machen, auch die Gewißheit darüber, daß er sterblich ist. Diese Gewißheit begleitet ihn, er kann sie verleugnen – darum bemüht er sich bis heute nach allen Kräften –, aber er wird sie nicht los. Je mehr er die Ereignisse in seinem Leben als Episoden einer forterzählten Geschichte versteht, je mehr er die Gegenwart zwischen Vergangenheit und Zukunft einzureihen vermag, desto sicherer ist ihm die Gewißheit, daß auch seine eigene Existenz nur eine Episode ist, eine begrenzte Geschichte mit einem Anfang und einem Ende. Und er weiß, danach wird es ohne ihn weitergehen.

Was mag der Mensch der älteren und mittleren Steinzeit über die Tiere seiner Umwelt gedacht haben? Schienen sie nicht immer zu wissen, was sie zu tun hatten? Wußten sie nicht immer die richtigen Antworten, das passende Verhalten in jeder Situation: angreifen, davonstürmen, einfach fortfliegen, sich vergraben, schlafen, fressen – kein Wankelmut, sondern Entschlossenheit, keine Ratlosigkeit, sondern Entschiedenheit, das Richtige zu tun. Der Steinzeitmensch sah wohl, wie innig das Tier und seine Welt aufeinander abgestimmt sind, wie gut ein Tier ausgestattet ist für seinen Platz in seiner eigenen Umwelt.

Heute verstehen wir die Instinktgebundenheit des Tieres als Enge und die Geschmeidigkeit seiner Anpassung als Unfreiheit. Wir bemitleiden die Schlupfwespe, die mit ihren Kiefern einen betonartigen Verschluß vor ihrer Schlupfhöhle aufraspelt, aber an einem künstlich dort aufgespanntem Stück Seidenpapier scheitert. Und wir belächeln die Tierarten, die nicht überlebten, weil sie darin versagten, sich einer veränderten Umwelt oder einem klimatischen Wechsel anzupassen. »Viel Panzer, wenig Gehirn!« rufen wir den Sauriern früherer Tage vielsagend und höhnisch zu, und wir wundern uns, daß es noch Elche gibt, die nicht verstanden haben, daß man heute mit leichterem Gepäck besser zurechtkommt.

Doch den Menschen der frühen und mittleren Steinzeit fehlte diese herablassende Betrachtungsweise. Sie hatten noch nicht gelernt, wie man das Zusammenspiel zwischen dem Tier und seiner Umwelt von außen betrachten und sich zunutze machen kann. Vielleicht hatten sie schon damit begonnen, den Ruf einer Hirschkuh nachzuahmen, um einen Hirschen herbeizulocken. Oder sie wußten schon, daß man den Lachs nur zu bestimmten Zeiten fangen kann. Aber das war ja erst der Anfang. Noch fehlte ihnen fast jede Anschauung über die Gesetzmäßigkeiten natürlicher Zusammenhänge, z. B. über die geschlechtliche Fortpflanzung und über die Regeln, denen die Tiere instinkthaft folgen müssen. Nur wenige dieser Regeln konnten sie schon für sich ausnutzen, wenn sie Fallen stellten und Köder verwendeten, wenn sie am Wildwechsel auflauerten oder an der Wasserstelle auf Beute warteten.

Uns, die wir heute so viel über Tiere zu wissen glauben, ist kaum vorstellbar, wie rätselhaft das Tier für den Steinzeitmenschen gewesen ist. Wir sollten aber bedenken, daß viele der heute banal erscheinenden Zusammenhänge für lange Zeit ganz unerklärlich waren. So wurden z. B. die Mechanismen der Fortpflanzung erst vor wenigen Jahrhunderten entdeckt. Im Mittelalter noch glaubten die Menschen, daß gewisse Säugetiere, z. B. Ratten, außerhalb geschlechtlicher Vermehrung entstehen könnten. Sie könnten, so dachte man, z. B. in einem Haufen Müll wie von selbst auftauchen und sich verbreiten.

Und wir sollten berücksichtigen, daß wir selbst heute trotz mühevoller Forschungsarbeit nur sehr wenig wissen, z. B. über Sinnes- und Orientierungsleistungen der Tiere, über ihre innerartliche Verständigung und über ihre Lernfähigkeit. Wir täuschen uns heute über unsere Unwissenheit hinweg, weil wir gelernt haben, die für uns nützlichen Wahrnehmungen herauszulesen, und die anderen für unwichtig halten. Ob also der Jungaal den Weg zu den Strömen Europas absichtsvoll sucht, ob er sich zum Golfstrom hin orientiert oder ob er rein zufällig überlebt, weil er – wie vielleicht 5% seines Geburtsjahrganges – vom warmen Golfstrom mitgenommen wurde, kann unserem praktischen Verstand einerlei sein. Es genügt zu wissen, *daß* Aale in ausreichender Zahl ankommen; es genügt jedenfalls, um sie erfolgreich zu fangen und aufzuessen. Wenn wir einmal davon absehen, daß wir gelernt haben, die Instinktgebundenheit des Tieres für uns auszunutzen, dann sehen wir uns heute noch einer unbegreiflichen Vielfalt des Lebens ausgesetzt, und wir können ahnen, wie viele Rätsel den Steinzeitmenschen umgaben.

Frühe Bilder vom Tier: Schöpfungsgeschichten und Göttergestalten

Das rätselhafte Verhalten der Tiere, ihr Orientierungsvermögen, ihre Sinnesleistungen, ihre geheimnisvollen Signale untereinander machten das Tier für den frühgeschichtlichen Menschen zu einem unbegreiflichen Wesen. Zusätzlich stattete er es mit übernatürlichen Eigenschaften aus, verehrte es wegen seiner göttlichen Herkunft oder seiner bedeutenden Rolle bei der Erschaffung der Welt.

Zahlreiche Mythen über die Schöpfung der Welt weisen dem Tier eine tragende Rolle zu. Häufig ist ein Tier selbst der Schöpfer der Welt, z. B. ein Eber, oder der Adler, der bei den Göttern im Himmel wohnt. Zahlreiche Mythen, die in verschiedenen Erdteilen und unabhängig voneinander aufkamen, schreiben der Schildkröte den Schöpfungsakt zu; sie sei in das Wasser oder in den Sumpf hinabgetaucht und habe die Welt von dort unten heraufgeholt. Überhaupt ist dieses Motiv sehr verbreitet: die Erschaffung der Welt als Schöpfung im buchstäblichen Sinne. Die Welt mußte aus der Flüssigkeit der Meere oder aus der Tiefe eines Sumpfes »geschöpft«, emporgehoben werden.

Auch die Schöpfungsgeschichte der Genesis beginnt mit einem ähnlichen Schritt: Aus dem »Tohuwabohu« (d. h. »wüst und leer«) entstand die für Menschen bewohnbare Erde in einem Akt der Teilung, der Unterscheidung von Wasser und Land. In der Zeit vor allen monotheistischen Religionen waren es Tiere, die diesen primären Schritt einer Schöpfung vollzogen. Daß gerade die Schildkröte zu dieser Unterscheidung befähigt ist, liegt auf der Hand: Sie lebt zu Wasser und zu Land, sie scheint von der Trennung zwischen den Elementen selbst nicht betroffen zu sein.

Andere Schöpfungsmythen stellen einen Widerstreit an den Anfang der Weltgeschichte: Entweder waren es zwei Tiere – z. B. der Falke und die Krähe –, die einen Kampf zwischen Gutem und Bösem ausfochten, oder ein Tier trat als Gegenspieler eines Schöpfergottes auf, dann vertrat es die »untere« Welt, die im Akt der Schöpfung besiegt werden mußte. Zuweilen spielten Tiere auch nachgeordnete Rollen, wenn sie einem Schöpfer als Helfer zur Hand gingen, Botschaften übermittelten und ihn unterstützten[4].

In der Idee von einem anfänglichen Widerspruch zwischen Gutem und Bösem ist die sehr alte Vorstellung von den primären Gegensätzen (Licht-Dunkelheit, Wasser-Land) aufgenommen und fortentwickelt worden. Nun hilft sie, sittliche Unterscheidungen treffen zu können. Mit der so gewonnenen moralischen Urteilsfähigkeit aber hebt sich der Mensch aus der Welt der Tiere heraus, stellt sich ihnen gegenüber und glaubt sich (wenigstens moralisch) überlegen. Das Alte Testament widmet diesem Entwicklungsschritt ein großes Kapitel, das des »Sündenfalls«. Und hier ist es die Schlange, welche das Gebot in Frage stellt, sie wird zum Symbol des Bösen. Menschen werden aus dem Paradies, aus dem glücklichen Zusammenleben mit allem Lebendigen herausgenommen; sie verlieren die Harmonie der Gleichheit, Ungetrenntheit, und sie gewinnen die Fähigkeit, sich die Welt untertan zu machen.

Im Alten Ägypten nahm das Tier die Stellung eines Mittlers zwischen Göttern und Menschen ein. Die ersten ägyptischen Könige erschienen in Tiergestalt. Später trugen sie ein menschliches Antlitz – ein Beispiel ist die Sphinx –, danach erst ganz menschliche Gestalt. Auch dann verfügten sie aber noch über tierische Eigenschaften, in denen ihre göttliche Herkunft zum Ausdruck kam. Die frühen geschichtlichen Könige der Ersten Dynastie trugen noch Tiernamen, die etwa 2800 Jahre vor Christus erst aufgegeben wurden.

Trotz dieser Vermenschlichung ägyptischer Könige im dritten Jahrtausend vor Christus behielten viele Tierarten ihre Sonderstellung bei, weil die Ägypter glaubten, daß Götter in ihnen eine Gestalt angenommen hätten. So galt der Ibis als eine Gestalt des Gottes Thot, es gab Stierkulte, und die Katze wurde als gestaltgewordene Göttin verehrt.

Keinesfalls zog der Ägypter eine scharfe Trennung zwischen sich und dem Tier. Auch wenn er sich vor das Tier in eine Rangordnung stellte – sie lautete: Gott-Mensch-Zwerg-Tier-Pflanze –, sah er doch alle Wesen als beseelten Ausdruck eines Schöpferwillens an[5]. Man durfte das Tier nicht quälen, und jedes Tier, das gejagt oder geopfert wurde, mußte rituell zum Feind erklärt werden, denn nur als Feind durfte es getötet und verzehrt werden.

Ganz ähnlich handelte schon der Chromagnon-Mensch der letzten Eiszeit. Ihm offenbarte sich im Tier eine göttliche, schöpferische Macht, der man respektvoll zu begegnen hatte[6]. Und vermutlich hatte schon der Neandertaler einen Bärenkult entwickelt, und selbst wenn der Chromagnon-Mensch den Bären nicht als fleischgewordene Gottheit verehrte, erblickte er in ihm doch das »Bruder-Tier«[7], das man um Verzeihung bitten mußte, bevor man es jagte und tötete. Felsmalereien und Funde jedenfalls lassen diese Deutung zu: Der Mensch bittet sein Opfer, den Bären, um Vergebung. Kuhn berichtet z. B. über eine Gravur auf einem Stein: »Sie zeigt einen aufrecht stehenden Bären, vor dem ein Mensch sich verneigt, während ein zweiter Jäger hinter dem Tier steht. Es handelt sich aber mit Sicherheit nicht um eine Jagdszene, sondern um das Zeremoniell vor der Tötung: Der Mensch bittet sein Opfer um Vergebung! Er redet ihn ehrfurchtsvoll an, denn für ihn ist der Bär, der ja wie er selbst aufrecht stehen kann, sozusagen nur ein durch sein zottiges Fell verkleideter Mensch, ja, vielleicht sogar ein höherer Mensch.«[8]

Domestikation des Tieres: Nutztier und Untertan

Vor etwa 10.000 Jahren begannen Menschen damit, Nutztiere zu halten und zu züchten. Es war in der Gegend des heutigen Libanon, und es mag so zugegangen sein[9]: Jahr für Jahr waren die Ziegen zur kalten Jahreszeit von den Höhen herabgestiegen, man konnte sie fangen und aufessen. Aber im Frühjahr zogen sie sich in die Berge zurück, und dann war es mühselig, ihrer habhaft zu werden. Lag es nicht nahe, die Herden am Fortziehen zu hindern?

Tatsächlich kam den Menschen die Idee, die wenig scheuen Ziegen (und später auch Schafe) in ihrer Nähe zu behalten. Sie sperrten sie in Gehege oder banden sie fest, sie sorgten für Futter und achteten darauf, daß sie sich auch in dieser Gefangenschaft fortpflanzen konnten. Sie erlernten die Auswahl der Zuchttiere nach Größe und Gesundheit, sie kontrollierten die Fortpflanzung und bestimmten sogar die günstigen Termine für die Geburt der Lämmer. So züchteten sie die ersten Rassen.

Aus heutiger Sicht erscheint es sehr naheliegend, Ziegen und Schafe am Fortziehen zu hindern und in Gehege zu sperren. Für die Menschen des Neolithikums aber war es ein großer Sprung in eine neue Zeit. Sie hatten gelernt, den Instinkt des Tieres, seinen Bezug zu seiner Umwelt von außen zu betrachten und in den Ablauf der Jahreszeiten einzuordnen. Sie wußten aus den Erzählungen über die Regelmäßigkeit dieses Kommens und Gehens, und sie machten sich diese Einsicht zunutze.

Lag hier eine Quelle neuen Selbstbewußtseins, die erste Ahnung eines wesentlichen Unterschiedes zwischen

Mensch und Tier? Gewiß war es nicht so, daß der Mensch seine Überlegenheit nutzte und sich daran machte, Tiere zu zähmen und zu züchten, eher im Gegenteil: Indem er lernte, die Regeln zu begreifen, denen das Tier instinktsicher folgt, emanzipierte er sich aus der gemeinsamen Geschichte, in der er so lange dem Tier ein Gleicher – und oft genug ein Unterlegener – gewesen war. Dieser gedankliche Fortschritt aber setzte einen anderen Entwicklungsschritt voraus, der zum Generator für menschliche Kulturentwicklung überhaupt werden sollte: die vom Menschen an sich selbst durchgesetzte Zähmung, die Beherrschung der eigenen Natur, die wachsende Fähigkeit, die eigenen Instinkte und Triebe selbst zu kontrollieren, aufzuschieben, zu verfeinern oder ganz aus dem Bewußtsein zu verdrängen.

Anders als der Jäger und Sammler muß der Tierzüchter darauf verzichten, die Tiere seines Besitzes spontan zu schlachten und aufzuessen, wenn er und seine Sippe hungrig sind. Auch in Zeiten ärgsten Hungers muß er den Bestand seiner Herde wahren und genügend Tiere für die Zucht übriglassen. Wie schwierig mag es gewesen sein, auch in großer Not das einzige Paar Ziegen oder Schafe am Leben zu lassen, und wie häufig mag der Hunger stärker gewesen sein als die Sorge um den Erhalt der kleinen Herde!

Und der Mensch lernte, daß man ein Tier, das sich in der Zucht fortpflanzen soll, gut behandeln muß. Willkürlicher Umgang, eine spontane Mißhandlung und selbst Achtlosigkeit schaden dem Eigentümer selbst. Und weiter: Die Viehhaltung verlangt weite Vorausschau und Planung: Zukünftiger Futter- und Wassermangel fordert Vorkehrungen schon in sorglosen Zeiten. Raubtieren muß begegnet werden, und die Schafe oder Ziegen benötigen Hilfe, wenn sie erkranken oder sich verirren.

Die Fähigkeit, zum eigenen Vorteil Tiere zu domestizieren, mußte sich der Mensch selbst abringen. Erst in der Kontrolle eigener Spontaneität und in dem Verzicht auf unmittelbare Befriedigung seiner Bedürfnisse gewann er die Fähigkeit, seine Herde verantwortlich zu betreuen. Die Voraussetzung für die erste systematische Beherrschung des Tieres lag also in der Selbstbeherrschung des Menschen. Indem er sich zähmte, konnte er das Tier zähmen – und wohl auch umgekehrt: Indem er lernte, Tiere zu zähmen und zu züchten, entwickelte er die Fähigkeit zur Selbstkontrolle und verlangte sie von nun an auch von seinen Kindern.

So hat die Herrschaft des Menschen über das Tier zwei Seiten: die eine, äußere Seite der Kontrolle, die sich darin zeigt, daß der Mensch zunehmend fähig wurde, die Instinktgebundenheit der Tiere, die Regelmäßigkeiten ihres Verhaltens zu erkennen und zielbewußt für sich auszunutzen, und die andere, die innerliche Seite der Selbstkontrolle, mit der der Mensch seine eigene Triebhaftigkeit überwand und sich selbst beherrschte. Indem er seine eigene Triebhaftigkeit kultivierte, entfernte er sich aus der Gemeinsamkeit mit allen Tieren. Tiere wurden ihm fremd, er »verstand« sie nicht mehr, aber gerade in der Entfernung von ihnen lernte er, sie zu kontrollieren und für sich zu verwenden.

Aber der gemeinsame Grund, das Tierhafte, das Paradiesische des Gleichen unter Gleichen, des Nichtunterschiedenen ging im Menschen nicht verloren, es wurde nur unbewußt. Das Kultivierte des Menschen ist das Ergebnis einer Selbstdomestikation, die in jedem Kind in einem sehr langen und mühseligen Prozeß der Erziehung bis hin zum Erwachsenwerden erzwungen werden muß. Diese Zivilisierung des einzelnen Menschen schafft Unbewußtes, schafft aber auch Selbstbewußtsein, entfernt den Menschen von den Tieren und ermöglicht ihm Herrschaft über sie. Im Unbewußten aber bleibt er dem Tiere nahe. Mag sein, daß er sich vor dieser Nähe und vor dem »Rückfall« in die Welt der Tiere fürchtet, so daß er den Unterschied zum Tier immer wieder betonen muß. Andererseits aber ahnt er den Verlust, die verlorene Nähe zum Tier, und er sehnt sich danach, diese Nähe wiederzugewinnen.

Worin lag nun das Besondere jener neuen gedanklichen Fähigkeiten? Menschen hatten gelernt, die Gesetzmäßigkeiten zu erkennen, denen die Tiere in ihrem Verhalten folgen mußten. Sie nutzten diese Einsichten zur Vorhersage und für die Planung eigenen Handelns. Aber darin liegt noch keine besondere, nur dem Menschen eigene Fähigkeit. Denn auch Tiere, selbst niedere Tiere können derartige Schlußfolgerungen ziehen. Auch sie können Regelhaftigkeiten in ihrer Umwelt erkennen und für sich zur Verbesserung ihrer Lebenschancen nutzen.

Hierzu zwei Beispiele: Die Zecke hat gelernt, Säugetiere, die sie als Blutspender benötigt, auf einfachste Weise zu erkennen. »Sie verfügt nun über ein erbliches Programm, das sie dazu anhält, sich beim Geruch von Buttersäure aus dem Geäst fallen zu lassen und bei der Berührung eines Gegenstandes von 37° C einzubohren. Diese ›Definition‹ des Säugetiers im ›Weltbild‹ der Zecke ist weder an Einfachheit noch an Treffsicherheit zu überbieten. Ein Irrtum ist so gut wie ausgeschlossen.«[10]

Das andere Beispiel handelt von jenem Nachtfalter, der sich seinem ärgsten Feind, der Fledermaus, dadurch entzieht, daß er blitzschnell die Flügel zusammenklappt und sich fallen läßt, sobald er der Ultraschallwellen der Fledermaus gewahr wird.

Diese beiden Insekten haben Erstaunliches geleistet: Die Zecke hat unter allen möglichen Merkmalskombinationen für Warmblüter diejenige herausgesucht, die die einfachste und zugleich die sicherste ist. Und der Nachtfalter hat ein eigenes Sinnesorgan zur Wahrnehmung des Ultraschalls entwickelt, um die Peilmethode der Fledermaus zur Flucht zu nutzen. Aber diese Tiere haben viele hunderttausend Jahre gebraucht, um funktionale Zusammenhänge und Regelmäßigkeiten ihrer Umwelt zu erkennen und für sich zu nutzen. Menschen hingegen benötigen oft nur Augenblicke, um den regelhaften Zusammenhang von Ursachen und Wirkungen zu erkennen.

Hierzu ein Beispiel aus eigener Erfahrung:

Als Schulkind habe ich beim Spielen am Forellenbach gelernt, daß die Fische sich gern unter Steinen, Überhängen und in Nischen verstecken. Man kann sie dort mit der Hand fangen, wenn man berücksichtigt, daß sie nur auf Druckwellen ängstlich reagieren. Eine behutsam geführte Hand kann sie sogar streicheln und dann auch entschlossen ergreifen. Noch einfacher wurde die Jagd dadurch, daß wir die instinktive Suche flüchtender Forellen nach einem dunklen Versteck ausnutzten und einen alten Eimer in den Bachgrund legten. Tage später konnten wir sicher sein, daß die

Fische diesen Zufluchtsort wählten, wenn wir uns lärmend und trampelnd dem Bachbett näherten.

Säugetiere und insbesondere Menschenaffen stehen uns in der Fähigkeit, Schlußfolgerungen aus den regelhaften Zusammenhängen ihrer Umwelt zu ziehen, natürlich sehr viel näher als niedere Tiere. Unser Hund lernt in wenigen Wochen zu unterscheiden, ob sich seine Familie zum gemeinsamen Spaziergang (gut!) oder zu einem Theaterbesuch (schlecht!) umzieht. Und selbst Aquarienfische lernen, daß die Futtertüte über dem Wasser die nächste Mahlzeit ankündigt.

Abgesehen davon, daß diese Lernprozesse im Menschen unvergleichlich viel schneller ablaufen als in allen Tieren, geht menschliches Lernen noch einen entscheidenden Schritt weiter. Menschen betrachten die Ursache-Wirkungs-Zusammenhänge von außen und gehen instrumentell mit ihnen um. So hatte der Mensch im Neolithikum im Libanon nicht nur gelernt, daß die Bergziegen gehen, wenn es Sommer wird, sondern er hat dieses Wissen instrumentell verwendet. Auch Löwen lernen, zu welcher Zeit ihre Beutetiere zur Tränke kommen. Aber sie können diese Erfahrung von der konkreten Situation nicht ablösen, die begriffenen Zusammenhänge nicht »evokativ«, vorausschauend verwenden. Menschen hingegen können gedanklich »probehandeln«, fragliche Situationen durchspielen und die Verhaltensweisen der anderen von vornherein berücksichtigen.

Diese Überlegenheit des Menschen gründet in seiner Fähigkeit, sich in die Perspektive anderer Lebewesen hineinzuversetzen. Menschen können die Welt mit den Augen eines anderen betrachten, sich in seine Lage versetzen und daher auch vermuten, was er als nächstes tun wird. Diese Fähigkeit zur Perspektivenübernahme hat der Mensch allen Tieren voraus, und er nutzt sie in einer überlegenen Weise: Er kann gedanklich durchspielen, welche Rufe den Hirschen herbeilocken werden, und so versucht er, ihm einen Rivalen vorzutäuschen. Er weiß, daß gefangene Fische in der Reuse den Ausweg nur dadurch suchen, daß sie am Rande des Korbes entlangschwimmen, darum läßt er den Eingang (der auch ein leicht benutzbarer Ausgang wäre) in die Mitte des Korbes führen. Je mehr ein Mensch das Verhaltensrepertoire eines Tieres und seine üblichen Reaktionsweisen kennt, um so mehr kann er es für seine eigenen Zwecke verwenden.

Auch hierzu ein Beispiel aus eigener Erfahrung:

Als Student untersuchte ich das Neugierverhalten von Wanderratten, die ich in einem kleinen Gehege des Zoologischen Institutes hielt. Um die Ratten vom Freigelände zum Laborkäfig, in dem sie verschiedene Duftreize erkunden konnten, transportieren zu können, benutzte ich ein kleines Holzkästchen mit einer Schiebetüre. Es war aber schwierig, die Ratten zu bewegen, diesen Transportkasten zu betreten, ohne sie in große Angst zu versetzen. Angsterregte Ratten hinterlassen Duftmarken als Warnsignale, und alle nachfolgenden Ratten wären sehr ängstlich geworden. Um die Ratten zu bewegen, freiwillig und ohne große Angst in den Transportkasten zu gehen, nutzte ich ihre unwiderstehliche Neugier aus. Es genügte, mit einem Fingernagel an der Rückseite des Kästchens leise zu schaben und zu kratzen, um eine Ratte aus dem Käfig in dieses Kästchen hineinzulocken; Ratten können sich in dieser Situation nicht anders entscheiden, sie müssen ihrem Drang, solche Geräusche zu erkunden, folgen und betraten so wunschgemäß das dunkle kleine Kästchen.

Es gibt nur sehr wenige Hinweise darauf, daß auch Tiere lernen, die Verhaltensweisen anderer in Betracht zu ziehen und instrumentell auszunutzen. Ein Beispiel hierfür ist die Anekdote von jenem Hund, der darüber bekümmert war, daß sein Herrchen in seinem Lieblingssessel saß. Plötzlich sei dieser Hund aufgesprungen, zur Tür gerannt, habe gebellt, wie wenn jemand geklopft oder geklingelt hätte, und habe seinen Herrn so veranlaßt, aufzustehen und nachzusehen, wer dort sei. An seinem getäuschten Herrn vorbei sauste der Hund auf den freigewordenen Sessel und pflanzte sich dort hin.

Die äußerst interessanten Experimente von Premack und seinen Mitarbeitern[11] zeigen, daß allenfalls Menschenaffen – als eine Ausnahme unter den Tieren – die Handlungsabsichten anderer, also auch der Menschen, berücksichtigen und für sich ausnutzen können. Premack hatte seinen Schimpansen beigebracht, ihren Pflegern unter mehreren verschlossenen Holzkisten diejenige zu zeigen, die etwas reizvoll Eßbares enthielt. Die Pfleger schlossen auf und gaben den Schimpansen die Früchte. Einer aber, ein »böser« Pfleger, folgte der Instruktion, die Frucht zu nehmen und selbst aufzuessen, zum Entsetzen der zuschauenden Schimpansen. Diese lernten dann recht schnell, dem »bösen«

Pfleger absichtsvoll eine falsche, leere Kiste zu zeigen, und sie suchten ihn auch dadurch zu täuschen, daß sie eine freudige Erwartung vorspielten, obgleich sie wußten, daß sie auf eine leere Kiste zeigten und die Frucht vorerst nicht zu essen bekämen.

Von derartigen Ausnahmen abgesehen, sind Tiere nicht dazu fähig, die Perspektive eines anderen Tieres oder eines Menschen zu übernehmen und für sich auszunutzen. Auch Menschen selbst haben diese Fähigkeit zur Perspektivenübernahme erst im Verlauf ihrer »Selbstdomestizierung« entwickelt. Vermutlich dauerte es sehr lange, bis ihnen diese Kompetenz so flexibel zur Verfügung stand, wie es uns heute selbstverständlich ist.

Hinzu kommt, daß Menschen mit ihrer Fähigkeit zu sprachlicher Darstellung das Selbstgelernte auch außerhalb der Lernsituation beschreiben und weitergeben können. Mag also eine Schimpansin gelernt haben, wie man Werkzeuge verwendet, um eine Banane herbeizuangeln, so wird sie doch nicht in der Lage sein, ihren Kindern davon zu erzählen und das Wissen auf diese Weise an sie weiterzugeben. Menschen aber haben die Fähigkeit gewonnen, ihre persönlichen Erfahrungen und ihr Handlungswissen in sprachlicher Form zu riesiger Menge aufzutürmen, zu systematisieren und in Kurzform weiterzugeben. Kein Löwe kann seinen Kindern schildern, wie man zu dritt ein Gnu jagt und was man dabei zu beachten hat. Was der junge Löwe nicht in seiner Instinktausstattung vorfindet, muß er konkret gezeigt bekommen oder selbst erfahren.

Hat der Mensch schon in den niederen Lernformen, also in der Auswertung von beobachtbaren Regelmäßigkeiten (immer wenn die Sonne untergeht, kommen die Tiere zur Tränke) einen hohen Geschwindigkeitsvorteil, so vergrößert er seine Überlegenheit mit seinem evokativen, also jederzeit abrufbaren Gedächtnis und der sprachlichen Speicherung noch einmal ins Unermeßliche. Das so gesammelte und geordnete instrumentelle Wissen ist deswegen so effektiv, weil Menschen gelernt haben, die unübersehbare Vielfalt der Phänomene um sie herum auf sehr wenige, aber wesentliche Informationen zu reduzieren.

Auf diese Weise vervielfachen sie noch einmal den Vorteil ihrer sprachlichen Mitteilungsfähigkeit. Indem sie nämlich die neuen Erfindungen – etwa wie man eine ausbruchssichere Reuse konstruieren muß – nicht konkret mit allen Einzelheiten im Gedächtnis speichern und weitergeben, sondern von den vielen Einzelheiten nur den »Witz« der Lösung, den »Funktionalwert« aufbewahren, reduzieren sie die ungeheure Vielfalt ihrer konkreten Erfahrungen auf das wenige Wichtige. Und das ist in knappen Worten rasch weitergegeben.

Man muß nicht viel von Fischen verstehen, um sie fangen zu können. Man muß nicht verstanden haben, wie die Brieftaube zurückfindet, um sie als Botin verwenden zu können. Es kann einem gleichgültig sein, warum das Schwein die Trüffeln sucht, warum der Lachs zum Laichen in die Flüsse kommt und warum der Aal zum Laichen ins Meer wandert. Uns genügt es, derartige Regelmäßigkeiten von außen zu erkennen und für uns auszunutzen. Unsere Intelligenz ist sparsam und wirkungsvoll.

Stand der Mensch der Frühgeschichte wie überwältigt vor der Vielfalt der Phänomene, konzentrieren wir uns heute auf die wenigen Informationen, die wir benötigen, um unsere Herrschaft über das Tier zu nutzen. Dadurch verändern wir unsere Auffassung darüber, welche Eigenschaften und Verhaltensweisen einer Tierart wichtig und welche unwichtig scheinen. Wichtig ist uns das Heimfindevermögen des Lachses, unwichtig sein Aufenthaltsort, seine Lebensweise, sein soziales Verhalten, so lange er abwesend und nicht greifbar ist. Was wir über den Lachs wissen, genügt uns, ihn zur rechten Zeit zu fangen, und so muß es uns nicht stören, daß wir sonst sehr wenig über ihn wissen (und manches von unserem Wissen auch nur zufällig gefunden haben, wie z. B. sein Leben unter dem Polareis). So glauben wir, viel von den Tieren zu verstehen, nur weil wir gelernt haben, die Tiere für uns zu verwenden.

Aber das ist ein gründlicher Irrtum. In gewisser Weise verstehen wir weniger von den Tieren als der Mensch der letzten Eiszeit, weil wir uns von ihnen abgewendet haben, um sie von außen betrachten und benutzen zu können. Wir leben in der Illusion, die Welt des Tieres zu kennen, aber in Wahrheit haben wir nur gelernt, seine enge Verbundenheit mit seiner Umwelt für uns auszunutzen. Es würde Bände füllen, all die Rätsel auch nur aufzuzählen, die wir bis heute nicht gelöst haben. Ganz abgesehen von all denjenigen Rätseln, deren Frage wir nicht einmal kennen; denn hierüber müssen wir schweigen, weil wir gar nichts von ihnen wissen.

Aber auch das Nächstliegende ist uns wenig vertraut. Viele Tiere, die uns täglich umgeben, sind uns wirklich unbekannt geblieben. Was wissen wir von dem Orientierungsvermögen einer Kröte, von dem Geruchssinn eines

Schmetterlings oder dem Freßverhalten der Ringelnatter? Sehr wenig. Nicht einmal das soziale Verhalten des ordinären Feldhasen ist uns gut bekannt.

Wie mühevoll war es z. B., das Instinktverhalten einer brütenden Henne zu erfassen und mit Brutmaschinen zu imitieren! Erste Versuche, befruchtete Hühnereier einfach lange genug warm zu halten, schlugen gründlich fehl. Man mußte schon genauer hinschauen: Man mußte erkennen, daß die kurzen Brutpausen, in denen die Henne ins Freie läuft, wichtige Unterbrechungen des Brutgeschäftes sind, weil sie die Eier belüften und ihre Temperatur um ein gewisses Maß und für die richtige Zeitspanne herabsetzen. Diese Intermezzi fördern die Entwicklung des Embryos, und ein Brutkasten muß sie simulieren. Deswegen steuert ein kompliziertes Programm die modernen Brutanlagen heute, um das Instinktverhalten des »dummen« Huhns nachzuahmen. Auch wenn uns das – nach vielen Jahren – gelungen ist, wissen wir dennoch sehr wenig über die komplexen Beziehungen des Haushuhns zu seiner Umwelt. Doch uns stört dieser Mangel nicht, weil das, was wir wissen, ausreicht, um das Huhn als Legemaschine und Fleischlieferant zu verwenden.

Aber dieser Fortschritt, der uns so überlegen machte, hat uns nicht gänzlich entfremdet von dem »Bruder-Tier«. So sehr wir gelernt haben, das Huhn als eine Legemaschine auszunutzen, können wir doch fasziniert sein von der Henne, die ihre Küken ausführt (und dabei nasses Gras vermeidet) oder staunen über den Schmetterling, der den Geruch seines Weibchens in molekularer Verdünnung riecht. Wir ahnen manchmal etwas von unserem alten Unterlegenheitsgefühl angesichts unbegreiflicher Sinnesleistungen selbst

»primitiver« Tiere. Und aus unserem Unbewußten heraus spüren wir immer wieder die Versuchung, bei passender Gelegenheit so wölfisch zu sein wie der Wolf, so »nachtragend« wie ein Elefant, so gierig wie ein kleiner Kormoran.

Die Geschichte der Beziehung zwischen Mensch und Tier bewegt sich zwischen diesen beiden Polen: der Verwendung, der Kontrolle einerseits und der Sehnsucht nach dem »Bruder-Tier«, der Hingabe andererseits.

Wachsende Entfremdung von der Natur

Tierliebe als biblisches Gebot

In den vielen tausend Jahren seit jener Zeit der ersten Tierzucht im heutigen Libanon dehnte der Mensch seine Herrschaft über das Tier aus, aber er verlor den Sinn für die Vielfalt der Tiere, für die Besonderheit und die Eigenart jedes einzelnen Tieres in seiner Umwelt. Er lernte, sachlich und vernünftig mit dem Tier umzugehen. Vorschriften, das Tier nicht zu mißhandeln, gründeten aber weniger in Gefühlen des Mitleids als in der naheliegenden Überlegung, daß nur ein gesundes Tier von Nutzen sein kann. Anfänge der Tiermedizin lassen sich in der ersten ägyptischen Dynastie erkennen, sie waren freilich noch ein Ausdruck der besonderen Verehrung vieler Tiere als gestaltgewordene Götter. Auch war es geboten, nur makellose, gesunde Tiere als Opfer anzubieten; Tierzucht und Tiermedizin, die von Humanmedizinern ausgeübt wurde, hatten hierfür Sorge zu tragen[12].

Im Übergang zu monotheistischen Religionen änderten die Menschen ihre Beziehung auch zum Tiere. Der Gott der Juden und der Christen ist nicht mehr *in* der Natur, sondern er steht außerhalb und über der Natur. Die Pflanzen und Tiere sind sein Werk, und in ihnen erscheint sein schöpferisches Wirken, aber er selbst ist nicht Teil der Natur. Insofern werden mit monotheistischen Religionen auch die Welterschaffungsmythen – z. B. der von der Schildkröte, die in den Sumpf hinabtauchte und die Welt emporhob – hinfällig. Und so finden sich in der alten jüdischen Kultur erste, ethisch – und nicht nur religiös – begründete Verpflichtungen, dem Tier Hochachtung entgegenzubringen und es artgemäß zu behandeln.

In den christlichen Religionen ist die Liebe zum Tiere nur ein Teil der allgemeinen Verpflichtung des Menschen, mit Gottes Schöpfung sorgfältig und auch liebevoll – oder zumindest barmherzig – umzugehen. Freilich sind die biblischen Texte zu diesem Thema nicht sehr zahlreich, insbesondere das Alte Testament enthält nur wenige Hinweise über ethische Verpflichtungen in der Mensch-Tier-Beziehung. Überhaupt werden Tiere dort nicht sehr häufig erwähnt. Man darf wohl vermuten, daß die Autoren dieser Texte jeden Hinweis auf verbliebene Tierkulte vermeiden wollten. Schließlich hatten die Israeliten bis zur Zeit des Pharao Echnaton (1391-1351 v. Chr.) in ägyptischer Gefangenschaft gelebt – umgeben von einer polytheistischen Religion, von Tiervergötterung und Tierkulten. Und weil die Katze im alten Ägypten zu den göttlich inspirierten Lebewesen gehörte, vermieden es die Autoren des Alten Testaments, die Katze in ihren Texten zu erwähnen. Denn es hatte ja mit der Anbetung des goldenen Kalbes einen Rückfall in die Tiervergötterung gegeben[13], der so bedrohlich war, daß Moses in seiner Wut die Gesetzestafeln zerbrach und 3000 seiner Männer töten ließ.

Biblische Texte sind mehrdeutig, sie widersprechen nicht ihrer Verwendung für unterschiedliche Standpunkte. So ist auch die Weisung Gottes an Adam, er möge sich die Welt untertan machen, in verschiedene Richtungen hin auslegbar. Dem einen gibt sie die Rechtfertigung für anthropozentrische Ausbeutung, dem anderen deutet sie auf die besondere Verantwortung hin, die dem Menschen als »Krone« der Schöpfung[14] auferlegt wurde. Im historischen Kontext dieser alten Texte aber liegt der Sinn der menschlichen Herrschaft über die Natur eindeutig in der Fürsorge, die jeder Herr seinen Untertanen zuteil werden lassen soll. Die Texte des Ersten Buches Mose[15] beschreiben diese Verantwortung mit klaren Worten: »Gott der Herr nahm also den Menschen und setzte ihn in den Garten, damit er ihn bebaue und hüte.« (1. Moses 2; 15) Eine ältere Übersetzung von 1777 wählte statt »hüte« das noch deutlichere »bewahrete«. Diese Aufforderung sollte durchaus auch praktisch verstanden werden: »Bewahren« schließt ein, daß der Mensch mit nützlichen Tieren sorgfältig und artgerecht umgeht: So heißt es z. B.: »Du sollst dem Ochsen zum Dreschen keinen Maulkorb anlegen.« (5. Mose 25;4) Und: Man solle nicht Pferd und Esel zusammenspannen. Aber der Kern der menschlichen Verantwortung für die Natur liegt nach christlicher Lehre darin, daß Tiere und Planzen in gleicher Weise Gottes Schöpfung sind wie der Mensch selbst. Auch wenn dieser als »Ebenbild Gottes« zweifellos eine Sonderstellung einnimmt, ist er verantwortlich für seine Mitgeschöpfe. »Wer bist du«, sollte er sich fragen, »daß du Gottes Werk zerstörst?«

An einigen Stellen aber geht der biblische Text über die Verpflichtung zur Verantwortlichkeit hinaus. In den Sprüchen Salomonis heißt es im 12. Kapitel, das von »guter zucht und disciplin« handelt: »Der Gerechte weiß, was sein Vieh braucht, doch das Herz der Frevler ist hart.« (12;10) Hier wird mehr gefordert als ein artgerechter und nutzbringender Umgang mit Tieren. Das Erbarmen gilt offenbar dem leidenden Tiere, ähnlich wie die Aufforderung im 2. Buch Mose (23;5), »den Esel deines Gegners«, von einer übermäßigen Last zu befreien. Der »Gerechte« also empfindet Barmherzigkeit und handelt entsprechend.

Zweifellos kann der gläubige Christ in den Geschöpfen der Natur Gottes Liebe erkennen und achten. Der Psalm 104 bringt diese Achtung, ja eine überschwengliche Freude über die Anwesenheit Gottes in der Natur auf eindrucksvolle Weise zum Ausdruck. Dort heißt es neben vielen ähnlichen Versen: »Herr, wie zahlreich sind Deine Werke! Mit Weisheit hast du sie alle gemacht, die Erde ist voll von deinen Geschöpfen. Das ist das Meer, so groß und weit, darin ein Gewimmel ohne Zahl: kleine und große Tiere. Dort ziehen die Schiffe dahin, auch den Levíatan, den du geformt hast, um mit ihm zu spielen.« (Verse 24 bis 26)[16]

Die liebevolle Achtung vor der göttlichen Schöpfung begrenzt das Überlegenheitsgefühl des Menschen. Immer wieder erinnern biblische Texte daran, daß der Mensch selbst nicht imstande ist, sich über die Welt der Lebewesen zu erheben und über sie zu herrschen. Das Herrschaftsverhältnis zwischen Mensch und Tier ist von Gott gestiftet, es ist kein menschliches Privileg und schon gar kein Grund für Hochmut oder Verachtung. Im Psalm 8, einem mutmaßlich sehr alten Text[17], wird der Leser zunächst an seine eigene Geringfügigkeit erinnert (in Versen 5 und 6), bevor es heißt: »Du hast ihn als Herrscher eingesetzt über das Werk deiner Hände, hast ihm alles zu Füßen gelegt: All die Schafe, Ziegen und Rinder und auch die wilden Tiere, die Vögel des Himmels und die Fische im Meer, alles, was auf den Pfaden der Meere dahinzieht.« (Verse 7 bis 9) Und der Psalm schließt (in Vers 10) demütig, nicht mit der Geste dessen, der zum Herrn über die Tierwelt geboren wurde: »Herr, unser Herrscher, wie gewaltig ist dein Name auf der ganzen Erde!«

Auch wenn sich die biblischen Texte des Alten und des Neuen Testaments auf unterschiedliche Weise interpretieren lassen, dürfte in der neueren Exegese[18] darüber Einverständnis herrschen, daß die Herrschaft des Menschen über die Natur vor allem als eine Verantwortlichkeit verstanden werden müsse. Der Mensch solle liebevoll und barmherzig mit Tieren umgehen, und zwar in dem Sinne, wie er selbst auf die Barmherzigkeit Gottes vertrauen dürfe. Seine Sonderstellung, die »Ebenbildlichkeit Gottes«, gibt ihm nicht das Recht, die Tiere ganz nach eigenen Interessen für sich zu verwenden, im Gegenteil: Diese Sonderstellung verpflichtet ihn zur Achtung seiner Mitgeschöpfe.

Menschen haben mit dem »Sündenfall« den ursprünglichen Schöpfungsfrieden, die anfängliche Brüderlichkeit mit den Geschöpfen der Natur verloren. So sehr sie gelernt haben, in der Getrenntheit von den Tieren Herrschaft über sie zu gewinnen, so sehr spüren sie auch die Sehnsucht nach einem umfassenden Frieden in der Welt (»Schwerter zu Pflugscharen«) und einer Wieder-Versöhnung mit der Natur. Die Visionen des Jesaja 11 (»Kalb und Löwe weiden zusammen, ein kleiner Knabe kann sie hüten«) greifen die Idee vom ursprünglichen Schöpfungsfrieden auf, sie erinnern an die anfängliche Brüderlichkeit von Mensch und Tier, die in einem »Reich Gottes« wiedergewonnen werden könnte.

Die Tierprozesse des Mittelalters

Daß Menschen sich als die überlegenen Herren über die Natur fühlen konnten, entnahmen sie wohl nicht den Texten der Bibel. Aber sie legten die Idee von ihrer Überlegenheit in diese Texte hinein; sie taten dies in dem Maße, wie sie lernten, Tiere für sich auf nützliche Weise zu verwenden. Über die Jahrhunderte hinweg verstanden sie es zunehmend besser, das Tier für ihre Zwecke zu nutzen, es zu beherrschen, es aber auch soweit artgerecht zu behandeln, wie es ökonomisch nützlich war. Diese wachsende Fähigkeit, das Tier zu beherrschen, war von Anfang an auch ein Weg zunehmender Selbstbeherrschung gewesen, denn die Kontrolle des Tieres in der Haltung und Zucht setzt die Selbstkontrolle des Menschen voraus.

Bis in das europäische Mittelalter hinein baute der Mensch seine Herrschaft mit wachsenden Erfolgen aus. Ein sehr wesentlicher Erfolg lag darin, daß die Viehzucht sehr viel mehr Menschen ernähren kann, als es mit der Jagd jemals erreichbar gewesen wäre. So darf man auch vermuten, daß die »neolithische Revolution«, der Übergang vom Jäger zum Viehzüchter auch von zunehmender Nahrungsmittelknappheit diktiert worden war. So hatte er anschauliche Gründe, sich dem Tiere auch subjektiv überlegen zu fühlen und zunehmend sicher zu sein über seine Sonderstellung in der Natur. In seinem Verhältnis zum Tiere und in seinem praktischen Umgang mit ihm demonstrierte er sich seine eigene Überlegenheit. Und dort, wo er dem Tiere als dem wilden, vielleicht gefährlichen Wesen gegenübertrat, behandelte er es aggressiv und rücksichtslos und zuweilen – wie in den Tierschlächtereien in römischen Arenen – mit tiefer Verachtung. Es ging den Menschen in dieser Zeit um die »Diskriminierung« im wörtlichen Sinne: um Unterscheidung zwischen sich und dem Tiere, um die Betonung der Andersartigkeit.

Ein zunächst rätselhaftes Kapitel in der Geschichte der Mensch-Tier-Beziehung schrieben jene Tierprozesse ab dem 13. Jahrhundert in Europa. So wurden Schweine, die ihren Hirten gebissen hatten, wegen dieser Untat angeklagt, in der Regel verurteilt, meistens gefoltert und getötet. Serpell (1986, S. 200) berichtet:

> *Im Jahre 1457 wurde eine Sau und ihre sechs Ferkel in Savigny-sur-Etang in Frankreich vor Gericht gestellt, weil sie einen Säugling umgebracht und teilweise aufgefressen hatten. Die Sau wurde, wie es sich gehörte, schuldig gesprochen und zum Tode durch Erhängen verurteilt, die Ferkel wurden wegen ihrer jugendlichen Unschuld und aufgrund der Tatsache, daß ihre Mutter ihnen ein schlechtes Beispiel gege-*

ben hatte, begnadigt, und auch, weil man keinen Beweis für ihre Mittäterschaft hatte. Vor den kirchlichen Gerichten wurden ferner Anklagen gegen Ratten und Heuschrecken erhoben, weil sie über die Ernte hergefallen waren, und einmal verbrannte man in Basel, in der Schweiz, sogar einen Hahn auf dem Scheiterhaufen, weil er Eier legte. Tiere wurden auch ins Gefängnis geworfen und vor der Exekution gefoltert, nicht etwa weil man ein Geständnis erzwingen wollte, sondern lediglich aus dem Wunsch heraus, dem Wortlaut des Gesetzes sklavisch Genüge zu tun.

Tierprozesse gab es in Europa bis ins 18. Jahrhundert hinein. In dem letzten bekanntgewordenen Fall wurde ein Hund in Belemont (Schweiz) wegen seiner »Beteiligung« an einem Raubmord zum Tode verurteilt[19].

Es liegt vielleicht nahe, diese Prozesse als einen Hinweis dafür zu nehmen, daß Menschen ihre Herrschaft über das Tier so weit ausgedehnt hatten, daß sie begannen, Tiere zu verachten und zu erniedrigen. Aber genau das Gegenteil könnte richtig sein: Menschen waren sich immer noch sehr unsicher über ihre eigene Sonderstellung, ihre eigene Kultivierung, die Grundlage ihrer Herrschaft war ihnen zweifelhaft. Also erregten sie sich nicht deswegen über »unmoralische« Tiere, weil ihnen dessen Taten so fremd waren, sondern im Gegenteil, weil ihnen die »Unmoral« der Tiere allzu vertraut und verführerisch erschien.

In den Tierprozessen nämlich wurden Tiere kaum anders als Menschen behandelt, sie bekamen eine Anklageschrift zu hören, und das Verwerfliche ihres Tuns wurde erörtert. Dabei kamen vor allem die Tatsachen zur Sprache. Das

Motiv, die vielleicht verständliche Absicht, spielte nur eine geringe Rolle – aber das war in den Prozessen gegen Menschen auch der Fall. Nicht selten kam es vor, daß andere Tiere zusehen mußten, wenn ein schuldiggesprochener Artgenosse gefoltert und getötet wurde.

Die Tierprozesse und ihre harten Urteile deuten darauf hin, daß Menschen sich den Tieren auf eine ängstigende Weise nahe fühlten, daß sie fürchteten, deren »Gewissenlosigkeit«, deren Neigung zu Promiskuität, Müßiggang und Verwahrlosung könnte auch sie ergreifen. Tatsächlich standen sie in der Gefahr, sich »anstecken« zu lassen, denn ihre eigene Moral stützen sie noch nicht auf ein autonomes Gewissen, sondern nur auf die Angst vor drakonischer Bestrafung.

Menschen hatten zwar längst schon begonnen, eine eigene Ethik sozialen Handelns zu entwickeln und auch – mit Rückfällen – zu befolgen, aber der Mechanismus, der dieser Ethik auch Macht verlieh, war zunächst noch der gleiche wie derjenige, dem auch die Tiere folgen: die Angst, bei falschem Handeln schmerzhafte Strafen zu erleiden. Die harten Urteile gegen »verbrecherische« Tiere wirkten als eine jedermann einleuchtende Drohung gegen bereitliegende menschliche Versuchung. Tierprozesse sollten vor allem die menschliche Moral festigen.

Daß diese Befestigung durch Abschreckung so notwendig war, liegt nicht nur an einem noch schwachen Gewissen, sondern auch daran, daß der Mensch unbewußt an der alten Nähe zum »Bruder-Tier« festhielt. Seinen kulturellen Fortschritt hatte er sich mit wachsender Selbstkontrolle erkauft, und die Naturbeherrschung hatte er gewonnen, indem er gelernt hatte, sich selbst zu beherrschen. Diese Selbstbeherrschung und Selbstkontrolle aber wurden niemals zu angeborenen menschlichen Primäreigenschaften, vielmehr mußten und müssen all diese Tugenden jedem Säugling, jedem Kind in einer immer länger werdenden Kindheit und Jugend aufgezwungen werden. Dieser Prozeß der Zivilisation in jedem einzelnen gelingt in der Regel ausreichend gut, aber sein Ergebnis ist nie vollkommen gesichert, denn unbewußt bleibt die Sehnsucht des Menschen nach einem Verhältnis als Tier unter Tieren erhalten. Diese Sehnsucht nach Hingabe an das »Bruder-Tier« ist es, die die Herrschaft und Überlegenheit des Menschen so gefährdet. Er selbst fühlt sich unbewußt hingezogen zum »natürlichen«, unzivilisierten Tier, und darum fürchtet er, selbst in »tierische« Zustände zurückfallen zu können.

Tatsächlich zeigt doch die menschliche Geschichte, wie schnell der zivilisatorische Fortschritt verfallen kann – z. B. in Zeiten grausamer Kriege oder verheerender Seuchen wie jener Pestepidemie, die in den Jahren von 1347 bis 1350 ein Drittel der europäischen Bevölkerung dahinraffte. Die Besonderheit des Menschen, seine Überlegenheit wirkte ihm in jener Zeit noch sehr zerbrechlich, und darum mußte er in den Tierprozessen sich selbst und allen ringsum unmißverständlich demonstrieren, wie es jenen ergehen kann, die sich des Unterschiedes zum Tiere nicht sicher sind.

Daher sind die Folterstrafen nicht so sehr ein Ausdruck menschlicher Lust an Grausamkeiten. Vielmehr sollten sie den Zuschauern vor Augen führen, was auch einem Menschen geschehen wird, der die Gesetze übertritt. Rätselhaft ist vielleicht, warum diese Belehrungen so überaus drastisch ausfielen. Warum diese Brutalität, diese Folter und die aus heutiger Sicht so unsinnigen Todesstrafen gegen Tiere?

Eine Antwort auf diese Frage liegt in der Vermutung, daß sich die Menschen jener Zeit sehr viel weniger vom Leiden anderer beeindrucken ließen. Viel weniger als wir heute waren sie es gewohnt, sich mit einem Opfer – oder überhaupt mit einem anderen Wesen – zu identifizieren und sein Schicksal mit seinen Augen zu betrachten und nachzuempfinden. Das Leiden eines anderen Menschen blieb zwar nicht unverständlich, aber es löste nur in geringem Maße ein empathisches Mit-Leiden aus. Darum mußten auch die körperlichen Bestrafungen so drakonisch ausfallen, weil eine milde Strafe die abschreckende Wirkung verfehlt hätte. Und der menschliche Haß, der so viele Martertode in Hexenprozessen diktierte, fand damals noch keine Begrenzung in einem Mitgefühl angesichts schrecklicher Schmerzen und Qualen der Verurteilten. Ein Beispiel, das wirksam sein wollte – als Vorbild oder zur Abschreckung –, mußte also sehr drastisch ausfallen. Dem mittelalterlichen Menschen redete man nicht ins Gewissen, sondern man drohte ihm mit überaus harten Strafen. Eine milde Strafe in einem Tierprozeß hätte ihn gar nicht angesprochen, und die notwendige Abschreckung wäre ausgeblieben.

Tierliebe im Übergang zur Neuzeit

In der lichtvollen Zeit der europäischen Renaissance erneuerte der Mensch seine Beziehung zum Tiere. Es war die Zeit des Erasmus von Rotterdam, des Rabelais und des Montaigne; Menschen, die im Geiste eines »skeptischen Humanismus« lebten. Gegenüber dem mittelalterlichen Menschen erscheint der Mensch der Renaissance seiner selbst in höherem Maße bewußt. Er war auch selbstbewußter in dem Sinne, daß er sich seiner zivilisatorischen und kulturellen Möglichkeiten sicher war. Diese Sicherheit ermöglichte ihm auch eine selbstkritische Betrachtung, und er begann, seine eigene Überlegenheit gedanklich in Frage zu stellen. Er betrachtete sich aus größerer Distanz und gewann Interesse für das Individuelle, Besondere menschlicher und auch tierischer Existenzen. Das Andersartige, Fremde erschien nun reizvoll, die Menschen staunten über die Eigenarten des einzelnen, wandten sich ihm neugierig zu, anstatt ihn zu entwerten oder beherrschen zu wollen. Sie schienen auch weniger darauf angewiesen zu sein, den Unterschied zwischen Mensch und Tier zu betonen und immer wieder zu bekräftigen. Es war eine recht kurze Epoche, die es dem Menschen ermöglichte, neben der Kontrolle des Tieres auch wieder etwas von der Hingabe an seine Andersartigkeit zu spüren, eine Fähigkeit, die er viele Jahre zuvor aufgegeben hatte.

Im Zeitalter der Aufklärung dann kam es zu einer radikalen Wende in der Mensch-Tier-Beziehung. Es war die Zeit der Befreiung von Aberglauben und Vorurteil, die Zeit rationalen Denkens, das große Triumphe auf den Gebieten der Mathematik, der Physik und der Geometrie feierte und die rasch wachsende Naturbeherrschung ermöglichte. Mehr und mehr erhob sich geistiges Sein über bloß körperliche Existenz, und folgerichtig wuchs die subjektiv empfundene Überlegenheit des Menschen über das Tier ins Unermeßliche. Tiere waren – nach Descartes – reine »res extensa«, also bloß »ausgedehnte« Gegenstände, im Gegensatz zum Menschen, eine »res cogitans«, die von sich behaupten kann: Ich denke, also bin ich. Tiere galten als bloße Materie ohne Bewußtsein und ohne Seele. Mehr als bisher noch wurde die Beziehung des Menschen zum Tiere die zu einer Sache, einer Sache allerdings, die man aus vernünftigen Gründen – weniger aus ethischer Verpflichtung heraus – gut behandeln sollte.

Parallel zu dieser »Versächlichung« des Tieres und seiner immer radikaleren, später auch industriell organisierten Ausbeutung, tauchten erste Tierschutzgedanken auf. Um das Jahr 1770 herum datieren die ersten gesetzlichen Bestimmungen, die – in England – Tierquälerei verboten und gerichtlich ahndeten. Der englische Philosoph John Locke (1632-1704) forderte, Kindern im frühen Alter Güte und Liebe für tierische Mitgeschöpfe zu vermitteln. Für Immanuel Kant (1724-1804) gründete die Tierliebe in der sittlichen Verpflichtung des Menschen sich selbst gegenüber, und Schopenhauer (1788-1860) schrieb über das Mitleid als »Fundament der Moral«. Er ging am weitesten: Tiere verdienten nicht unser Mitleid, sondern pure Gerechtigkeit.

Allerdings waren die ersten gesetzlichen Bemühungen um den Tierschutz von recht egoistischen Motiven geleitet. Denn das Verbot, Tiere zu quälen, sollte vor allem die Menschen vor schmerzhaften Erlebnissen schützen; sie sollten davor bewahrt werden, einer Tierquälerei zusehen zu müssen. Deswegen beschränkte sich das Verbot der Tierquälerei auf den Tatbestand, Tiere in der Öffentlichkeit, also in Anwesenheit anderer Menschen zu quälen. So hieß es noch in einer deutschen Strafvorschrift aus dem Jahre 1871: »Mit Geldstrafen bis zu 50 Talern oder mit Haft wird bestraft, wer öffentlich und in Ärgernis erregender Weise Tiere boshaft quält oder roh mißhandelt«[20]. Der Begriff der »Tierquälerei« tauchte erst in dem durchaus fortschrittlichen Reichstierschutzgesetz von 1933 auf. Im Tierschutzgesetz von 1972 (novelliert 1986) schließlich ist das Tier nicht länger nur Objekt, sondern auch Subjekt und damit ein Träger von Rechten. In jüngster Zeit stellte sogar ein höchstes Gericht[21] fest, daß auch ein Tier Persönlichkeitsrechte besitzen könne. Es wich von der bisherigen Spruchpraxis ab und hob ein Urteil des Oberlandesgerichts Hamburg auf, in dem einem Hund das Recht am eigenen Bild versagt worden war. Dieser Hund hatte gemeinsam mit seinem Besitzer auf Herausgabe eines Pressefotos geklagt.

Im 19. Jahrhundert wuchs also die Besorgnis um das »Bruder-Tier«, das »Mitgeschöpf«[22], dem wir uns schon vor so langer Zeit entfremdet hatten. In der zweiten Hälfte des vorigen Jahrhunderts nahm die Zahl der Tierschutzvereine rasch zu. Der erste deutsche Tierschutzverein wurde unter Schopenhauers Einfluß im Jahre 1873 in Stuttgart gegründet, und zu Anfang des 20. Jahrhunderts gab es in Deutschland 260 Tierschutzvereine mit über 90.000 Mitgliedern[23].

Die »Erfindung« der Tierliebe und das Ende des Mittelalters

Es ist nicht leicht zu erkennen, wann und warum die Tierliebe in der Beziehung zwischen Menschen und Tieren auftrat. Nimmt man den Tierschutzgedanken und die Bemühung um seine rechtliche Verankerung als Zeichen für menschliche Tierliebe, dann ist die Tierliebe ein modernes, in der Mensch-Tier-Beziehung sehr spät auftauchendes Phänomen. In den ersten 10.000 Jahren der Domestikation und Tierzucht hatte der Mensch ein zunehmend distanziertes, sachliches Verhältnis zum Tier entwickelt. Er hatte sich aus der gemeinsamen Geschichte als Tier unter Tieren verabschiedet, hatte sich selbst kultiviert und damit auch Herrschaft über das Tier gewonnen. Je weiter er seine Kontrolle und die Verwendung des Tieres vorantrieb, desto sicherer wurde ihm die Vorstellung von seiner geistigen Überlegenheit.

Im Mittelalter und im Übergang zur Neuzeit erwarb der Mensch ein neues Verhältnis zu sich selbst und zur Natur. Er löste sich aus der tiefen inneren Bindung zu den belebten und unbelebten Gegenständen um ihn und lernte, die Dinge distanziert und »für sich« zu betrachten. Auch in der Beziehung zu sich selbst gewann er Distanz und Urteilsfähigkeit, und er lernte, sich wie von außen, wie mit den Augen eines anderen anzuschauen. Langsam entwickelte er ein Gefühl für die eigene Identität, für die Kontinuität der eigenen Lebensgeschichte, und er lernte, was uns heute allzu geläufig ist, nämlich »Ich selbst« zu sagen.

Diese Vorstellung eines »So bin ich« wurde zu einem Bezugspunkt für die Betrachtung der Welt und für das eigene Handeln. Der frühmittelalterliche Mensch hatte sich selbst nur als Träger einer Rolle – z. B. als Leibeigener oder als Mitglied des Adels oder als Geistlicher – verstanden und nicht darüber nachgedacht, ob diese Rolle zu ihm paßte oder ob er lieber eine andere Rolle spielen wollte. Ihm war es selbstverständlich, daß er die Erwartungen zu erfüllen suchte, die an ihn als Leibeigenen oder Adligen oder Geistlichen gerichtet wurden. Die wenigen mittelalterlichen Biographien, die uns überliefert sind, sagen denn auch nichts über die persönlichen Eigenschaften des beschriebenen Menschen. Das liegt zum einen daran, daß derartige Biographien exemplarisch gemeint waren und daher sehr gern auf Klischees vom vorbildhaften Leben zurückgriffen. Zum anderen aber war das Individuum als eine Person mit Eigenart und Charakter noch nicht vorstellbar; ein Mensch erschien dadurch schon vollständig charakterisiert, daß sein Biograph darüber berichtete, wie er die ihm gemäße Rolle ausfüllte.

In den seltenen Fällen, in denen ein Rollenwechsel vorkam – etwa wenn ein Ritter sich entschloß, in einen christlichen Orden einzutreten und als Geistlicher zu leben [24] – gelang dieser Übergang fast mühelos. Denn es gab noch nicht das reflexive »Selbst« als einen inneren Bezugspunkt, als eine Vorstellung von der Kontinuität der eigenen Biographie, die einen solchen krassen Wechsel erschwert oder unmöglich gemacht hätte. Der neuzeitliche Mensch hingegen ist sich der Kontinuität seiner Biographie gewiß. In seinem Handeln orientiert er sich nicht nur an den Erwartungen, die andere an ihn als den Träger einer bestimmten gesellschaftlichen Aufgabe stellen, sondern er entwirft auch selbst seinen Lebenslauf. Er entwickelt seine Absichten und Ziele entlang dieses roten Fadens der eigenen Biographie. Ein Wechsel in der gesellschaftlichen Position – z. B. der Wechsel von einem Handwerksberuf zu dem eines Sozialarbeiters – ist für ihn mühevoll, weil er im Zuge dieses Überganges nicht nur lernen muß, welche Erwartungen er nun zu erfüllen hat, sondern er muß auch sein

Selbstverständnis ändern, er muß eine »biographische Knickstelle« bewältigen.

Mit der Entwicklung seines neuen Selbstverständnisses und seiner Fähigkeit einer Selbstreflexion nahm der Mensch Distanz auf zu sich selbst, aus dem »ich bin« wurde ein »so sehe ich mich«[25]. Aber zugleich mit dieser Distanzierung lernte er, sich anderen Menschen intensiver als bisher zuzuwenden. Denn das neue »ich selbst« war vor allem ein »ich in den Augen der anderen«, und die Vorstellung von dem eigenen Selbst war eine Vorstellung darüber, wie ich über mich quasi mit den Augen anderer Menschen fühle, denke und urteile. Diese neuen sozialen Fähigkeiten gingen weit darüber hinaus, was dem frühmittelalterlichen Mensch möglich war: Während dieser sehr wohl wußte, was »man« von ihm als dem Träger einer bestimmten Rolle konkret erwartete, fühlt sich der neuzeitliche Mensch in den anderen Menschen ein, um sich auch über sich selbst zu orientieren.

So entwickelte der Mensch im Übergang vom Mittelalter zur Neuzeit nicht nur Selbstreflexivität, sondern zugleich auch die Fähigkeit, sich in den anderen hineinzuversetzen. Man kann es auch andersherum sagen: Indem er fähig wurde, von sich selbst abzusehen und die Welt mit den Augen eines anderen zu betrachten, lernte er, auch zu sich selbst in eine Beziehung zu treten: sich zu betrachten, zu bewerten und sich in den Mittelpunkt seines Lebens zu stellen. Insofern ist dieser Übergang in die Neuzeit in Mitteleuropa sowohl die Geburtsstunde des »egozentrischen« Individuums, als auch der erste Auftritt der sozialen Person mit seiner Fähigkeit, sich in den anderen Menschen hineinzuversetzen und seine Situation mit seinen Augen wahrzunehmen. Er nahm Distanz auf und gewann gerade dadurch eine ganz neue, gedankliche und gefühlshafte Nähe zu sich und zu anderen.

Auch in der Beziehung zur Natur und insbesondere zu den lebendigen Tieren ging der Mensch diesen doppelten Schritt einer Distanzierung in der Betrachtung einerseits und einer größeren Nähe im Erleben andererseits. Einerseits trennte er sich von den Gegenständen seiner Anschauung, lernte, die Tiere »für sich«, also objektiv und »von außen« zu betrachten, andererseits aber begann er, sich für »das Innere« des Tieres zu interessieren. Er versuchte, sich ihre Eigenart vor Augen zu führen und sich in sie hineinzuversetzen. Einerseits hatte er sich von den Tieren entfernt und ihre Nähe verloren, aber andererseits hatte er die Fähigkeit und Bereitschaft entwickelt, diese Entfernung mit Hilfe der Einfühlung wieder zu überbrücken.

Allerdings ist diese Einfühlung immer etwas illusionär, denn natürlich wissen wir nicht wirklich genau, was in einer anderen Person und erst recht nicht, was in einem Tiere vorgeht. Wir bilden uns Vorstellungen darüber, wie einem anderen zumute ist, versuchen, seine Gefühle selbst nachzuempfinden und zu denken, wie er wohl jetzt denken wird. Dies alles ist nicht ein Dialog zwischen uns und ihm, sondern vor allem ein Dialog, den wir in uns selbst führen, nämlich mit unserer Vorstellung, die wir uns von anderen Personen oder Tieren machen. Wir haben eine Idee vom anderen, und die können wir betrachten, mit ihr führen wir – bewußt oder unbewußt – einen Dialog. Inwieweit unsere Vorstellung vom anderen mit dessen innerer Wirklichkeit übereinstimmt, können wir kaum je nachprüfen. Und oft genug mag es sein, daß wir in der Beziehung zu einem Menschen oder zu einem Tier schweren Irrtümern unterliegen, ohne dies je zu bemerken – und manchmal wollen wir wohl auch nicht wissen, wie der andere »wirklich« ist.

So ist unsere Einfühlung niemals frei von unseren eigenen Phantasien und Wünschen, sie ist ein Deutungsversuch, in dem wir allzuleicht unsere eigenen Bedürfnisse zur Geltung bringen. Denn die Frage »Was fühlt der andere jetzt?« ist doch eine Frage, die wir auch an uns selbst stellen: »Was würde *ich* an seiner Stelle fühlen?« Wenn wir also die Traurigkeit fühlen, die unser Partner angesichts einer schlechten Nachricht zu erleben scheint, können wir nicht sicher sein, ob es wirklich *seine* Gefühle sind, die wir da in uns wahrnehmen. Möglich ist doch auch, daß *wir* in seiner Lage traurig wären – sicher aber ist es nicht. In der Einfühlung sind wir also nicht wirklich wie der andere, sondern wir bringen auch uns selbst mit unseren Absichten und Phantasien zur Geltung.

Die Liebe und die Verliebtheit

Auch die Fähigkeit des Menschen, Liebe im heutigen Sinne zu empfinden und sich in einen anderen Menschen zu verlieben, ist – wie die Fähigkeit zum Mitgefühl – nach Beginn unserer Zeitrechnung ein Ergebnis des Wandels vom frühmittelalterlichen Menschen zur selbstreflexiven und einfühlungsfähigen Person der Neuzeit. Selbst der Begriff der »Liebe« tauchte bis ins 12. Jahrhundert fast ausschließlich als

Christenliebe auf, er charakterisierte also vor allem die Bindung des Menschen an Gott oder die Sakramente der Kirche. Im weltlichen Leben aber, z. B. unter Ehepartnern, war von »Liebe« noch nicht die Rede, und selbst in höfischen Kreisen war es üblich, rollenhafte Begriffe wie »Ehre« oder »Würde« zu verwenden, um die Beziehung zu einem anderen Menschen zu beschreiben. Sexuelle Wünsche galten als »Begierde«, als unchristlich-egozentrisches Begehren, das konnte keine Liebe sein, weil sie auf das falsche Objekt, nämlich auf einen irdischen Menschen gerichtet war[26].

Erst im 12. Jahrhundert wurde die Liebe im neuzeitlichen Sinne »entdeckt«. Die uns überlieferten Minnegesänge lassen recht gut erkennen, wie sich die Liebe und die Verliebtheit unter den Menschen entwickelte. Die frühesten Verse orientierten sich zunächst noch an der antiken Liebeslyrik (Ovid) und an der christlichen Marienverehrung. Demgemäß wird die höfische Frau zunächst als treues, beständiges, aber auch unerreichbares Ideal besungen. Erst im Übergang zum 13. Jahrhundert, mit Heinrich von Morungen und Walther von der Vogelweide verlor die Liebeslyrik ihren idealisierenden Charakter. Die Liebe zu der begehrten Frau erschien nun konkret denkbar (und wohl auch machbar), so daß der Minnesang das Begehren und das Leiden des Liebenden – oder des Abgewiesenen – beschrieb. Gerade die enttäuschten, die vergeblichen oder aussichtslosen Liebeswünsche schienen die Troubadoure jener Zeit zu fleißigem Dichten anzuregen. Sehr selten kam es vor, daß ein Mann für seine Ehefrau ein derartiges Liebesgedicht niederschrieb.

Mit der »Entdeckung« der Liebe begannen die Menschen des Hochmittelalters, ihre Beziehungen zu anderen Menschen – und auch zu Tieren – weniger egozentrisch zu gestalten. Denn der Liebende denkt »vom anderen her«[27]. Er richtet seinen Beziehungswunsch auf den anderen, wie er »für sich« ist, er achtet dessen eigene Eigenschaften und Vorlieben. Aus dem früheren egozentrischen Anspruch, aus dem rein sexuellen Begehren wird in der Liebe also die Zuneigung zum anderen um seiner selbst willen.

Offensichtlich geht diese Fähigkeit, einen anderen Menschen zu lieben, mit der anderen »neuen« Fähigkeit, sich in einen anderen Menschen einzufühlen, Hand in Hand. Denn die altruistische Liebe setzt das Einfühlungsvermögen voraus; beide Fähigkeiten beruhen auf der ganz grundlegenden Kompetenz des neuzeitlichen Menschen, Distanz zu sich und auch zu anderen Lebewesen einzunehmen und doch – oder besser: gerade deswegen – in der Einfühlung eine Brücke zu ihnen zu schlagen.

Gleichzeitig mit der »Entdeckung« der Liebe im Übergang zur Neuzeit änderten sich auch die Beziehungen des Erwachsenen zu seinem Kind. Aus heutiger Sicht wurde das Kind des frühen Mittelalters noch recht lieblos behandelt; seinen Eltern erschien es sehr unvollkommen, erst noch am Anfang seines langen Weges zu einem vollgültigen erwachsenen Menschen. Montaigne schrieb noch in seinen Essais: »Ich habe zwei oder drei Kinder im Säuglingsalter verloren und dies zwar nicht ohne Bedauern, aber doch ohne Verdruß«[28]. Kinder waren eben die ganz unvollkommenen Erwachsenen (wie »Äffchen«, schrieb Montaigne an anderer Stelle), man steckte sie schon früh in ganz ähnliche Kleider, wie sie auch die Erwachsenen trugen, und es gab noch kein Kinderspielzeug; vielleicht das sicherste Zeichen dafür, daß man noch kein Verständnis für das Kind und seinen eigenen, besonderen Wert hatte.

Dann aber wuchs das Interesse am Innenleben des Kindes, man verstand, daß das Kind mehr ist als eine kleine, minderwertige Ausgabe des Erwachsenen, daß es eine differenzierte und sehr kompetente Persönlichkeit besitzt. Die Fähigkeit des Erwachsenen, die Welt »vom anderen her« zu betrachten, bezog sich nun auch auf das Kind: Seither gibt es Kinderspielzeug, Kinderkleider usw. Und ebenso wie das Tier wurde auch das Kleinkind nun zum Adressaten liebevoller, zunächst noch herablassender Gefühle. »Hier hat sich«, schreibt Ariés in seiner *Geschichte der Kindheit*, »der Kindheit gegenüber eine neue Empfindung eingestellt: Aufgrund seiner Naivität, seiner Niedlichkeit und Drolligkeit wird das Kind für den Erwachsenen zu einer Quelle der Erheiterung und der Entspannung.« (S. 210 f) Aber man begann auch, die Eigenart des Kindes zu respektieren, sorgte dafür, daß man sie nicht »verwöhne«, und machte sich Gedanken um die richtige Erziehung. Die Erwachsenen sollten die Kinder nun z. B. nicht mehr an ihren Ausschweifungen teilhaben lassen, um sie nicht frühzeitig zu verderben.

Es ist eine schwierige Frage, ob sich die Beziehung zum Kinde änderte, weil die Menschen zum Ende des Mittelalters die Liebe entdeckt hatten – oder ob es eher umgekehrt war: Weil die Kinder in ihren ersten Lebensjahren eine einfühlsamere Beziehung erlebten, weil sie spüren durften, daß sie auch schon in ihren kindlichen Beziehungswünschen eine gefühlshafte Antwort erfuhren, entwickelten sie zunehmend auch als Erwachsene die Fähigkeit, liebevolle Beziehungen zu anderen Menschen (und dann auch zu ihren eigenen Kindern) einzugehen. Sicher ist, daß die zunehmend engeren Bindungen zwischen Mutter und Kind jene Beziehungserfahrungen stifteten, die der junge Erwachsene dann als Verliebtheit und Liebe suchte und erlebte.

Zweifellos gründet also die Fähigkeit des modernen Menschen, liebevolle oder verliebte Beziehungen zu anderen Menschen einzugehen, in der lebensgeschichtlichen Erfahrung einer frühen Bindung, in der Erfahrung, von einer Mutter (oder zumindest einer anderen konstanten Bezugsperson) geliebt worden zu sein. Und doch greifen wir in unserer liebevollen Beziehung nicht einfach nur auf die Erlebnisse zurück, die wir als Säuglinge oder Kleinkinder gemacht haben – in gewissem Sinne ist auch das Gegenteil richtig: Es ist eher die Erfahrung, die sehr enge liebevoll-wechselseitige Beziehung zur Mutter aufgeben zu müssen, also das Erlebnis des Verlustes, das uns antreibt, in einer neuen Beziehung die Wiederkehr einer liebevollen Verständigung zu suchen.

Und darum ist die Liebe – und erst recht wohl die Verliebtheit – keineswegs von egozentrischen Motiven frei. Nur oberflächlich erscheint die Liebe als eine selbstlose Zuneigung. Zwar verzichtet sie – auf der Oberfläche – auf die egozentrische Verwendung des anderen für eigene körperliche Bedürfnisse. Aber der Liebende erwartet vom Geliebten ein ganz anderes Geschenk, nämlich das Gefühl, selbst ein Geliebter zu sein. Verliebtheit ist eine glücklich empfundene Illusion, in der wir einen anderen Menschen idealisieren – genauer gesagt: Wir lieben unsere Vorstellung von ihm, unsere Überzeugung von seinen guten Eigenschaften und insbesondere unsere Gewißheit, daß er uns anerkennt, achtet und liebt. Wie weit unsere Vorstellungen über ihn und über seine Haltung zu uns mit der Realität übereinstimmen, können – und wollen – wir nicht vollständig klären. Manchmal gelingt es uns über Jahre hinweg, ganz ideale Phantasien vom anderen, vom Geliebten aufrechtzuerhalten, obgleich sie mit seiner Wirklichkeit gar nicht übereinstimmen. Heiratsschwindler und Scheidungsanwälte gründen ihre berufliche Existenz auf dieses Phänomen der illusionären Vorstellungen, die wir uns vom anderen machen, auf der Liebe, die wir anderen schenken, und die doch als Gegengabe zu uns zurückkommen soll.

Auch in der Beziehung zwischen Menschen und Tieren sind derartige Illusionen möglich. Weil sich unsere Liebe nicht an die tatsächliche Beziehungsperson oder das wirkliche Tier heftet, sondern unseren vielleicht ganz illusionären Vorstellungen von ihnen gilt, können wir Tiere genauso illusionär lieben, wie wir das in einer Beziehung zu einem Menschen erträumen. Denn auch das Tier erscheint uns als Wesen mit eigenen Empfindungen und Gefühlen: Kann es nicht traurig sein wie ich, leiden wie ich, fühlt es nicht Zorn oder Eifersucht oder Ekel wie ein Mensch? Warum soll ich es nicht lieben können wie einen Menschen, und warum soll ich nicht hoffen dürfen, daß es mir seine Liebe schenken wird?

Tierliebe gründet – wie die Liebe überhaupt – in der Fähigkeit, sich in das Tier – genauer: in die Vorstellung vom Tier – hineinzuversetzen und so mit ihm in einen gedanklichen und gefühlshaften Dialog zu treten. So empfindet und handelt der Mensch in der Tierliebe nicht anders als in der Beziehung zu Menschen: In der Vorstellung von den Tieren und in der Einfühlung in sie hinein überwindet er die Distanz zu ihnen, schlägt eine Brücke über den Graben, den er selbst ausgehoben hatte. Fast scheint es, als könne der neuzeitliche Mensch dem Tiere wieder so nahe sein, wie es der Steinzeitmensch schon gewesen war. Aber es ist ein großer Unterschied zwischen jener Nähe, die den Steinzeitmensch mit dem Höhlenbären oder der Hirschkuh verband, und der Verbundenheit, die wir in der Tierliebe zum Ausdruck bringen. Der steinzeitliche Mensch war noch nicht fähig, sich von seinen Gefühlen und seinen Wahrnehmungen zu distanzieren, sie zu betrachten und zu beurteilen. Er versuchte, das Tier egozentrisch zu verwenden, es zu jagen, zu töten und aufzuessen, aber er hatte darüber hinaus keine Verwendung für das Tier. Weil er zu sich selbst noch keine Distanz aufnehmen konnte, fiel es ihm nicht ein, daß er liebebedürftig sein könnte und daß es ihm und seiner Selbstliebe guttäte, wenn es ein Tier gäbe, das »liebevoll« seine persönliche Nähe suchte.

Uns heute sind die Selbstzweifel auferlegt, aber es ist uns auch möglich, in der Liebe zu einem Menschen oder einem Tier diesen Zeifeln in uns selbst zu begegnen. Denn mit unserem Einfühlungsvermögen haben wir eine Voraussetzung geschaffen, das Tier für uns auch subjekthaft zu verwenden. So können wir in der Dressur unseres Hundes vor allem die eigenen Bedürfnisse nach Einfluß und Macht zur Geltung bringen, aber dürfen die Illusion hegen, das Tier gehorche unseren Kommandos, weil es uns liebt. Dann täuschen wir uns »tierlieb« darüber hinweg, wie sehr wir das Tier für uns gebrauchen.

Zwar durfte das Tier schon seit Beginn der Domestikation vor etwa 10 000 Jahren nicht »für sich« sein, sondern es war mehr und mehr ein Tier »für mich«, für den Menschen, als Nutztier für vielfältige Verwendung. Außerhalb dieser Verwendung aber war es ein Tier »für sich«, und dann war es für den Menschen bedeutungslos. Mit der neuen Fähigkeit zur Einfühlung aber und mit unseren vielfältigen Phantasien über die Stimmungen und Gefühle der Tiere können wir das Tier in einem weiteren Sinne für uns verwenden, nämlich als persönlichen Partner, als Adressat eigener Bedürfnisse. Nun können wir vom Tier wie von einem wichtigen Menschen verlangen, daß es »für uns« da sein soll, daß es unsere Gefühle und Absichten berücksichtigt und sich zu uns hin orientiert.

So hat die »Erfindung« der Empathie und die Fähigkeit des Mitleidens die Tierliebe befördert, den Menschen besorgt gemacht um das Tier, aber sie hat es auch möglich gemacht, daß Menschen das Tier nunmehr auch subjekthaft verwenden, nämlich zur Verbesserung des eigenen Selbstgefühls, als Trost vielleicht oder als Quelle des Stolzes, als Bestätigung eigener Autorität oder Liebenswürdigkeit. Aber: Wie weit kann diese »gutgemeinte« Verwendung dem Tier selbst gerecht werden? Und: Jagen wir in unserer Tierliebe nicht einer Illusion nach: Daß unsere Beziehung zum Tiere so sein könnte wie die unter uns Menschen?

Die Geschichte der Tierpsychologie

Im 18. Jahrhundert festigten die Menschen ihre Überzeugung von der geistigen und moralischen Überlegenheit des Menschen gegenüber dem Tier. Diese Überzeugung gründete in philosophischen und theologischen Grundannahmen: Danach unterscheiden sich Menschen vom Tiere dadurch, daß sie schöpferisch denken und über sich selbst nachdenken können, und sie sind herausgehoben unter den Lebewesen der Schöpfung, weil sie ihr freies Handeln nach moralischen Maximen ausrichten.

In dem Maße, wie Menschen sich ihrer Besonderheit bewußt wurden, begannen sie aber auch, sich für Tiere systematisch zu interessieren. Die zahlreichen Reiseberichte und Erzählungen über exotische Tiere waren im 17. und 18. Jahrhundert sehr verbreitet; in diesen Beschreibungen mischten sich phantastische Erzählungen mit oft sehr genauer Beobachtung. Häufig waren es gerade die bizarren oder die gefährlichen Eigenschaften »wilder Tiere«, welche den Leser interessierten. Lustvoll und ängstlich zugleich lasen sie, was einem in fernen Kontinenten begegnen konnte, und sie waren froh, daß sie sich als Menschen genügend weit aus dem Tierreich emanzipiert hatten.

Das 18. Jahrhundert war aber auch die Zeit großer systematischer Beschreibungen und Ordnungsversuche. Carl von Linné erarbeitete (1773-1776) eine höchst verzweigte Systematik der Tierarten und gab vielen von ihnen einen lateinischen Eigennamen[29]. Allerdings waren auch die ernsthaften Beschreibungsversuche noch sehr stark anthropozentrisch, das heißt, sie waren von der Sicht und

Moralvorstellung des Menschen bestimmt. Und nicht selten galten den Autoren die bizarre Beschaffenheit der Tiere und ihre komplexen Verhaltensmuster als Zeichen eines höheren, göttlichen Schöpfungswillens. So veröffentlichte Charles Owen im Jahre 1742 eine Naturgeschichte, in der er das instinkthafte Verhalten niederer Tiere in überschwenglichen Worten beschreibt und fortfährt: »Wenn wir bedenken, wie wundervoll diese niederen Wesen in ihren Handlungen gelenkt werden, wie pünktlich sie den Gesetzen ihres Schöpfers folgen, wie besorgt jedes seine Art fortpflanzt und die richtige Vorsorge für seine Familie trifft: Sie erscheinen wie von einem Prinzip gelenkt, das vollkommener ist als der Verstand des Menschen«[30].

Diese Schilderung drückt Gefühle der Hochachtung gegenüber dem Tier aus. Dennoch sollten sie keineswegs als Zeichen menschlicher Unterlegenheit verstanden werden, denn Owen fährt fort: »Jedoch besteht kein Zweifel, daß auch die höchsten und am weitesten entwickelten Tiere eben nur Tiere sind, d. h. ohne Verstand, und es ist gut für uns, daß dies so ist.« Hier ist erkennbar, daß der Autor trotz aller Hochachtung für den so gut angepaßten Körperbau und das Instinktverhalten der Tiere die Überlegenheit des Menschen gar nicht in Zweifel zieht. Nur ganz am Ende schwingt in seinen Worten etwas Beunruhigung mit: Was wäre, wenn Tiere doch einen Verstand hätten?

In der ersten Hälfte des 19. Jahrhunderts dann geriet die klare Unterscheidung: Tiere müssen ihren Instinkten folgen, Menschen können frei handeln und sind moralisch verantwortlich, mehr und mehr in Zweifel. Tierbeobachtungen hatten nämlich ergeben, daß auch niedere Tiere – wie Insekten –

durchaus fähig waren, sich in ihrem Instinktverhalten einer sich wandelnden Umgebung plastisch anzupassen. Tiere können also auch lernen, sie sind für Erfahrungen offen und in ihrem Lebenslauf anpassungsfähig. Zugleich geriet die Auffassung von der Sonderstellung des Menschen als einem frei handelnden und damit moralisch verantwortlichen Wesen ins Wanken, als man zunehmend die Möglichkeit einräumte, daß auch Menschen von Instinkten geleitet sein könnten. Diese zweifachen Zweifel an der Mensch-Tier-Differenz beunruhigte und führte zu einigen theologisch fundierten Spekulationen über den Unterschied des Menschen auch von seinen nächsten »Verwandten«, den Primaten. Der Biologe Kirby[31], der selbst in seinem monumentalen Werk über die Lebensgeschichte und die Instinkte der Tiere sehr dazu beitrug, daß die Grenze zwischen instinkthaftem Verhalten des Tieres und menschlichem Handeln durchlässig wurde, vertrat z. B. die Ansicht, daß die Menschenaffen deswegen erschaffen worden seien, um »dem Menschen den Spiegel vorzuhalten, damit er sehen kann, welch garstiges und abscheuliches Wesen er werden würde, wenn er sich den Lastern und der Sklaverei seiner Leidenschaften hingäbe«.

Charles Darwin (1809-1882) setzte einige Meilensteine auf dem Weg der wissenschaftlichen Erkenntnis über die scheinbaren Unterschiede von Menschen und Tieren. Sein Hauptwerk über die Entstehung der Arten aus dem Jahre 1859, wirkte zunächst doch wenig anstößig, weil er sich dort überwiegend auf die Evolution der Tiere konzentrierte. Wenige Jahre später (1871) aber veröffentlichte er sein Buch über die Abstammungsgeschichte des Menschen, darin nun stellte er den Menschen hinein in die stammesgeschichtliche Entwicklungsreihe der Tierarten. Jede geistige oder moralische Überlegenheit des Menschen geriet so in Zweifel, die bange Frage tauchte auf, wieviel Tierisches noch im Menschen wirksam sein könnte und, umgekehrt, wieweit das Tier zu menschlicher, geistiger Tätigkeit fähig sei. Es begann eine intensive Suche nach tierischen Vorläufern für komplexe menschliche Fähigkeiten.

Die wissenschaftlichen Arbeiten jener Zeit beruhten aber noch nicht auf systematischer, vergleichender oder experimenteller Untersuchung, sondern stützten sich auf Anekdoten und Geschichten aus zweiter oder dritter Hand. Es gab zahlreiche, oft phantastische Geschichten über einzelne Tiere, die lesen oder rechnen konnten, die die menschliche Sprache verstanden, die, in entferntesten Gegenden ausgesetzt, wieder nach Hause fanden usw.

Diese anekdotische Literatur geriet recht bald unter Kritik. Etwa um die Jahrhundertwende forderte eine einflußreiche wissenschaftliche Gegenbewegung, sich in dem Studium tierischen Verhaltens strikt auf das objektiv Beobachtbare zu konzentrieren. Schon 1894 forderte Morgan, daß man, wenn man z. B. »intelligentes« Verhalten eines Tieres zu erklären habe, von allen möglichen Erklärungen die einfachste zu wählen habe, also diejenige, welche die geringsten Vorannahmen mache. Aber erst in den 20er Jahren dieses Jahrhunderts geriet die romantische Tierpsychologie, die sehr phantasievoll mit Hilfe von anekdotischen Beschreibungen die höheren geistigen Fähigkeiten der Tiere nachzuweisen trachtete, in eine schwere Krise, von der sie sich bis heute nicht recht erholt hat[32]. Den Anlaß für diese Krise bot ein berühmtes Pferd: der Kluge Hans.

Der Kluge Hans

Um die Jahrhundertwende lebte in Berlin ein etwas sonderlicher Pensionär, Wilhelm von Osten. Er besaß mehrere Pferde, denen er sehr zugetan war und denen er zutraute, menschliche Fähigkeiten wie das Lesen und Rechnen zu erlernen. Im Jahre 1890 begann er, ein Pferd zu unterrichten, doch der Erfolg stellte sich erst ein, als er im Jahre 1901 einen 5jährigen Hengst in den Unterricht nahm; der hieß Hans und sollte binnen weniger Jahre das berühmteste Pferd seiner Zeit werden.

Hans lernte in einigen Monaten das schulische Pensum, das man in jener Zeit etwa von einem 14jährigen Schüler erwartete[33], er konnte rechnen, konnte sich »sprachlich« ausdrücken, konnte von mehreren Gegenständen auf Kommando den richtigen mit dem Maule ergreifen, herbeiholen und sogar Musikstücke identifizieren, zumindest konnte er harmonische von disharmonischen Akkorden unterscheiden. Die Lösungen, die von ihm verlangt wurden, teilte er überwiegend dadurch mit, daß er mit einem Vorderhuf auf den Boden klopfte. Er lernte aber auch, mit Kopfwendungen die richtigen oder falschen Lösungen anzuzeigen.

Als Belohnung für die richtigen Lösungen erhielt er Mohrrüben und Brot. Nahezu täglich führte er sein Können vor, und er zog eine immer größer werdende Zahl neugieriger Zuschauer an, zunächst Pferdeliebhaber und Schaulustige, dann auch Wissenschaftler, die von weither angereist kamen und sich daranmachten, die rätselhaften Leistungen des Klugen Hans zu erklären. Über das rechnende Pferd wurde ausführlich geschrieben und gestritten:

Hans hatte zahlreiche Anhänger, die sich von den gedanklichen Fähigkeiten des Pferdes überzeugen ließen, unter ihnen befanden sich auch ernsthafte Wissenschaftler wie z. B. der Neurologe Kurt Goldstein. Andere hielten die Vorführungen des Herrn von Osten für einen Schwindel, konnten aber trotz schärfster Beobachtung keinen Hinweis für irgendeine Verständigung zwischen dem Pferd und seinem Lehrer finden. So überboten sie sich gegenseitig mit bizarren Theorien über die Art der Beeinflussung, über die Möglichkeit einer elektromagnetischen Übertragung mit Hilfe von Stromkabeln oder einfach durch Gedankenübertragung oder Suggestion.

Hans war durchaus nicht das einzige Tier, das in jenen Jahren durch seine besonderen Leistungen Berühmtheit erlangte. Eine Stute, die »Kluge Rosa«, trat ebenfalls in Berlin als Konkurrentin des Klugen Hans auf. Lesende und rechnende Hunde wurden vorgeführt, darunter der berühmte »Rolf von Mannheim«, und es gab die überaus zahlreichen Geschichten über Nutztiere, die während ihres üblichen Arbeitslebens durch besondere Fähigkeiten des Zählens oder des sprachlichen Verständnisses aufgefallen waren. Keines dieser Tiere aber erreichte die Popularität des Klugen Hans, und es schien so, als würde sich an ihm die Frage zu entscheiden haben, ob Tiere nicht doch weitaus mehr als bislang vermutet aus der Beengtheit ihrer Instinktbindung heraustreten könnten. Viele Menschen sahen in den Leistungen des Klugen Hans den längst überfälligen Beweis für die Tatsache, daß Tiere in ihren Fähigkeiten unterschätzt worden waren und daß sie durchaus zu menschlicher Denkfähigkeit in der Lage seien, wenn man ihnen nur

Gelegenheit gäbe, sich artgerecht auszudrücken. Vielleicht hatte man ja zu sehr darauf bestanden, daß sich menschliches Denken auch in menschlicher Sprache ausdrücken müsse. Würde man aber einem Tiere erlauben, seine »Antworten« in einer arteigenen Zeichensprache, z. B. durch Hufeklopfen auszudrücken, würde man sich von ihren denkerischen Fähigkeiten leicht überzeugen können.

Im Jahre 1904 begab sich eine wissenschaftliche Kommission an den Ort der Vorführungen und besuchte Herrn von Osten mit seinem Pferd Hans. Diese Kommission war recht farbig zusammengesetzt, zu ihren Mitgliedern gehörten u. a. der Zirkusdirektor Paul Busch, Ludwig Heck, der Direktor des Zoologischen Gartens zu Berlin, und sein Assistent, der Biologe Oskar Heinroth, ferner ein Tierarzt, ein Schulrat, Kavallerieoffiziere und zwei Professoren der Berliner Universität: Professor Nagel, der Sinnesphysiologe, und Professor Stumpf, der Direktor des Psychologischen Institutes. Diese Kommission gab am 12. September 1904 ein kurzes Gutachten ab, in dem sie bestätigte, daß sie während der Vorführung keinerlei »Tricks, d. h. beabsichtigte Hilfe oder Beeinflussungen«[34] bemerkt hätten. Keines der bis dahin bekannten Zeichen der Verständigung zwischen einem Dressurlehrer und seinem Tiere sei zu erkennen gewesen, und so empfahlen sie eine eingehende wissenschaftliche Untersuchung dieser Phänomene.

Noch im selben Jahr begannen die wissenschaftlichen Experimente. Der Psychologe Stumpf untersuchte mit zwei Mitarbeitern die Lese- und Rechenleistungen des Pferdes, und sie variierten dabei die jeweiligen Versuchsbedingungen auf eine sehr geschickte Weise. So fanden sie heraus, daß der Kluge Hans dann nicht rechnen oder lesen konnte, wenn der Aufgabensteller die Lösung selbst nicht wußte, und er versagte auch dann, wenn er mit großen Scheuklappen daran gehindert wurde, den Aufgabensteller anzuschauen. Mit diesen Ergebnissen eines Gutachtens vom 9. 12. 1904 konnte schon als bewiesen gelten, daß der Kluge Hans »nicht zählen, lesen und rechnen«[35] konnte. Aber es blieben doch noch einige Rätsel zu lösen. Obgleich erwiesen schien, daß es eine Verständigung zwischen Herrn von Osten und seinem Pferd gegeben haben mußte, war trotz genauester Beobachtung kein Zeichen, kein Signal erkennbar gewesen – ganz abgesehen davon, daß Herr von Osten mit aller Entschiedenheit jede Art willentlicher Beeinflussung zurückwies. Und: Wenn man das Pferd ohne seinen Herren und ohne den Pferdepfleger befragte, gab es auch den Experimentatoren sehr häufig die richtigen Antworten, obschon diese gewiß nicht versucht hatten, das Pferd absichtlich zu beeinflussen.

Die Lösung dieser Rätsel blieb einem jungen Mann vorbehalten, der noch als Student an den Vorführungen des Klugen Hans teilgenommen hatte und der dann die experimentelle Überprüfung übernahm: Oskar Pfungst. In seinem Buch »Das Pferd des Herrn von Osten (Der Kluge Hans)« aus dem Jahre 1907 schildert er seine Experimente und Schlußfolgerungen. Kurz gesagt, fand er zweifelsfrei heraus, daß der Kluge Hans gelernt hatte, daß ein Aufgabensteller die richtige Anzahl geklopfter Zeichen regelmäßig mit einem minimalen Kopfnicken quittiert. Das geschieht ganz unwillkürlich, so daß auch ein kritischer Experimentator, wie Herr Pfungst selbst, dem Pferd diese

Zeichen gab, ohne es zunächst selbst zu bemerken. Natürlich kann die Verständigung dann nicht wirksam werden, wenn der Fragesteller die Antwort selbst nicht weiß, und auch dann nicht, wenn das Pferd den Fragesteller nicht sehen kann.

Pfungst lernte, diese minimalen Kopfbewegungen (es handelt sich um Ausschläge von maximal ein bis zwei Millimetern[36]) selbst willentlich zu erzeugen, und er führte das Pferd damit gezielt in die Irre, indem er – für Außenstehende wiederum unmerklich – bei einer falschen Lösung in der vom Pferde erwarteten Weise absichtlich mit einer Kopfbewegung von einem Millimeter nickte.

Die Ergebnisse des Psychologen Oskar Pfungst lösten heftige Reaktionen aus. Diejenigen, die immer schon die Mutmaßungen über denkende Tiere abgelehnt hatten, insbesondere die experimentell arbeitenden Psychologen und Zoologen, sahen sich darin bestärkt, in der Entwicklung experimenteller, vergleichender und am tatsächlichen Verhalten orientierter Untersuchungen fortzufahren. Nicht wenige Wissenschaftler, die an die Fähigkeiten des Klugen Hans geglaubt hatten, fühlten sich beschämt und zogen sich zurück. Einige andere, darunter der renommierte Schweizer Psychologe Claparède, zweifelten die Untersuchungsmethode der Herren Stumpf und Pfungst an und blieben vorerst bei ihren Hypothesen. Claparède berichtete im Jahre 1914 noch einmal sehr wohlwollend über rechnende und lesende Pferde. Herr von Osten aber, der stolze Besitzer des Klugen Hans, zeigte sich verbittert. Er hörte nicht auf, an die Fähigkeiten seines Pferdes zu glauben. Er mußte auch einigen Spott und Anfeindungen hinnehmen, obgleich ihm in fast allen Veröffentlichungen der gute Glaube und die beste Absicht bescheinigt worden waren.

Und der Kluge Hans? Natürlich fiel er aus dem öffentlichen und dem wissenschaftlichen Interesse, und er wurde das, was ungläubige Geister immer schon behauptet hatten: ein einfacher Hufeklopfer. Herr von Osten gab ihn einem jungen Mann, Karl Krall, der sich für die gelehrigen Pferde interessiert und für eine Weile bei Herrn von Osten gearbeitet hatte. Herr Krall nahm den Klugen Hans mit nach Elberfeld, wo er mit anderen, womöglich noch klügeren Pferden weiterarbeitete. Hans aber erhielt dort sein Gnadenbrot und wurde bis in sein hohes Alter nicht mehr für Lernexperimente in Anspruch genommen.

Was bleibt zurück von dieser Geschichte? Die Tierpsychologie, die kaum angesetzt hatte, den tiefen Graben zwischen Menschen und Tieren zuzuschütten, erlitt einen schweren Rückschlag. Oskar Pfungst hatte den Klugen Hans mit seinen eigenen Mitteln geschlagen. Nachdem er herausgefunden hatte, wie sich der Hengst orientiert, führte er ihn absichtlich in die Irre. Dadurch stellte er die alte Überlegenheit des Menschen über das Tier, die fraglich geworden war, wieder her. Denn immer schon hatte der Mensch seine Herrschaft über das Tier dadurch ausgeübt, daß er dessen instinktsichere Orientierungsleistungen manipulativ verwendete. Weil Hans nicht anders konnte, als die Kopfbewegungen des Fragestellers als ehrlich gemeinte Hinweise auf die richtige Lösung zu erkennen, war er durch einen Menschen, der diese Bewegungen willkürlich nachahmte, manipulierbar.

In Vergessenheit aber geriet doch das Erstaunlichste: Ein Pferd hatte in einem sehr einfachen Lernexperiment angesichts der wiederkehrenden Belohnung mit Mohrrüben gelernt, millimeterkleine Kopfbewegungen seiner Lehrer auszuwerten. Diese Bewegungen waren so minimal, daß die Lehrer selbst und auch die umstehenden Beobachter nichts davon bemerkten. So wurde ganz unabsichtlich und eigentlich per Zufall entdeckt, wie genau ein Pferd beobachtet, zu welcher Sinnesleistung es fähig ist. Erkennbar wurde diese Leistung nur dadurch, daß sie vom Menschen in einem Experiment abgefordert wurde.

Wie viele Fähigkeiten und Sinnesleistungen mögen Tiere in ihrem eigenen Alltag und in ihrer eigenen Lebenswelt anwenden, ohne daß wir ihrer gewahr werden? Wir wissen nicht, wie wir sie danach fragen könnten, unsere einzige Methode ist die, sie kontrollierten Bedingungen zu unterwerfen. Aber dabei erfahren wir allerhöchstens das, wonach wir gesucht haben. Die meisten Phänomene dürften uns wohl verborgen bleiben, weil wir nicht einmal verstehen, wie nach ihnen zu fragen wäre.

Tierpsychologie und Verhaltensforschung

Um die Jahrhundertwende und bis in die 30er Jahre dieses Jahrhunderts hinein beschäftigte sich die akademische Zoologie nur wenig mit dem, was man die Psyche des Tieres nennen könnte. Statt dessen wurde dieses Thema gleichsam von der anderen Seite her aufgegriffen, nämlich von den Psychologen. Der amerikanische Philosoph und

Psychologe William James (1842-1910) untersuchte in seinen *Principals of Psychology II*, wie sehr auch Menschen von Instinkten geleitet sein können. Er arbeitete mit zahlreichen Analogien zum Tierverhalten und beschrieb, wie das Tier und der Mensch ihr instinktgeleitetes Verhalten vom ersten Lebensaugenblicke an mit individuellen Lernerfahrungen verknüpfen und verschränken. James verklammerte in seinem theoretischen Entwurf die tierische und die menschliche Existenz, indem er einerseits den Menschen wie das Tier als ein Erfahrungswesen beschrieb, das schon in frühester Kindheit beginnt, sich den Bedingungen seiner Umwelt anzupassen, und indem er andererseits erkannte, daß auch der Mensch von Instinkten geleitet wird.

Wenige Jahre später aber gewann eine verhaltensorientierte, also behavioristische Psychologie vor allem in den USA sehr stark an Einfluß. Der Psychologe Thorndike veröffentlichte schon im Jahre 1898 ein einflußreiches Buch über »Animal Intelligence«. Er schrieb also zunächst über tierisches Verhalten und tierisches Lernen, aber natürlich verfolgte er die Absicht, über diesen Umweg auch die Prinzipien menschlichen Lernens und menschlichen Verhaltens zu klären. Seine Experimente und die seiner Nachfolger wie Watson, Skinner, auch Hull und Tolman zeigten, daß es relativ einfache Lernprinzipien, nämlich bedingte Reflexe und das Lernen am Erfolg bzw. das Vermeiden von Mißerfolg sind, denen das tierische und auch das menschliche Individuum folgt, selbst dann, wenn seine Lernleistung intelligent und schöpferisch erscheint. Die Experimente mit Tieren (es waren vor allem Säugetiere wie Ratten und Mäuse) lagen schon deswegen nahe, weil ihnen im Unterschied zu menschlichen Versuchspersonen strikte Einschränkungen zuzumuten waren. Die so untersuchten Tiere konnten zumeist gar nicht anders, als sich »konditioniert« zu verhalten. Es stand ihnen nicht frei, etwas anderes zu tun, als die Versuchsanordnung vorgab. Eine hungrige Ratte etwa, die in einem Laborkäfig lernt, daß ein Tastendruck Futter herbeischafft, oder die in einem Labyrinth erfährt, daß der linke Weg zwar der kürzere ist, aber mit einem Stromstoß bestraft wird, hat keine Gelegenheit zu höherer geistiger Tätigkeit. Sie muß dem Hunger folgen und den Stromschlag vermeiden.

Die Behavioristen lehnten es damals strikt ab, »mentale« Vorgänge, Instinkt und Bewußtsein oder gar das Unbewußte zu erforschen. Sie hielten diese Gegenstände für wenig bedeutsam, zumindest für unzugänglich. Sie glaubten, daß ihre Lernprinzipien ausreichen, um menschliches und tierisches Verhalten hinreichend genau zu erklären und auch vorherzusagen. Ein Beispiel für ein gelungenes Konditionierungsexperiment gab Watson selbst, der seinem bedauernswerten kleinen Sohn Albert folgendes Experiment zumutete: Albert mochte wie fast alle kleinen Kinder lebendige Kaninchen und andere Kuscheltiere. In einem Experiment aber wurde hinter seinem Rücken jedesmal dann ein plötzlicher, heftiger Lärm verursacht, sobald er das Kaninchen erblickte. Natürlich begann er sich alsbald vor dem Kaninchen zu fürchten, und er erweiterte (generalisierte) diese Furcht auf alle ähnlich aussehenden lebendigen oder künstlichen Kuscheltiere.

Dieses Experiment zeigt, daß Konditionierungen auch beim Menschen wirksam sind, und zweifellos ist dies bei

Tieren in tausendfacher Auflage ebenso schlagend nachgewiesen.

Im Gegensatz zu den Behavioristen, die in der ersten Hälfte dieses Jahrhunderts zunächst den englischsprachigen Raum beherrschten – in der Nachkriegszeit dann gewannen sie auch in der Bundesrepublik starken Einfluß auf die akademische Psychologie –, entwickelte sich um die Jahrhundertwende im deutschsprachigen Raum eine psychologische Richtung, die sich ebenfalls um tierisches und menschliches Handeln oder Verhalten bemühte: die Gestaltpsychologie. Sie fußte auf der Gestalttheorie[37], die in menschlicher und auch tierischer Verstandestätigkeit die Wirkung komplexer, gestaltender Prinzipien nachzuweisen suchte. Hatte der Behaviorismus versucht, den Instinkt des Tieres und des Menschen aufzulösen und durch starre Reiz-Reaktions-Verknüpfungen zu ersetzen, ging es den Gestaltpsychologen geradezu umgekehrt darum, in der Wahrnehmung, im Denken und im Gedächtnis und vor allem im intelligenten Handeln bei Menschen und Tieren das schöpferische Element zu finden und zu beschreiben. Dementsprechend sahen ihre Versuchsanordnungen vollkommen anders aus als die der Behavioristen. Die berühmtesten unter ihnen waren wohl jene Experimente, die Wolfgang Köhler auf der Insel Teneriffa mit einer Reihe von Schimpansen durchführte[38]. Er zeigte, wie Schimpansen in neuartigen Situationen schöpferisch handeln, wie sie Werkzeuge benutzen und miteinander kooperieren können. Indem er seinen Tieren Gelegenheit gab, angesichts unklarer, aber offener Situationen kreativ zu handeln, zeigten sie eine überraschende Fülle von intelligenten Verhaltensweisen.

Beide, die Behavioristen und die Gestaltpsychologen schlugen Brücken über den Graben zwischen Mensch und Tier. Aber sie taten es auf unterschiedliche Weise: Wolfgang Köhler zeigte mit seinen Experimenten, daß zumindest höhere Primaten ähnlich schöpferisch handeln können wie Menschen. Die Behavioristen zeigten hingegen, daß Menschen genauso einfachen Lerngesetzen folgen, wie dies bei Tieren immer schon zu beobachten war. Auf die einfache Formel gebracht, könnte man sagen, daß die Gestaltpsychologen nachwiesen, daß höhere Säugetiere ähnlich schöpferisch handeln wie Menschen, während die Behavioristen zeigten, daß Menschen genauso dumm sind wie Tiere.

Die Zoologen haben von dieser Kontroverse unter den Psychologen zunächst wenig Notiz genommen. Für sie stand nach den beschämenden Irrtümern mit dem Klugen Hans fest, daß alle Beschäftigung mit inneren Vorgängen – etwa dem einer Tierseele oder auch nur der eines Instinktes – ins wissenschaftliche Abseits führen mußte. Aber langsam kam es auch unter den Zoologen zu einer Kontroverse über die »Seele« des Tieres und sein Verhalten. Einige hatten in der Konsequenz der Blamage um den Klugen Hans eine behavioristische Wendung vollzogen und eine Verhaltensforschung gefordert, die ganz ohne eine Innenschau auf die Psyche des Tieres auskommen sollte. Andere, wie z. B. Hediger (1967), räumten zwar ein, daß die anekdotische Beschreibung von Tieren vielerorts in Sackgassen geführt habe, beharrten aber darauf, daß Menschen sich ihres begrenzten Wissens über Tiere immer bewußt sein sollten. Gerade der Kluge Hans sei ja ein Beispiel dafür, daß hier

Sinnesleistungen sichtbar wurden, nach denen niemand gesucht hatte. Niemand könne wissen, zu welchen komplexen Leistungen ein Tier fähig sei. Denn die Welt des Tieres sei uns unzugänglich, daher sollten wir respektvoll mit Tieren umgehen und uns der Begrenztheit unserer eigenen Erkenntnisse bewußt sein.

Die wissenschaftliche Zoologie hat sich erst sehr spät entschließen können, die Psychologie des Tieres zu einem eigenen Schwerpunkt zu machen. In Abgrenzung zu dem alten Begriff der »Tierpsychologie« zogen sie es aber vor, diese Forschungsrichtung »Verhaltensforschung« oder »Ethologie« zu nennen. Damit grenzten sie sich endgültig ab von allen Versuchen, in der Tierseele und auch im Tierinstinkt analog zur menschlichen Persönlichkeit mentale Strukturen zu erkennen.

Im Jahre 1936 gab es in Leiden in den Niederlanden ein Symposium über den Instinkt des Tieres. Es war eine Kontroverse zwischen Tierpsychologie und Verhaltensforschung. Im Ergebnis setzten sich die Verhaltensforscher durch, unter ihnen der später so berühmte Konrad Lorenz. Ihm und einigen anderen Kollegen[39] verdankt die moderne Verhaltensforschung, die Ethologie ihre Ausrichtung. Deren Charakteristika liegen zunächst darin, daß sie sich im Sinne des Behaviorismus strikt darauf konzentrieren, beobachtbares Verhalten zu ihrem Gegenstand zu machen. Der Instinkt etwa, den andere Forscher analog zum menschlichen Verstand oder gar menschlichen Geist betrachten, ist für den Verhaltensforscher durch Beschreibungen zu ersetzen, die sich auf vergleichende und experimentell gewonnene Beobachtungsdaten stützen. Dann nämlich kann sichtbar werden, daß auch instinktgeleitetes Verhalten trotz seiner oft idealen Angepaßtheit an die Umwelt nicht Ausdruck tierischer Intelligenz oder tierischen Geistes ist, sondern ebenso zwangsläufig und genetisch verankert ist, wie es die körperlichen Merkmale des Tieres auch sind.

Andererseits hat die Verhaltensforschung/Ethologie gar nicht erst den Versuch gemacht, kognitive, also gedankliche Aspekte tierischen Seelenlebens auszuschließen. Damit griffen sie auf gestaltpsychologisches Erbe zurück, das die Psychologen ihrerseits – von wenigen Ausnahmen abgesehen – längst aufgegeben haben.

3. Die Liebe unter den Menschen

In der Tierliebe versuchen wir, die Entfernung zum Tier zu überbrücken. Wir versetzen uns hinein in unseren Hund, der unsere Ankunft schwanzwedelnd beantwortet, wir fühlen, was er gerade fühlen mag. Aber da wir nicht wissen, was in einem Tier vorgeht, suchen wir die Antwort auf unsere Frage doch eher in uns. Wir fragen: Wie würde *ich* jetzt an seiner Stelle fühlen? Ich würde, so wäre unsere Antwort, mich riesig freuen, wenn ein so liebevoller Mensch, wie ich einer bin, herankäme zu mir und mich begrüßte. Das ist es, was wir in unserem Hunde erleben: unseren eigenen Wunsch, so vorbehaltlos geliebt zu werden.

Wenn wir uns also dem Tiere nähern, so begegnen wir zu allererst uns selbst. Nur unvollkommen gelingt unser Versuch, sein Leben mit seinen Augen wahrzunehmen und seine innige Verbundenheit mit der Natur zu erkennen. Nein, indem wir uns einfühlen in das Tier, ziehen wir das Tier zu uns, schließen es ein in *unsere* Welt der Gefühle, Gedanken, Pläne und Erinnerungen. Und wir weisen dem Tier eine Rolle zu, die sonst nur Menschen für uns spielen.

Um die Wege der Tierliebe also zu verstehen, ist es nützlich, die Liebe der Menschen untereinander zu betrachten. Denn in der Liebe zum Tier steckt der Versuch, die Fremdheit des Tieres in diejenige Vertrautheit zu verwandeln, die sonst nur unter Menschen möglich ist. Alles Subjektive, das zwischen Menschen sich ereignet, die Wertschätzung, die Idealisierung, die Verliebtheit, aber auch die Verachtung, der Neid und der Haß kann die Beziehung des Menschen zum Tier bestimmen.

Entwicklung des Mitgefühls, der Empathie

Vom ersten Tag ihres Lebens an sind Menschen aufeinander angewiesen. Das Neugeborene braucht in den ersten Lebensmonaten eine konstante Bezugsperson nicht nur, um körperlich zu überleben, sich zu ernähren, ausreichend warm und gemütlich zu liegen, sondern auch als einen sozialen Partner, als Gegenüber in einem stetigen Dialog, der gleich nach der Geburt beginnt. Wird Säuglingen sozialer Kontakt vorenthalten, so erkranken sie, sie werden lebensbedrohlich depressiv, und viele von ihnen sterben, ohne daß eine einzige organische Ursache gefunden werden könnte[40]. Eine soziale Isolierung überleben sie nicht.

Daher scheiterten auch jene Experimente, mit denen ein neugieriger Kaiser Friedrich I. Barbarossa (1152-1190) herauszufinden versuchte, welche »natürliche« Sprache der Mensch wohl spräche, wenn ihm der Dialog mit einem anderen Menschen verwehrt würde. Die bedauernswerten Säuglinge, denen er ein Leben in sozialer Isolierung verordnet hatte, erlernten nämlich gar keine Sprache, denn sie überlebten mangels menschlichen Kontaktes überhaupt nur wenige Monate.

Die intensiven Beobachtungen neuerer Säuglingsforschung zeigen uns, daß der Säugling schon gleich nach der Geburt ein sozial höchst aktives Wesen ist, daß er seine Umgebung sehr differenziert wahrnimmt und schon unmittelbar nach der Geburt beginnt, mit Lauten und Körperbewegungen einen Dialog mit seiner ersten und hauptsächlichen Pflegeperson einzugehen. Man darf sich nicht täuschen lassen von mangelnder motorischer Kontrolle. Auch wenn der Säugling seine Augen noch nicht auf einen Gegenstand fixieren kann, so daß sein Blick ganz unabsichtlich und scheinbar desinteressiert über die Gegenstände gleitet, nimmt er die Eigenschaften der Dinge seiner Welt doch sehr gut wahr. Säuglinge können schon nach wenigen Wochen Menschen nach ihrem optischen Eindruck wiedererkennen, sie können akustische und optische Eindrücke zusammenfügen und sogar ineinander »übersetzen«. Säuglinge verfügen zweifellos über Fähigkeiten, die ihnen später wieder verlorengehen; wir, die Erwachsenen, verfügen längst nicht mehr über sie.

Wenn sich ein Säugling mit seiner Mutter »unterhält«, wenn er ihr einen Wechselgesang mit immer wieder ähnlichen Lauten anbietet, so möchte er zuallererst ein Echo, eine Antwort möglichst im gleichen Ton. Mütter, die seinen Singsang nachahmen, machen ihm eine große Freude (und sie erziehen ihn keineswegs in falscher Richtung, wie manche Pädagogen heute noch glauben). Aber genauso, wie ihn das Echo, das Hören der gleichartigen Antwort erfreut, sucht er doch auch nach der Verschiedenheit, der etwas anderen Stimmlage, dem kleinen Unterschied zwischen seiner eigenen Stimme und der seiner Mutter. Von Anfang an also sucht er im Vertrauten das Andersartige, Fremde, und im Fremden doch das Vertraute.

Es ist ein sehr alter Irrglaube, daß Säuglinge sich dann am wohlsten fühlten, wenn sie möglichst störungsfrei und anregungsarm in ihrem Bettchen lägen. Im Gegenteil: Außerhalb ihrer Ruhephasen suchen sie aktiv nach Neuem, Fremdartigem, und nichts erregt die Aufmerksamkeit des

Säuglings mehr als der neue Gegenstand in seinem Blickfeld, eine neue Stimme an seinem Ohr. Andererseits darf ihn ein neuer Eindruck nicht überwältigen. Er darf nicht zu laut sein oder seine bisher gewonnenen Gewißheiten über die Welt in Frage stellen. Säuglinge suchen, wenn sie wach sind, die Neuartigkeit von Eindrücken mittleren Ausmaßes. Das Immergleiche stumpft sie ab, das Allzulaute, lärmend Neue macht ihnen angst. Aber in der Spannung zwischen dem Vertrauten und dem Neuen lassen sie sich zu ihrer geistigen Entwicklung anregen.

Ein gelingender Dialog zwischen Bezugsperson und Kind, in dem sich das Vertraute und das Neuartige auf förderliche Weise abwechselt, bildet eine Art Rahmen, in dem sich das Kind aufgehoben und sicher fühlen kann. Indem sich das Kind mit der Mutter fortlaufend über Gefühle und Phantasien austauscht, kultiviert es seine Fähigkeit, sich von den Stimmungen anderer Menschen ansprechen zu lassen, und lernt, daß auch es selbst mit seinen Gefühlsausdrücken Wirkung erzielt.

Jeder Säugling und jedes Kleinkind gerät unvermeidlich auch in Situationen, die ihm große Angst machen, sei es, daß er hungrig ist, daß er Schmerzen verspürt, daß er sich allein gelassen fühlt und niemand sein Schreien beachtet. In all diesen Fällen scheint es ihm zunächst so, als hörte dieses Leiden niemals auf, als sei er aufs höchste bedroht in seiner Hilflosigkeit und Ohnmacht. Erst allmählich lernt er, daß derartige Erlebnisse vorübergehen, daß nicht jeder Schmerz überwältigend sein muß, kurz: Er lernt, sich selbst zu beruhigen. Diese Fähigkeit ist ihm nicht angeboren, er gewinnt sie, indem er erlebt, wie seine Mutter – die erste Pflegeperson in der Regel – ihn tröstet, den Mangel beseitigt, ihn vielleicht ablenkt, jedenfalls beruhigt. Die Fähigkeit, sich zu beruhigen, ist eine von zahlreichen Fähigkeiten, die der Säugling und das Kleinkind nur in der Beziehung zu anderen Menschen erwerben kann. Nicht wenigen Menschen fehlt es an dieser Kompetenz, dann erscheint ihnen jede Verletzung unübersehbar groß, und jeder seelische Schmerz scheint kein Ende nehmen zu können.

Im günstigen Falle aber verwendet der Säugling die guten Erfahrungen, um auch die unvermeidlich schlechten Erlebnisse zu bewältigen. Im Vordergrund festigt er die Gewißheit, daß seine Mutter ihm nicht böse will, daß sie ihn nicht im Stich läßt und sich seiner annimmt. Hierauf gründet er sein eigenes Selbstwerterleben: daß er liebenswert ist, daß er Achtung verdient und daß er in der Welt unter den Menschen willkommen ist.

Natürlich ist dem Säugling zunächst gar nicht bewußt, wie sehr er auf den anderen, auf andere Menschen angewiesen ist. Er ist egozentrisch: Er selbst steht im Mittelpunkt einer Welt, die sich täglich erweitert, ausdifferenziert und ihm ganz zur Verfügung zu stehen scheint. In seinen Augen ist es eine »Welt für mich«, lange wird er nicht anerkennen, daß es eine »Welt an sich« gibt, daß die Dinge ihm nicht gehorchen, nicht auf ihn ausgerichtet sind. Sowenig wie er schon eine Vorstellung über sich selbst hat und lange Zeit nicht »Ich« sagen kann, sowenig kann er dem anderen, z. B. der Mutter, einräumen, daß sie »für sich« ist, also eigene Wege geht, ganz unabhängig von ihm eigene Ziele und Absichten verfolgt. Vorerst bleibt er in seiner Phantasiewelt von beneidenswerter Egozentrik, von einem grandiosen Selbstverständnis als dem Mittelpunkt der Welt.

Andererseits treibt ihn die Suche nach der Differenz, dem Neuartigen voran. Er genießt es, aktiv handeln zu können, den Dingen seinen Willen aufzuzwingen und in den Menschen eine Antwort hervorzurufen. Kleinstkinder beobachten sehr genau, wie die Personen ihrer Umwelt reagieren. Und sie finden rasch heraus, auf welche Weise die Familienmitglieder antworten, mimisch, in Gesten oder im Sprechen. Bleibt diese Reaktion aus, z. B. wenn in einem Experiment die Mutter nach Anweisung mimisch unbewegt bleibt, gerät der Säugling in große Angst. Es scheint, als überfielen ihn die alten Verlassenheitsängste, und er müht sich, im anderen doch die gewohnte Antwort, das Lächeln oder wenigstens das Stirnrunzeln hervorzubringen.

So entwickelt sich der Säugling in einem Spannungsbogen zwischen dem Wunsch, seine Selbständigkeit und Unabhängigkeit zu erfahren, und dem Wunsch, sich in dem anderen zu spiegeln, sich im Einklang wohl zu fühlen. Jeder dieser beiden Zustände für sich würde ihm angst machen: Die Verschmelzung mit dem anderen, z. B. der Mutter, weckte die Angst, als eigenständiges Wesen verlorenzugehen. Aber auch in der vollkommenen Kontrolle über den anderen verlöre er sich selbst, weil er das Nein des anderen braucht (gerade darin zeigt sich ja dessen Eigenart), um auch sich selbst zu erkennen. Einerseits also sucht er in der Beziehung zu anderen das Vertraute, indem er sich selbst wiedererkennt, andererseits aber auch das Andersartige, das Nicht-Ich, das ihm den Unterschied zwischen »ich selbst« und »die anderen« verdeutlicht.

Kinder im »Trotzalter« versuchen auf eine oft verzweifelte Weise, diesen spannungsreichen Widerspruch zu lösen. Sie geraten in Wut, wenn sie ihre Selbständigkeit gefährdet sehen, weil ihnen jemand Vorschriften macht oder ihnen nur die Schuhe zubinden will. Andererseits geraten sie in Angst und schämen sich ihrer Hilflosigkeit, wenn sie in ihrem Trotz fortgeschickt oder allein gelassen werden. Lösbar ist dieser Konflikt für das ganze Leben nicht. Menschen sehnen sich nach der vollkommenen Nähe, fürchten aber, sich darin zu verlieren, und sie wünschen sich, ganz unabhängig zu sein, und fürchten sich dann vor der Einsamkeit. So suchen sie im anderen die Gleichartigkeit und die Fremdheit. Sie suchen dort ihr Echo und hören: »Ich bin es selbst«, und sie suchen dort auch den Widerspruch und hören: »So bin ich nicht, aber und gerade dadurch kann ich mich selbst erkennen.«

Nur sehr langsam, zögernd und mit vielen Rückschritten nimmt das Kleinkind Abschied von seiner egozentrischen Sichtweise. Es nimmt hin, daß die Mutter ein Mensch »für sich« ist und daß sie es zuweilen alleine läßt. Weil es gelernt hat, sich seine Mutter auch in ihrer Abwesenheit vorzustellen, kann es sich mit seinen inneren Bildern von ihr beruhigen. In seinen Vorstellungen ruft es sie herbei, läßt sie verschwinden und als Bild wieder auftreten. Indem es gedanklich über sie verfügt, tröstet es sich über die Einsicht hinweg, daß es in der Wirklichkeit nicht ganz über sie verfügen kann. Das Kind sieht ein, daß Mutter nicht »für mich«, sondern genauso auch »für sich« auf der Welt ist.

Dieser Schritt aus der grandiosen Egozentrik kann mißlingen. Viele Menschen haben schon als Säuglinge versucht, die Phantasie von eigener Vollkommenheit als Trost gegen enttäuschende Erfahrungen mit einer verständnislosen Umwelt zu entwickeln und an ihr festzuhalten. Andere flüchten in Augenblicken der Enttäuschung – z. B. wenn sie sich gekränkt fühlen oder wenn ihnen ein Partner verlorengegangen ist – in solche Zustände von Unerreichbarkeit und Einmaligkeit, und es fällt ihnen dann schwer, zurückzukehren in die Einsicht, daß alle Menschen zuallererst für sich selbst da sind.

Im Normalfall aber beginnen Kinder Ende des zweiten Lebensjahres damit, sich ihrer selbst bewußt zu werden. Ebenso, wie sie gelernt haben, sich die Vorstellungen von der Mutter auch in ihrer Abwesenheit zu erhalten, entwikkeln sie auch ein fortdauerndes Bild von sich selbst. Jetzt nennen sie sich nicht mehr beim Vornamen, sondern sie sagen »Ich«, wenn sie sich selbst meinen. Sie können auf sich schauen, sich gleichsam von außen betrachten und eine Haltung des »so bin ich« einnehmen. Sie gewinnen einen Standpunkt außerhalb von sich selbst, denken darüber nach, was für eine Person sie sind, und sie können sich in der Beziehung zu anderen wie von außen betrachten. Nun erkennen sie sich selbst auch im Spiegel. Malt man ihnen einen Fleck auf die Backe und hält ihnen einen Spiegel vor, so versuchen sie nun, den Fleck auf ihrer Wange zu berühren oder wegzuwischen. Solange sie noch kein Bewußtsein ihrer selbst gewonnen haben, tasten sie mit dem Finger nach dem Fleck im Spiegel und versuchen, ihn dort zu entfernen.

Schon als Neugeborenes konnte der Säugling die Stimmung anderer Menschen nachempfinden, sich »anstecken«

lassen. Mütter von Zwillingskindern können das andauernd erfahren. Zu dieser angeborenen Fähigkeit zur Gefühlsansteckung tritt nun die neue Fähigkeit, die Perspektive des anderen übernehmen und seine Situation aus seiner Sicht nachempfinden zu können. Das Kind ahnt, wie dem anderen zumute ist, empfindet die Traurigkeit oder die Freude des anderen, denn es fühlt in sich selbst eine ähnliche Trauer und eine ähnliche Freude.

Empathie [41], Mitgefühl, gründet ganz wesentlich in der Fähigkeit, die Perspektive des anderen zu übernehmen und nachzuempfinden [42]. Diese Perspektivenübernahme ist schließlich auch dann wirksam, wenn der andere, mit dem wir mit-leiden, gar nicht anwesend ist. Es genügt z. B., von einem Freund zu hören, daß er einen schmerzhaften Verlust erleiden mußte. Dann können wir uns in ihn, den Abwesenden, hineinversetzen und fühlen, wie ihm jetzt zumute sein wird. Während die Gefühlsansteckung unmittelbar und nur in der Anwesenheit des anderen wirkt, ist unsere Fähigkeit zur Perspektivenübernahme zeitlich und räumlich ungebunden. Daher meinen wir auch, das Gefühl nachzuempfinden, welches ein anderer Mensch vor vielen Jahren schon hatte.

Die Fähigkeit zur Perspektivenübernahme – und damit zur Empathie – können Tiere nur in sehr seltenen Ausnahmen entwickeln. Es bedarf eines langen Trainings, bevor einzelne Schimpansen lernen, die Absichten anderer vorweg zu berücksichtigen – wie jene Schimpansen des Psychologen Premack, die dem »bösen« Pfleger, der die Bananen selber aß, die leeren Kisten zum Öffnen zeigen. Die andere, früher angelegte Komponente der Empathie hingegen, die

Gefühlsansteckung, haben viele Tiere, insbesondere die gesellig lebenden Tiere sehr weit entwickelt. Die Ethologen sprechen hier von »Stimmungsübertragung«. Stimmungsübertragung dient dazu, das Verhalten von Tieren zu synchronisieren, z. B. beim Auffliegen eines Schwarms von Vögeln.

Es klingt paradox: Die Fähigkeit, sich in den anderen Menschen hineinzuversetzen, seine Welt mit seinen Augen zu betrachten und seine Gefühle nachzuempfinden, setzt die Getrenntheit vom anderen voraus. Wer dem anderen zu eng verbunden ist, weil er aus der allerersten Beziehung seiner Kindheit nicht herausgefunden hat, fühlt zwar auch intensiv mit dem anderen, aber er kann gar nicht anders als mitfühlen und mitleiden. Sein Dilemma ist es, daß er nicht sicher unterscheiden kann, ob sein Gefühl in diesem Augenblick sein eigenes ist, oder ob er mit dem anderen mit-fühlt. Da mag es ihm lieber sein, sich gänzlich unberührbar zu machen.

Empathie schließt demnach zwei Fähigkeiten ein: zum einen die Bereitschaft, sich in den anderen hineinzuversetzen und an seiner Stelle zu empfinden – das Wort »verstehen« bedeutete ja ursprünglich ein »Für-Den-Anderen-Stehen« –, zum anderen aber auch die Fähigkeit, zwischen den eigenen Gefühlen und denen des anderen zu unterscheiden. Wer Mitgefühl empfindet, weiß, daß er nun die Gefühle des anderen teilt, aber er weiß auch, daß es im Ursprung nicht die eigenen Gefühle sind, die er in diesem Augenblick empfindet.

Allerdings: Im Gegensatz zur Gefühlsansteckung ist die Fähigkeit zur Perspektivenübernahme durchaus trügerisch.

Zwar haben wir mit ihr Distanz zum anderen gewonnen (oder umgekehrt: Mit unserer Distanz wurde Perspektivenübernahme möglich), und wir glauben, daß unser Mitgefühl im Ursprung nicht unsere eigenen Gefühle wiedergibt. Aber wir können uns irren: Wir können nicht sicher sein, daß wir in unserem Mitgefühl wirklich die Perspektive des anderen zutreffend abbilden. Während wir uns in der Gefühlsansteckung unmittelbar berühren lassen, erleben wir in der Perspektivenübernahme nur indirekt, wie dem anderen zumute ist. Wir stellen uns vor, daß er traurig ist oder wütend oder beschämt. In diese Vorstellung geht selbstverständlich mit ein, wie wir selbst uns in jener Situation fühlen würden – und mehr noch: Wir lassen mit einfließen, welche Gefühle wir keinesfalls erleben wollten oder welch andere wir im anderen wahrzunehmen wünschen.

In der Empathie stellen wir eine Gefühls- und Phantasiemischung her: Einerseits lassen wir uns von den Gefühlen des anderen ansprechen, andererseits bringen wir auch eigene, teilweise unbewußte Gefühle und Phantasien zur Geltung. Insofern ist selbst das Mitgefühl immer auch ein wenig egozentrisch, niemals sind wir in unseren Gefühlen nur bei dem anderen. Und zuweilen kann in dieser Mischung zwischen Egozentrik und Hingabe an den anderen der egozentrische Aspekt durchaus dominieren, z. B. dann, wenn sich in dem Mitleid mit einem anderen vor allem Herablassung und Überheblichkeit verbirgt.

Vollends zur Illusion aber gerät unsere Empathie, wenn wir sie über Tiere legen. Wenn unser Hund jammert, weil er heute abend allein bleiben muß, so glauben wir, in ihm jene Traurigkeit zu erkennen, wie wir sie als Menschen an seiner

Stelle erleben und kennen. »Empathisch« fühlen wir mit ihm, obwohl wir doch gar nicht wissen können, was dieser Hund wirklich erlebt. Wir nehmen ihn so, als wäre er ein Mensch und als fühlte er wie ein Mensch. Aber was wir für ihn fühlen, ist unser Gefühl und nicht seines.

Wenn wir einen anderen Menschen mit unserer Empathie einmal vereinnahmen, so kann er sich in der Regel zur Wehr setzen und unser »Mitgefühl« zurückweisen. Tiere können das nicht. Ihnen ist ja überhaupt unverständlich, was ein Mitgefühl sein könnte. Denn Tiere sind selbst – mit sehr wenigen Ausnahmen – nicht zur Perspektivenübernahme und somit weder zu Mitgefühl noch zu Sadismus fähig. Sie lassen sich vielleicht von einem anderen Tier und seiner Aggressivität oder seiner Flucht anstecken, aber sie stellen sich nicht vor, wie einem anderen Tiere zumute war, als es dies oder jenes erlebte.

Insofern kann die als Mitgefühl getarnte illusionäre Verwendung des Tieres sehr weit gehen. Vielleicht glauben wir zu fühlen, daß sich ein Elefant freut, wenn er auf einem Hocker sitzt. Vielleicht spüren wir, daß Hunde im Zirkus begeistert Fußball spielen oder Schimpansen gern Matrosenanzüge tragen. Also lassen wir sie all dies tun und verleugnen, daß wir diese Tiere ausschließlich für uns selbst verwenden. Empathie mit Tieren ist Ausdruck menschlicher Egozentrik.

Kindliche und jugendliche Grausamkeit an Tieren

Wer grausam oder sadistisch mit Tieren umgeht, erregt leicht öffentlichen Zorn. Derartige Taten verletzen unser Mitgefühl, und weil wir uns mit den mißhandelten Tieren identifizieren können, fordern wir strenge Bestrafung des Tierquälers. Warum aber und zu welchem Zweck quält ein Mensch Tiere, und wie verhält sich diese Tierquälerei zu der verbreiteten Tierliebe einer modernen Gesellschaft? Sind Tierquäler sadistisch, fehlt es ihnen am Einfühlungsvermögen?

Zu den irritierenden Erfahrungen mit diesem Thema gehört zunächst die Allerweltsbeobachtung, daß kleine Kinder im dritten oder vierten Lebensjahr oft ungerührt und scheinbar mitleidslos mit Tieren umgehen. Da zerlegt der Dreijährige lebende Schmetterlinge in seine Körperteile, und seine vierjährige Schwester teilt Regenwürmer, um zu beobachten, wie jede Hälfte für sich weiterkriechen kann. Fast bis ins Schulalter hinein scheinen sich Kinder an sadistischen Handlungen zu erfreuen: Zuweilen blasen sie Frösche auf, bis sie platzen, oder sie halten kleine Katzen unter Wasser, bis sie ertrinken.

Eltern und andere Erwachsene erleben derartige Tierquälereien mit Grausen. Sie reagieren oft mit großem Zorn und machen sich Sorgen um ihre Kinder. Zumeist aber verschwinden deren grausame Neigungen im Schulalter und kehren auch nicht wieder. In wenigen Fällen aber setzten Jugendliche solche Verhaltensweisen fort und schockieren die Öffentlichkeit mit grausamen Taten. So drangen im Juli 1992 etwa sechs bis acht Jungen im Alter zwischen 12 und 18

Jahren in den Berliner Tierpark Friedrichsfelde ein, verwüsteten zahlreiche Gehege und töteten »Dutzende Tiere« großenteils »auf bestialische Weise«, wie eine Boulevardzeitung schrieb. Sie strangulierten eine Reihe von Gänsen in einer Art von Ritual, das eine gewisse Sorgfalt verriet. Diese Jugendlichen handelten offenbar nicht im Einfluß überstarker Gefühle, sondern eher »kaltblütig« und offenbar ohne jedes Mitleid.

Befragt man jugendliche oder erwachsene Straftäter, so finden sich in vielen ihrer Biografien Tierquälereien, sei es, daß sie »schon immer« Tiere gequält haben, sei es, daß sie erlebten, daß »Tierquälerei als Unterhaltung und Erheiterung zu den makabren Aspekten vieler gewalttätiger Familien«[43] gehörte. In den Krankenakten von 1502 Kindern und Jugendlichen, die ambulant oder stationär in der jugendpsychiatrischen Abteilung der Universitäts-Nervenklinik Tübingen behandelt worden waren, war in 25 Fällen auch Tierquälerei als Symptom erfaßt und registriert worden. Viele dieser 25 Kinder oder Jugendlichen stammten aus unvollständigen Familien mit wechselnden Bezugspersonen. Ansonsten unterschied sich diese Gruppe aber nicht von der Gesamtheit der nach Aktenlage erfaßten Kinder und Jugendlichen[44].

Der Forschungsstand über jugendliche oder erwachsene Tierquäler ist heute noch sehr unbefriedigend. Gesichert ist der überproportional hohe Anteil an männlichen Jugendlichen oder Erwachsenen. Er liegt in verschiedenen Studien bei ca. 90 %; nur 10 % der erfaßten Tierquäler waren Mädchen bzw. Frauen. Mehrfach bestätigt wurde auch, daß Tierquälerei bei Kindern mit bestimmten anderen Symptomen häufiger gemeinsam auftritt: mit nächtlichem Einnässen und

Brandstiftung[45]. Durchaus umstritten aber ist die Frage, inwieweit das tierquälerische Verhalten eines Kindes oder eines Jugendlichen ein aggressives Verhalten im Erwachsenenalter voraussagen läßt. Hierzu liegen widerspruchsvolle Ergebnisse vor[46]. Eine Befragung von 152 kriminellen und nichtkriminellen US-Amerikanern ergab[47], daß die aggressiv straffällig Gewordenen sehr viel häufiger als Kinder schon Tiere gequält hatten; einige von ihnen schockierten die Interviewer mit Erzählungen über extrem grausame Handlungsweisen[48]. Auch innerhalb der großen Gruppe Inhaftierter zeigte sich ein bedeutsamer Unterschied: Diejenigen, die wegen eines Gewaltverbrechens verurteilt worden waren, hatten in ihrer Kindheit oder Jugend häufiger Tiere gequält als die »nichtaggressiven« Gefangenen.

Diese Zusammenhänge sind statistisch gesichert, aber sie bilden nur die Oberfläche ab. Man kann ihnen nur entnehmen, daß aggressive Erwachsene schon als Kinder aggressiv waren – unter anderem auch gegen Tiere. Selten tritt Tierquälerei als eine Verhaltensauffälligkeit für sich auf, zumeist ist sie nur ein Symptom unter mehreren[49].

Auch die wissenschaftlichen Befunde zur Frage nach den Motiven für Tierquälerei von Kindern und Jugendlichen bleiben vage. Folgende Varianten wurden erwogen[50]: Kinder oder Jugendliche quälen Tiere, weil sie

- die Feindseligkeit oder Gewälttätigkeit ihrer Eltern imitieren (»Imitationslernen«),
- ihre Wut stellvertretend an Tieren auslassen; es ist eine Wut, die eigentlich den Erwachsenen, vielleicht den Eltern gilt,

- ihren Freunden imponieren wollen,
- sadistisch sind, weil sie also das Quälen lustvoll, vielleicht auch sexuell erregend empfinden.

Sehr auffällig ist, daß Jugendliche oder Erwachsene, die Tiere quälen, als Kinder sehr häufig selbst Opfer sadistischer Erwachsener waren[51]. In vielen Fällen sind sie als Kinder sexuell mißbraucht worden[52]. Es scheint so, als würden sich diese mißhandelten Kinder in ihrem späteren Leben an Tieren rächen wollen, als würden sie ihnen heimzahlen, was ihnen selbst angetan wurde. Tatsächlich ist diese Form der Verarbeitung – es ist eine »Wendung vom Passiven ins Aktive« – in der Praxis psychoanalytischer Behandlungen gut bekannt. Viele Menschen, die als Kinder oder Jugendliche aggressives, sadistisches oder erniedrigendes Handeln anderer Menschen hinnehmen mußten, versuchen später als Jugendliche oder Erwachsene diese Erfahrungen dadurch zu bewältigen, daß sie nun aktiv mit anderen wiederholen, was ihnen selbst widerfahren ist. Sie wiederholen also ihre Erfahrung mit vertauschten Rollen, verwandeln ihre passive Rolle als Opfer in eine aktive Rolle als Täter. Sie identifizieren sich mit dem Täter von damals und glauben unbewußt, daß sie, indem sie Tiere quälen, ihr eigenes Schicksal als gequälter Mensch endlich in der Hand haben.

Gerade auch sexuell mißbrauchte Kinder mögen vielleicht ihren sadistischen Umgang mit Tieren sexuell erregend erleben. Auch hierin erscheint ihre verzweifelte Identifikation mit dem mißbrauchenden Erwachsenen von damals. Diese Identifikationen sind reine Notlösungen:

Das Kind identifiziert sich mit dem Täter, um eine schwer erträgliche Situation durchstehen zu können.

Durchaus nicht alle Tierquäler aber handeln sadistisch. Sadismus setzt ja die Fähigkeit voraus, sich in die innere Situation des anderen einzufühlen. Nur wer die Gefühle eines anderen nachempfinden kann, ist fähig zu Mitleid – und zu Sadismus. Denn Mitleid ist der Schmerz über den Kummer eines anderen, und Sadismus ist die Lust am Leiden anderer. So gegensätzlich diese beiden Gefühle, das Mitleid und der Sadismus, auch sein mögen, so setzen sie beide doch voraus, daß sich der eine in die innere Situation des anderen hineinversetzen kann.

In zahlreichen Fällen nun wird berichtet, daß ein Tierquäler nicht sadistisch vorging, sondern daß er seltsam gleichmütig, emotional unberührt schien. Die schon erwähnten Jugendlichen etwa, die im Tierpark Friedrichsfelde in Berlin-Lichtenberg zahlreiche Tiere getötet hatten, wirkten, so der Zeitungsbericht, bei der Vernehmung »erschreckend teilnahmslos und gleichgültig«. Sie hätten, wie sie angaben, »eben Langeweile gehabt«. Möglicherweise haben diese Jugendlichen also weder sadistisch gehandelt, noch haben sie Mitleid mit den Tieren gehabt. Vielleicht fehlte es ihnen an der grundlegenden Fähigkeit, sich in den anderen – in diesem Falle in das Tier – hineinzuversetzen, so daß sie sich von dem Leiden des Tieres gar nicht ansprechen ließen.

Diese Jugendlichen erinnern in dieser Hinsicht vielleicht an jene drei- oder vierjährigen Kinder, die so häufig Anstoß erregen, weil sie offenbar ohne Mitleid Tiere zerlegen, ihnen Schmerzen zufügen oder sie sogar töten. Auch diese handeln nicht sadistisch, weil sie sich noch nicht in die

Perspektive und das Erleben eines anderen hineinversetzen können. Natürlich nehmen sie wahr, daß das Tier leidet; sie sehen, daß sich der Regenwurm windet, daß der gefangene Frosch forthüpfen möchte und daß die Spinne in ihren Händen zappelt. Aber diese Wahrnehmung löst in ihnen kein schmerzhaftes Gefühl aus, daher bleiben sie unberührt.

Kinder, die die Fähigkeit zur Perspektivenübernahme – und damit zur Empathie – noch nicht entwickelt haben, gehen mit Tieren nicht anders um als mit anderen Dingen, die ihre Aufmerksamkeit wecken. Sie sind neugierig, möchten wissen, wie ein Tier von innen aussieht oder was eine Spinne mit nur drei Beinen macht. Ihre Wißbegier erstreckt sich auf alle Gegenstände, die sie erreichen können, und sie unterscheiden nicht, ob es der Wecker des Vaters ist oder die lebendige Fliege. Auf Vorhaltungen wirken sie ratlos, weil sie einen Satz wie »Quäle nie ein Tier zum Scherz, denn es fühlt wie du den Schmerz« zunächst nicht recht verstehen.

Ein zweieinhalbjähriges Mädchen wurde von den Eltern zurechtgewiesen, weil es Gänseblümchen zerlegte. Folgender Dialog entwickelte sich:

> Kind: Ich reiße den Blumen jetzt den Kopf ab!
> Mutter: Da sind die Blumen aber sehr traurig, dann sind sie nämlich tot!
> Kind: Aber sie können doch gar nicht traurig sein. Sie haben gar keine Augen zu weinen!

Dieser Dialog zeigt an, daß das Kind noch auf sichtbare Zeichen angewiesen ist, um den Schmerz eines anderen

Wesens zu erkennen. Deswegen schauen kleine Kinder so angestrengt nach Zeichen, die ihnen den Gemütszustand des Tieres verraten könnten. Erwachsene stellen sich scheinbar mühelos vor, daß der Elefant vor ihnen traurig ist, weil er in Gefangenschaft lebt. Kleine Kinder aber suchen nach seinen Tränen.

Daß längst nicht alle kleinen Kinder Tiere quälen, liegt nicht daran, daß sie vielleicht schon sehr frühzeitig die Fähigkeit zur Empathie entwickelt hätten. In der Regel handeln sie rücksichtsvoll zu Tieren, weil ihre Eltern jeden »experimentellen« Umgang mit Tieren streng untersagt haben. Es dauert ja einige Lebensjahre, bis ein Kind ein autonomes Gewissen bilden kann. Bis dahin läßt es sich von den äußeren Geboten und Verboten leiten, und es handelt im Sinne der Erwachsenen, weil es Strafe – auch in Form von Liebesverlust – fürchtet. So lassen sie den Käfer ebenso ungeschoren, wie sie den Videorekorder der Familie nicht antasten.

Kinder, die daran gehindert werden, die Fähigkeit zur Empathie zu entwickeln, behalten ihren »grausamen« Umgang mit Tieren vielleicht bei, weil sie das Leiden gequälter Tiere nicht nachempfinden können. Sie tun das um so mehr, wenn es ihnen an guten Vorbildern fehlte, wenn sie vielleicht sogar in einer Familie aufgewachsen sind, in der sie lernen konnten, daß ein »kaltblütiger« Umgang mit Tieren im Kreise der Freunde Bewunderung erregt, also Ehre einbringt. Wenn sie dann selbst in Gruppen leben, in denen die Tierquälerei als Zeichen von Härte oder Männlichkeit gilt, werden sie sich an Quälereien beteiligen; denn das Einfühlungsvermögen, das sie hiervor bewahren könnte, fehlt ihnen vielleicht schon von Kindheit an.

Es ist bis heute nicht hinreichend erforscht, welche Beziehungserfahrungen die Entwicklung empathischer Fähigkeiten beim Kinde fördern oder behindern. Sicher ist, daß die Fähigkeit zum Mitgefühl einen förderlichen, emotional stabilen Dialog zwischen Mutter und Kind voraussetzt. Ohne das Erlebnis einer »mitschwingenden« Mutter, ohne also erfahren zu haben, wie es ist, wenn der andere, der Erwachsene sich einfühlt und emotional antwortet, kann das Kind die Fähigkeit zur Empathie nicht entwickeln. Und ein Kind, das frühzeitig erlebt hat, daß die Gefühlszustände anderer Menschen scheinbar willkürlich wechseln, mag sich enttäuscht abwenden und versuchen, sein Interesse auf unbelebte Gegenstände oder auf sich selbst zu konzentrieren.

In diesem Falle könnte das Kind darauf verzichten, den anderen Menschen als ein Wesen »für sich« erfahren zu wollen. Vielleicht hält es an seiner egozentrischen Haltung fest, bleibt also dabei, daß ihm die Menschen seiner Umwelt als Wesen »für mich« zur Verfügung stehen sollen. Es weigert sich anzuerkennen, daß andere – auch die Tiere – die Welt mit eigener Perspektive, also mit eigenen Absichten und mit eigenen Gefühlen erleben. So erscheint ihm rätselhaft, was in einem anderen Menschen vorgeht, wenn er etwa traurig oder verzweifelt ist. Zwar erkennen sie die Zeichen der Trauer oder Verzeiflung im anderen, aber es fehlt ihnen die Fähigkeit, selbst mitzufühlen, was diese Zeichen bedeuten.

Kinder, die selbst einer grausamen Behandlung ausgesetzt sind, werden kaum interessiert sein zu erfahren, was in einem anderen Menschen vor sich geht. Sie werden nicht neugierig darauf, welche eigenen Gefühle und Handlungsabsichten der andere hat, sie werden ihn nicht als einen

»Menschen für sich« nehmen wollen. Damit bleiben sie zwangsweise in ihrer egozentrischen Perspektive, und es gelingt ihnen nicht recht, den anderen und auch sich selbst von außen zu betrachten. So ist es verstehbar, daß unter Tierquälern so viele Jugendliche und Erwachsene sind, die früher selbst mißhandelt und auch sexuell mißbraucht wurden. Für sie war es überhaupt nicht reizvoll, die Perspektive anderer Menschen kennenzulernen, und sie bleiben immer ratlos, wenn sie sich in einen anderen einfühlen sollen. In solchen Fällen, in denen die Erfahrung des Mißbrauchs oder der sadistischen Behandlung unerträglich wurde, halfen sie sich als Kinder damit, daß sie sich mit den Tätern identifizierten; das brachte Entlastung aus der extremen Hilflosigkeit, legte ihnen aber auch nahe, später selbst andere, auch Tiere zu quälen.

Für ein gequältes Tier freilich ist es einerlei, ob es gequält wird, weil sich ein Mensch an seinem Leiden erfreut (dann ist er zwar empathisch, aber sadistisch), oder ob es leiden muß, weil ein Mensch ganz unempathisch ist. Dieser Unterschied ist aber für Menschen untereinander sehr bedeutsam; er unterstreicht, daß die Verantwortung gegenüber dem Tier in der Verantwortlichkeit des Menschen für sich selbst beginnt.

Menschen brauchen den anderen

Neugeborene Menschenbabys sind »physiologische Frühgeburten« und ausdauernde »Nesthocker«. Sie sind auf ihre Pflegepersonen über viele Jahre hinweg angewiesen und lernen erst spät, selbständig für sich zu sorgen. Dann aber, wenn sie endlich erwachsen geworden sind, scheinen sie – verglichen etwa mit Menschenaffen – ein höheres Ausmaß an sozialer Unabhängigkeit zu erringen, denn sie können selbst bestimmen, in welcher Weise und mit wem sie soziale Beziehungen eingehen möchten. Im Extremfall steht es ihnen auch frei, sich für ein Leben allein und in Einsamkeit zu entscheiden.

Trotz dieser Freiheit in der Gestaltung ihres sozialen Lebens sind Menschen sehr viel tiefer in ihre sozialen Beziehungen verstrickt, als dies einem Tier jemals geschehen könnte. Mögen sie in ihrem Verhalten auch wählen können, und mögen sie sich auch einbilden, ihr Leben ganz unabhängig von anderen zu gestalten, sie sind auf den anderen angewiesen – vielleicht nicht auf die reale Person, aber doch auf seine Anwesenheit in den eigenen Vorstellungen und Phantasien.

Die Frage nach dem eigenen Selbst

Die für den Menschen typische Angewiesenheit auf den anderen, die sehr viel weiter geht als die soziale Gebundenheit der Tiere, entsteht im dritten oder vierten Lebensjahr des Kleinkindes, also gerade in jenem Zeitraum, in dem es lernt, sich von seinen Eltern räumlich und auch geistig zu entfernen: Es hat inzwischen laufen gelernt, und es beherrscht die menschliche Sprache so weit, daß es – zumindest in Worten – über die Welt und ihre Gegenstände verfügen kann. Es löst sich aus der exklusiven Beziehung zu seiner ersten Beziehungsperson – in der Regel die Mutter – und wendet sich anderen Menschen zu. Mit deren Hilfe gelingt es ihm, auf sich selbst und die Beziehung zur Mutter zurückzuschauen und Vorstellungen zu bilden wie »so bin ich« und »so ist meine Mutter für sich« und schließlich »so sind wir beide miteinander«.

Dieser Entwicklungssprung führt – wie im Kapitel »Entwicklung des Mitgefühls, der Empathie« beschrieben – zur Entfaltung menschlichen Selbstbewußtseins, zu der Fähigkeit des Menschen, sich selbst wie von außen zu betrachten und über sich und die anderen zu reflektieren und zu sprechen. Mit dieser Fähigkeit verabschiedet sich der Mensch aus der Ähnlichkeit mit den höheren Affen. Denn diesen bleibt die »Exzentrizität« des Menschen, seine Fähigkeit zur Perspektivenübernahme und seine Möglichkeit, sich selbst wie von außen zu betrachten und über sich nachzudenken, in aller Regel verschlossen.

Nun führt die Entwicklung des Selbstbewußtseins (und der Empathie) das Kleinkind in eine besonders tiefe, für Menschen typische Abhängigkeit, die einem jungen Affen regelmäßig erspart bleibt. Die Fähigkeit des Menschenkindes nämlich, sich seines eigenen »Selbst« gewahr zu werden, stürzt es unvermeidlich in tiefe Zweifel an der eigenen Identität. Weil der Mensch auf sich selbst schauen kann, wird er sich selbst auch zum Rätsel.

Derartige Unsicherheiten belasten das Tier nicht. Unser Hund fragt sich nicht, wozu er auf der Welt ist. Er beschäftigt sich mit dem Vordergrund des Lebens, mit dem Knochen, der nach einigen Wochen in der Erde so gut riecht, und mit dem Briefträger, der wahrscheinlich gleich wieder die Territoriumsgrenze verletzen wird. Welchen Sinn das alles haben könnte – das ist eine Frage, die unser Hund uns Menschen überlassen muß.

Das kleine Kind, das begonnen hat, sich seiner selbst gewahr zu werden, fragt sich noch nicht nach dem Sinn der eigenen Existenz. Aber es möchte schon dieses »Wie bin ich« beantwortet wissen, und das ist schwierig genug. Kein Schimpansenkind kann sich die Frage stellen, wieso es ein Mädchen ist und was es im Leben bedeutet, weiblich zu sein und nicht männlich. Für ein Kind aber sind diese Fragen von zentraler Bedeutung, auf ihre Antworten gründet es sein Selbstverständnis. Aus ihnen knüpft es den Faden, der sich durch seine Biographie ziehen wird. Und das Kind wird erleben, daß keine dieser Antworten Bestand haben wird. Denn die Antworten, auf die es angewiesen ist, kann es sich selbst nicht geben. Es ist darauf angewiesen, in der Beziehung zu anderen Menschen sich selbst zu erfahren, denn jenes »Ich bin«, das Zentrum menschlichen Selbstverständnisses, ist in Wahrheit auch ein »Ich in den Augen der anderen«. Daher wird das Kind erleben, daß es seine Auffassung über sich immer wieder korrigieren muß, denn jede bedeutsame soziale Erfahrung wird auch seinem Selbstverständnis eine neue Färbung verleihen. Und so wird das Kind sein »Ich bin weiblich« immer wieder neu verstehen und doch offenhalten für wieder neue Erfahrungen.

Und weiter: Die Frage des Menschen nach dem eigenen Selbst zielt am wenigsten auf objektive Merkmale – wie auf die Haarfarbe oder das Körpergewicht –, viel wichtiger sind uns unsere persönlichen Eigenschaften, unsere Fähigkeiten und unsere charakterlichen Mängel. Wir fragen uns also nicht, ob wir rothaarig sind oder korpulent, sondern wir fragen uns, ob wir klug sind oder nachtragend oder liebenswert. Diese Fragen zielen auf Werturteile, sie setzen Maßstäbe voraus, an denen wir uns orientieren können. Derartige Wertmaßstäbe aber gehören uns nicht allein. Wir können sie nicht selbst festlegen, sondern wir entnehmen sie den Verhaltensregeln, die in unserer sozialen Umgebung gelten. Vielleicht übernehmen wir nicht ganz buchstabengetreu, was die anderen für richtig halten, aber es steht uns auch nicht frei, ganz anders zu urteilen oder zu handeln. Wer sich nach eigenen Maßstäben richtet, riskiert, ins soziale Abseits zu geraten, und das ist insbesondere für das Kind in seiner Entwicklung unerträglich.

Einer der Bezugspunkte für unsere Selbstbeurteilung ist eine Vorstellung darüber, wie wir im idealen Falle »eigentlich« sein sollten. Dieses »Ich-Ideal« schwebt in einiger Entfernung über uns, und nur selten dürfen wir glauben, genau so zu sein, wie es unserem Ideal enspricht. Aber solange der Abstand zwischen Anspruch und Wirklichkeit nicht zu groß wird, können wir annehmen, daß wir zwar nicht vollkommen, aber doch akzeptabel und auch liebenswert sind.

Für all diese Fragen und inneren Konflikte, für die unabschließbare Frage also nach der eigenen Identität, für die vielen Werturteile, denen wir uns selbst stellen müssen, und für die Hoffnung, daß wir trotz aller Mängel doch liebenswert sind, benötigen wir den anderen Menschen. Denn die gesuchten Antworten können wir uns nicht selbst geben. Und weil keine Antwort ganz sicher und auf Dauer die »richtige« sein wird, bleiben wir auch auf Dauer darauf angewiesen, uns im sozialen Kontakt immer wieder über uns selbst zu vergewissern.

Diese Angewiesenheit auf die Antworten des anderen ist der notwendige Preis, den der Mensch für sein Selbstbewußtsein zu zahlen hat. Der Schimpanse, der sich in der Regel seines eigenen Selbst nicht gewiß ist, kann nicht in den Zweifel geraten, ob er, gemessen an seinen eigenen Idealen, ein »guter« Affe sei. Und ihm bleibt es erspart, die kleinen und großen Mängel der eigenen Persönlichkeit wahrnehmen zu müssen. Er weiß nicht, ob er liebenswert ist; diese Frage, die Men- schen so sehr umtreibt, existiert für ihn nicht.

Gewissensprobleme

Ebensowenig wie sich der Schimpanse mit dem Problem des eigenen Selbstwertes herumschlagen muß, ist es ihm auferlegt, sich vor einem eigenen Gewissen rechtfertigen zu müssen. Ganz unbeschwert darf er sich in seinem Handeln vom Streben nach Erfolg (dazu gehört auch für einen Schimpansen die Zuwendung durch einen anderen) oder von der Mißerfolgsvermeidung leiten lassen. Menschenkindern aber ist diese moralische Gelassenheit spätestens nach dem dritten oder vierten Lebensjahre nicht mehr erlaubt. Denn dann beginnen sie zunehmend mehr, die moralischen Maßstäbe der Erwachsenen zu übernehmen und als eigene Richtschnur des Handelns und auch des Denkens zu verwenden. Sie errichten in sich selbst ein persönliches Gewissen, das sie von nun an wachsam und kritisch begleitet.

Für einen erwachsenen Menschen kann dieses Gewissen eine freundliche innere Stimme sein, die sich nur selten zu Wort meldet, zuweilen eine kleine Korrektur verlangt (»solltest Du mit Deinem Hund nicht etwas häufiger spazierengehen?«), aber auch mit Lob nicht spart (»Du kannst mit Dir ganz zufrieden sein, weil Du Dir so viel Mühe machst mit Deinen Kanarienvögeln«). Das Kind aber hat bis ins frühe Erwachsenenalter hinein schwere Konflikte durchzustehen. Denn in den ersten Lebensjahren kann es noch gar nicht einsehen, wieso es darauf verzichten soll, dem Meerschweinchen ein Stückchen vom schönen Fell abzuziehen oder die Geheimnisse einer Videoanlage gründlich zu erkunden.

Das kleine Kind wird ja nicht mit einem sozialen Gewissen geboren. Ihm fehlt das Verständnis für die vielfältigen Einschränkungen seiner Wünsche: Daß es die Mutter nicht für sich allein haben darf, daß es ein anderes Kind nicht einfach schlagen soll, daß es Tiere nicht quälen darf und daß es seine Süßigkeiten aufheben und womöglich sogar teilen muß – all diese Verbote muß es erlernen und beachten. Und: Das Kind soll nicht nur danach handeln, sondern soll auch so denken und urteilen, wie es den geltenden Regeln entspricht. Das moralisch »gute Kind« also verhält sich nicht nur richtig und reißt einem Schmetterling nicht die Flügel aus, es kommt gar nicht erst auf solch eine Idee.

Und was wurde aus der Begeisterung, mit der der Säugling seine Macht, seinen Einfluß auf die Dinge erlebte und unbeschränkt ausprobierte? Was wurde aus der Macht, die noch das Kleinkind über die Gegenstände in der Welt zu haben schien: den Inhalt der Küchenschublade auf dem

Fußboden sortierte, dem Videorekorder lustige Bilder entlockte und das Kätzchen im Spülbecken badete?

Dies alles ist im Erwachsenen verborgen, aber nicht verlorengegangen. Auch der angepaßteste Mensch, der manierlichste, der rücksichtsvollste und feinsinnigste Mitbürger hat dies alles in sich aufbewahrt: die Egozentrik und die Perversion, die Gier, den Neid und den Sadismus. Lebendig geblieben ist auch der Wunsch, die Tiere und die Menschen möchten »für mich« sein, sich zu mir hin orientieren und auf ihre Eigenständigkeit verzichten. Dies alles aber ist unbewußt, und nur selten schleicht sich ein infantiler Wunsch, eine kindliche Phantasie erkennbar in das Erleben und Handeln eines erwachsenen Menschen ein.

Das Gewissen des Menschen arbeitet dann perfekt, wenn es verhindert, daß unerwünscht-unsoziale, vielleicht aggressive oder auch sexuelle Phantasien oder Handlungsimpulse überhaupt ins Bewußtsein dringen. Ein solches Gewissen befreit seinen Träger von vielen möglichen Konflikten des Alltags. Es mag aber sein, daß dieser Mensch überaus angepaßt und langweilig wirkt – tatsächlich kommt dieser Fall aber nicht häufig vor. Die meisten Menschen sehen sich immer aufs neue in innere Konflikte verstrickt, müssen sich bei vielen Gelegenheiten mit den eigenen moralischen Einsprüchen herumschlagen und häufig genug dann auch ein schlechtes Gewissen ertragen.

Entlastung bietet der Umgang mit Tieren. Z. B. kann der eigene Hund den Wunsch, selbst verwöhnt zu werden, alles für sich haben zu wollen und nichts teilen zu müssen, stellvertretend erfüllen. Darum wird er mit Leckereien gefüttert; ihm soll es so gehen, wie es seinem Besitzer leider niemals erlaubt wurde. Oder: Der aggressive Kampfhund soll mit seiner Bereitschaft, im anderen den bedrohlichen Feind zu erblicken, für seinen Herrn zum Ausdruck bringen, wie sehr er sich angegriffen fühlt und wie notwendig es ist, sich gegen die böse Welt zur Wehr zu setzen. Ein drittes Beispiel: Der Terrarienfreund hält sich Vogelspinnen, die er sich gern und zum Schrecken seiner Besucher über den Arm laufen läßt. Vielleicht ist es ihm seit seinen frühen Kindertagen wichtig, sich selbst zu beweisen, daß man sich in der Nähe scheinbar gefährlicher Lebewesen doch sicher fühlen kann.

Längst nicht allen Tierhaltern darf man derart intensive unbewußte Phantasien unterstellen. Aber vielen Tieren ist es doch auferlegt, das Unbewußte ihrer Besitzer stellvertretend zum Ausdruck zu bringen. Diese Verwendung aber muß im Verborgenen bleiben. Denn derjenige, der sich seine inneren Konflikte bewußtmachen könnte, müßte das Tier nicht mehr als Stellvertreter in Anspruch nehmen.

Den anderen verwenden

Im Gegensatz zu einem Tier ist der Mensch auf den anderen, auf ein soziales Gegenüber angewiesen, um sich über sich selbst zu vergewissern (»was für ein Mensch bin ich?«) und um über die gültigen moralischen Normen zu verhandeln, an denen er selbst sein Denken und Handeln ausrichtet. Ohne den anderen, ohne ein Gegenüber gerieten nicht nur seine moralischen Maßstäbe ins Wanken, sondern er verlöre auch seine Orientierung über sich selbst.

Wie rasch es geschehen kann, daß Menschen sich über ihr eigenes Gewissen hinwegsetzen, läßt sich im Alltag und im wissenschaftlichen Experiment vielfach belegen.

Ein Beispiel für viele: In den 80er Jahren stellte ein amerikanisches Forscherteam ein gebrauchtes, aber völlig intaktes Mittelklasseauto an die Ausfallstraße einer Kleinstadt. Mit versteckter Kamera konnten sie filmen, wie in den folgenden Tagen (und vor allem in den Nächten) vorbeikommende Autofahrer anhielten und damit begannen, einzelne Teile zu stehlen. Die ersten nahmen, was leicht zu entfernen war, die nächsten verwendeten Werkzeug, um schwerer Zugängliches abzumontieren, und die letzten, die nichts Brauchbares mehr vorfanden, zerschlugen das ausgeschlachtete Fahrzeug, bis es – nach nur zwei Wochen – nicht mehr als ein Schrotthaufen war.

Offenbar darf man der moralischen Festigkeit des einzelnen nicht allzusehr vertrauen, und deswegen ist es wohl nötig, die Einhaltung sozialer Regeln (z. B. die Achtung vor dem Eigentum des anderen) öffentlich zu kontrollieren. Dies gilt auch für die Regeln der Mensch-Tier-Beziehung. Obgleich Menschen in ihrer Beziehung zum Tier so überaus liebevoll sein können (»Ich könnte niemals einem Tier etwas zuleide tun«), sind sie gerade hier auch der gröbsten »Gewissenlosigkeit« fähig. Einerseits wenden sie große Geldsummen auf, um ihre Haustiere zu verwöhnen, andererseits setzen sie zu Beginn jeder Sommerferien ihre Hunde zu Hunderten aus, weil sie für sie keine Verwendung mehr haben. Allein in Berlin finden sich jedes Jahr mehr als ein Dutzend verlassener Hunde, die am Autobahnparkplatz festgebunden oder einfach über den Zaun des Tierheimes in Lankwitz geworfen wurden.

Derartige Beispiele laden dazu ein, den Zeigefinger zu heben und über die Schlechtigkeit der Menschen (im Gegensatz zum Tiere) zu klagen. Sie zeigen aber nur, daß Menschen als Individuen ihre Sicherheiten über sich und ihre Moral verlieren können und daß sie einander brauchen, um sich gegenseitig der Gültigkeit moralischer Normen zu versichern. Läßt man sie allein, und führt man sie in eine Versuchungssituation, setzen sie sich – mehr oder weniger rasch – über diese Normen hinweg. Sie tun das nicht, weil sie schlecht sind, sondern deswegen, weil ihnen die menschliche Moralität nichts »Natürliches« ist, sondern nur anerzogen, andressiert wurde. Zwar haben sie alle lernen müssen, die Egozentrik des Säuglings zu überwinden und die lustvollen Phantasien und Wünsche des Kleinkindes aufzugeben, aber sie tragen diese unsozialisierte Vergangenheit mit sich herum. Und in Zeiten, in denen ihnen die Vernünftigkeit fragwürdig erscheint und das Erwachsensein sich nicht lohnt, lassen sie sich leicht einmal zurückfallen in die Welt eines Kindes. Oder sie sehnen sich danach, in der Beziehung zu einem Tier etwas von dessen vermeintlicher »Natürlichkeit« zu erleben, aus der sie als Menschen herausgerissen wurden.

Je weniger ein Mensch einverstanden ist mit sich selbst, je stärker er von Selbstzweifeln erfüllt ist und je schwerer das eigene Gewissen auf ihm lastet, um so dringlicher benötigt er den anderen, um doch noch ein inneres Gleichgewicht zu halten. Da kann z. B. der Selbstunsichere, der daran zweifelt, ob er liebenswert ist, einen Partner suchen, der ihm die Anerkennung entgegenbringt, die er sich selbst nicht geben kann. Ein anderer fürchtet sich davor, nicht ernst genommen zu werden und ohne Einfluß zu sein; er sucht einen Menschen, der sich von ihm lenken läßt. Ein dritter hat Angst, sexuell zu versagen, also braucht er immer neue Eroberungen.

Der vierte, der unter einem sehr strengen Gewissen leidet, findet ein Gegenüber, das es mit vielen Dingen nicht so genau nimmt, und beiden nützt diese Ungleichheit: Zuweilen streiten sie darüber, ob es z. B. moralisch zu akzeptieren war, in der U-Bahn schwarzzufahren, und der eine hat Gelegenheit, sein strenges Gewissen zu streicheln, und der andere darf seine Lockerheit pflegen, hat er doch im anderen eine Gewissensinstanz neben sich, die schon aufpassen wird, daß nichts wirklich Schlimmes passiert.

Mit diesen menschlichen Anliegen beladen wir unsere Beziehungswünsche an den anderen, und wir verwenden ihn, weil wir ihn brauchen, um mit seiner Hilfe zurechtzukommen. Darin liegt gar nichts Außergewöhnliches, im Gegenteil: Alle sozialen Beziehungen und Partnerschaften erhalten dadurch ihren ganz eigenen Charakter, daß die Beteiligten in ihnen auch ihre unbewußten Phantasien zur Geltung bringen. Und häufig genug finden sich passende Partner, die sich auf das Grundthema ihrer Beziehung »einigen«, so daß sie beide zufrieden sind.

Wie weit ist es »normal«, den anderen zu verwenden, ihn für das eigene Gleichgewicht zu gebrauchen? Wo beginnt die Ausbeutung des anderen, wo beginnt andererseits die übermäßige Hingabe an den anderen und seine Interessen?

Die Psychoanalyse gibt auf diese Fragen keine klaren Antworten. In Fällen krasser Pathologie, akuten Mißbrauchs und hoffnungsloser Selbstaufgabe ist es nicht schwer, das Krankhafte zu bestimmen. Und auch die gegenteilige Pathologie, das Alleinseinmüssen, die angstvolle Abkehr vom anderen Menschen, ist unschwer zu erkennen. Aber all die Fälle, die dazwischen liegen, die alltägliche Verwendung des anderen zur Erweiterung des eigenen Selbst, zur Bestätigung oder auch zur Begrenzung lassen sich von außen kaum beurteilen.

Die Schädlichkeit der gegenseitigen Verwendung beginnt wohl dort, wo wir den anderen *notwendig brauchen*, wo wir ihn zwingen *müssen*, uns durch seine Liebe selbstsicher zu machen, oder wo wir ihn zum Scheusal machen *müssen*, weil wir glauben, nur so als der bessere Mensch vor uns selbst bestehen zu können. Partnerschaften, die von derart zwingenden Beziehungswünschen geprägt sind, wirken von außen sehr unausgewogen, etwa dadurch, daß der eine im Licht steht und von seinem Partner bewundert wird, und der andere, die graue Maus, lebt im Schatten und ohne erkennbaren Gewinn in der Partnerschaft. Aber bei genauerem Hinsehen kann sich erweisen, daß auch der scheinbar passive, mehr gebende als nehmende Partner eine machtvolle Position innehat. Und auf der anderen Seite mag der glanzvolle Partner sehr selbstunsicher und auf Bewunderung notwendig angewiesen sein, so daß er nicht weniger abhängig von seinem Partner ist als dieser, der sich im Glanz seines Ideals sonnt. Selbst sadomasochistische Partnerschaften sind in dieser Hinsicht symmetrisch: Auch derjenige, der regelmäßig zum Opfer, zum Entwerteten, vielleicht zum geschlagenen Partner wird, trägt zur Gestaltung der gemeinsamen Geschichte seinen eigenen Teil bei.

Derartige Partnerschaften mit unbewußtem Austausch über ein gemeinsames Thema können sehr haltbar sein, sofern der Anspruch, den anderen für sich zu verwenden, nicht ins Unermeßliche steigt. Krisen treten immer dann auf, wenn einer der Verwendung durch den anderen widerspricht: Die graue Maus gerät vielleicht in nagenden Zweifel an der Grandiosität ihres Partners und verweigert ihm die Anerkennung. Oder ein Partner fühlt sich darin überfordert, dem anderen immer wieder seine Treue unter Beweis stellen zu müssen. In solchen Fällen setzt sich ein Partner gegen seine Verwendung zur Wehr, er behauptet sein »Für mich sein«. Für keinen der beiden kann auf Dauer befriedigend sein, den anderen ganz für sich verwenden zu dürfen. Denn die Verwendung eines anderen, der gar nicht »für sich« sein will, kann die eigenen Selbstzweifel nicht beruhigen. »Jeder Mensch in einem romantischen Wir will den anderen völlig besitzen; aber jeder hat auch das Bedürfnis, daß der andere eine unabhängige und nicht untergeordnete Person sein soll«, schreibt R. Nozik[53] über das »richtige, gute und glückliche Leben«.

Aber derjenige, der eine solche Symmetrie zwischen sich und seinem Partner nicht hinnehmen will, könnte versuchen, in der Liebe zu einem Tier das zu finden, was ihm die Menschen nicht geben: Der Hund kann ihm bestätigen, wie einflußreich und machtvoll er ist, die Katze zeigt ihm, wieviel zärtliche Zuwendung er verdient, das prämierte Rassekaninchen kann seine Selbstzweifel beschwichtigen, die Brieftaube kann ihm die Angst nehmen, vom anderen verlassen zu werden, und die Fische im Aquarium zeigen ihm, wie wohl sie sich fühlen in der Welt, die er für sie geschaffen hat.

Tiere können ihrer Verwendung nicht widersprechen. Das macht sie für uns so reizvoll, wenn wir einen anderen brauchen, um mit uns selbst zufriedener zu sein.

4. Die Liebe zum Tier

Das Fremde und das Vertraute

Menschen haben sich vor etwa 10 000 Jahren aus der Gemeinschaft mit dem »Bruder-Tier« verabschiedet, haben sich zunehmend distanziert und in der Neuzeit gelernt, sich dem Tier überlegen zu fühlen, es zu beherrschen und für sich zu nutzen. Die alte Angst, in eine Situation zurückzufallen, in der sie sich wie Tiere unter Tieren fühlten, scheint mit dem Ausgang des Mittelalters gebannt zu sein, nichts Sichtbares mehr verbindet den Menschen mit seinen »Mitgeschöpfen« – außer der Hundeleine, der Fütterung des Goldfisches und dem Besuch im Zoo.

Aber unsere Sprache, die flüchtigen Modernisierungen widersteht, hat die Idee von der alten Verbundenheit aufbewahrt und erinnert uns an sie in vielfältigen Formen. Ungezählte bildhafte Ausdrücke überbrücken die sonst unermeßlich gewordene Distanz zwischen Mensch und Tier: der »Bärenhunger«, der »Löwenmut«, die »affenartige Geschwindigkeit« und die »gluckenhafte Mutter«. Natürlich denken wir nicht bewußt an den Bären, wenn wir einem hungrigen Menschen zuschauen, der sein Essen verschlingt. Insofern ist es fraglich, inwieweit diese metaphorischen Ausdrücke nicht längst »abgestorben« sind. Aber man kann da nicht sicher sein. Auch wenn wir uns die Glucke nicht bewußt vorstellen, so ist unser Wort von der »gluckenhaften Mutter« doch anspielungsreich, und es deutet auf Eigenschaften hin, die wir mit »gluckenhaft« bezeichnen: eine im Vergleich zum Menschen übermäßig bemühte, sorgfältige, beschützende und vielleicht etwas ängstliche Henne, die ihre Küken unter ihre Fittiche nimmt, auf ihnen sitzt und sie im Zweifel zu sich ruft, um die gefährlichen Ausflüge ihrer Nestflüchter zu beenden.

Derartige bildhafte Ausdrücke wie »gluckenhaft« oder »Bärenhunger« bereichern unseren Wortschatz, indem sie auf etwas Ähnliches, aber doch Fremdes hinweisen: Unser Freund, der sein Essen verschlingt, ist natürlich kein Bär, aber indem er so ißt, könnte man an etwas Bärenhaftes denken. Es ist die Spannung zwischen dem Ähnlichen und dem Verschiedenen, die derartigen bildhaften Ausdrücken ihren Reiz und ihre Tiefe verleiht. Und indem wir in diesen Ausdrücken auf Tiere hinweisen, beleben wir die alte Differenz zwischen Mensch und Tier und überbrücken sie mit einem Zungenschlag. Und diese Brücke kann man von beiden Seiten begehen. Der Ausdruck vom »Wölfischen« des Menschen deutet nicht nur darauf hin, daß Menschen sich wie Wölfe verhalten können, sondern umgekehrt auch darauf, daß Wölfe ihrerseits dem Menschen ähnlich sein können. Daher sind metaphorische Ausdrücke eine lebendig gebliebene Verknüpfung, in der wir die Nähe des Menschen zum Tier und umgekehrt das Menschliche im Tier zum Ausdruck bringen. Denn es ist reizvoll, eine Mutter als »gluckenhaft« zu betrachten, und es ist umgekehrt reizvoll, einer Glucke zuzuschauen, wie sie ihre Küken hütet, weil wir in ihr etwas Menschliches (wieder)zuerkennen glauben.

Wenn wir heute von dem »Löwenmut« sprechen, so erzählen wir eine ganze Geschichte in sehr kurzer Form, mit einem einzigen Wort. In sehr frühen Zeiten der Sprachentwicklung (und das war die Zeit, in der Menschen dem Tiere sich sehr viel näher fühlten) war es durchaus üblich, an der Stelle, an der wir heute mit einem Wort von einem »Löwenmut« sprechen, eine kleine Geschichte zu erzählen. Z. B. flicht der Erzähler in seinem Bericht über ein Jagderlebnis eine scheinbar ganz unpassende kleine Geschichte darüber ein, wie ein Löwe vor einiger Zeit eine Warzenschweinherde beschlich und ungeachtet der angriffslustigen Keiler seine Beute suchte. Mit dieser kleinen Geschichte will der heimgekehrte Jäger erzählen, wie mutig, eben »löwenmutig« er selbst auf seiner Jagd gewesen ist. Alle modernen Sprachen verzichten auf solche aufwendigen Erzählungen. Sie begnügen sich mit schlichten Adjektiven oder Adverben; aber einige von ihnen sind wenigstens noch bildhaft: »wölfisch« oder »löwenhaft« oder »bärenmäßig«.

Die Sprache, mit der Alfred Edmund Brehm in der zweiten Hälfte des 19. Jahrhunderts die Säugetiere beschrieb, überwindet noch mühelos die Distanz, die wir heute zwischen Menschen und Tieren errichten. Brehm[54] schreibt:

Über die Landschildkröten: »*Innerhalb ihrer Klasse gehören die Landschildkröten zu den trägsten, gleichgültigsten und langweiligsten Geschöpfen. Jede ihrer Bewegungen ist plump, schwerfällig und unbeholfen. (...) Ihr ganzes Leben ist gleichsam eine einzige Kette von Trägheit und Langweiligkeit.*«

Über Affen: »*Unser Widerwille gegen die Affen begründet sich ebensowohl auf deren leibliche, wie geistige Begabungen. Sie ähneln dem Menschen hinsichtlich ihres Leibes nur oberflächlich, geistig aber bloß im schlechten Sinne und nicht im guten.*« *(S. 1)*

Das Känguruh: »*Die geistigen Fähigkeiten sind gering. Das Känguruh ist sehr unklug; es ist scheu, nicht aber vorsichtig, ist vergeßlich, neugierig, furchtsam bis zum Ängstlich werden, leicht erregt und auch bald wieder besänftigt, entweder gleichgültig oder unverträglich (. . .) – kurz, sein Verstand ist entschieden ein sehr untergeordneter.*« *(S. 390)*

Und schließlich die Ziege: »*Alle Eigenschaften der Ziege unterscheiden sie von dem ihr so nahestehenden Schafe. Sie ist ein munteres, launiges, neugieriges, neckisches, zu allerlei Streichen aufgelegtes Geschöpf, welches dem Unbefangenen sicherlich viel Freude gewähren muß. (. . .) Der Bock hat etwas Ernstes und Würdevolles in seinem ganzen Betragen. Er zeichnet sich vor der Ziege durch größere Keckheit und größeren Mutwillen aus.*« *(S. 651)*

Auffälliger als die bildhaften Ausdrücke in unserer Alltagssprache sind jene Tiergeschichten, Fabeln und Märchen, in denen wir die Distanz und die unterschiedlichen Lebenswelten von Menschen und Tieren spielerisch überbrücken. Das Rotkäppchen, das sich im Walde verliert, überschreitet die Grenzen der Zivilisation und begegnet dem gefährlichen Tier, also dem Wolf. Und der Wolf, verkleidet als Großmutter und in deren Bett liegend, hat die Grenzen des Tierreiches überschritten und ist eingedrungen in die heile menschliche Familie. Die Spannung dieses Märchens beruht also darauf, daß ein Menschenkind »vom Wege abkommt« und etwas Animalischem begegnet und daß andersherum das Tier seine Lebenswelt verläßt und menschenähnlich wird. Daß dieses Märchen so gut ausgeht, soll die alte Differenz von menschlicher und tierischer

Lebenswelt bekräftigen – aber kann man sicher sein? Muß man nicht ein Märchen wie dieses immer wieder hören, um sich der Differenz zwischen sich und dem Tiere zu vergewissern?

Kinder verstehen dieses Märchen sehr gut, man muß es ihnen nicht in pädagogischer Absicht erklären. Sie sind sich noch nicht so sicher darin, daß Menschen wirklich nur menschliche Absichten verfolgen, und glauben auch nicht so ganz, daß auch Tiere in ihrer Lebenswelt bleiben. Sie hören das Märchen vom Wolf und den sieben Geißlein und fühlen sich augenblicks als eines der gefressenen sechs oder als das siebente im Uhrenkasten. Und sie lassen sich von der Phantasie ansprechen, daß Mütterliches wohl auch in Wölfisches, Gefräßiges, Verschlingendes umschlagen kann. Denn jedes Kind muß die 10 000 Jahre zivilisatorischen Fortschritts, die Distanzierung vom Tiere, erst mühsam erlernen, und in diesem Entwicklungsprozeß durchwandert es auch all jene Ängste, die unsere Vorfahren begleitet haben.

Nun haben Märchen keineswegs nur die Funktion, die Trennung der Lebenswelten von Mensch und Tier zu befestigen. Ihr Sinn liegt gewiß darin, Menschen und vor allem Kindern die grundlegenden inneren Konflikte menschlicher Existenz als soziale Konflikte zu verdeutlichen. So soll das Märchen vom Wolf und den sieben Geißlein das Problem ansprechen, daß eine Mutter nicht nur gute, sondern auch böse Eigenschaften haben kann, und dem Kind helfen, sich in diesem Zwiespalt zurechtzufinden. Daß Märchen gerade dann so eindrucksvoll sind, wenn sie mit Tiergestalten arbeiten, liegt wohl daran, daß sie das Unmögliche und das Mögliche zugleich aussprechen: Daß eine Mutter wirklich ihre Kinder auffressen könnte, ist im bewußten Erleben des Kindes unmöglich, aber einer als Wolf verkleideten Großmutter wäre so etwas zuzutrauen, in seiner Gestalt wird das Unmögliche möglich. Weil aber – zumindest für ein Kind – Tiere und Menschen einander nahe sind, verschwimmt der Unterschied zwischen dem Möglichen und dem Unmöglichen in diesem Märchen, und so kann die Phantasie von einer gefräßigen, verschlingenden Mutter gleichsam eingeklammert in der Figur des Wolfes doch auftauchen.

Sehr viel offener als Märchen verfolgen Tierfabeln und gleichnishafte Tiergeschichten eine pädagogische Absicht. Hier sind es auch weniger die existentiellen Konfliktthemen, mit denen sich Menschen unvermeidlich auseinandersetzen müssen – wie z. B. das Thema der guten und der bösen Anteile in der Mutter, der Konflikt zwischen dem Wunsch nach großer Nähe und dem Wunsch nach Eigenständigkeit usw. –, sondern es sind moralische Fragestellungen, die das soziale Gewissen bilden und verfeinern sollen. So belehrt uns die Geschichte vom Hase und vom Igel darüber, wie sehr der Kluge dem Starken und Schnellen überlegen ist. Und die Fabel vom Fuchs und vom Raben klärt uns darüber auf, daß der Gierige am Ende gar nichts behält.

Bildhafte Ausdrücke, Fabeln, Gleichnisse und auch Tiermärchen leben von der Spannung zwischen Fremdheit und Vertrautheit unter Menschen und Tieren. Wenn wir dem Tier begegnen, dem Haustier, dem Zootier oder dem Tier in der Alltagssprache oder im Märchen, können wir diese spannungsreiche Differenz erleben. Ähnlich wie in der

Beziehung zu anderen Menschen, begegnen wir auch in der Tierliebe also einem inneren Zwiespalt zwischen der Suche nach dem anderen, Fremdartigen einerseits und der Freude über das Wiedererkennen, Wiederfinden andererseits. Und: Weil wir ahnen, daß wir uns selbst nur unzureichend kennen, sind wir auf der Suche nach dem Unbekannten in uns selbst, und wir vermuten, daß wir jenes Unbekannte in dem ganz anderen, im Tiere wiederfinden können. Insofern steckt in der Begegnung mit dem ganz anderen, dem Tier oder dem Menschen, immer auch der Versuch, sich selbst besser und näher kennenzulernen.

Deswegen sind uns diejenigen Tiere so sehr willkommen, die uns trotz ihrer Fremdartigkeit doch zugetan sind, und umgekehrt: Die Nähe zum Tiere ist gerade deswegen so reizvoll, weil wir zugleich eine Andersartigkeit und Fremdheit spüren, und weil wir ahnen können, daß wir hierin etwas von uns selbst wiedererkennen könnten. Wir schauen also deswegen so fasziniert einem Wolfsrudel zu, weil wir in der Fremdheit des Wolfes auch das Wölfische des Menschen erahnen. Und wir verfolgen gebannt, wie eine Löwin das Gnu beschleicht, weil wir dort menschliche Jagdlust erkennen – aber glücklicherweise: Es ist die Löwin, die jagt, nicht ich bin es, der das Gnu beschleicht.

So begegnet uns die reizvolle Spannung zwischen dem Erlebnis von Gleichklang und Ähnlichkeit einerseits und der Wahrnehmung der Eigenart und Fremdheit andererseits in der Beziehung zu Tieren noch sehr viel intensiver, als dies zwischen Menschen möglich ist. Wie reizvoll kann es sein, wenn uns die Schlange im heimischen Terrarium wiederzuerkennen scheint! Wie glücklich fühlen sich die

Kinder im Berliner Zoo-Aquarium, wenn sie in flaches Wasser greifen und Goldfische streicheln dürfen! Ein Fisch, so fremd und andersartig, und doch so nahe und beinahe so liebebedürftig wie die Menschen!

Wenn wir Zoo-Besucher beobachten, können wir die Spannung zwischen diesen beiden Polen gut erkennen. Da gibt es also den Orang-Utan, der aussieht wie Onkel Edmund, und die spannende Frage ist, ob Onkel Edmund wohl ähnlich ungeniert onaniert wie dieser Affe da. Und anders herum: Wir betrachten die scheinbar zu Stein gewordene Echse, die so entrückt, so sehr für sich erscheint, daß wir uns fragen, ob sie die Welt und uns zu sich hereinläßt. Das sind die beiden Pole: Im ganz Fremden das Vertraute und im Vertrauten doch das Fremdartige zu entdecken, das ist ein Grundmotiv unserer Liebe zum Tiere.

Verständigungen zwischen Mensch und Tier

Wenn wir uns auf der Suche nach Vertrautheit mit Tieren zu verständigen suchen, spüren wir die Grenzen der Nähe zu ihnen. Menschen haben sich seit vielen hundert Jahren unendlich viel Mühe gemacht, die Distanz zum Tiere im Dialog mit ihnen zu überwinden: die Legenden der heiligen Männer – wie Franz von Assisi –, die mit den Tieren sprachen, die wissenschaftlichen Experimente, in denen ausgewählte Primaten (zumeist Schimpansen) das menschliche Sprechen erlernen sollten, die Versuche, wenigstens an den Gesprächen der Delphine untereinander teilnehmen zu können, und schließlich die unzähligen Tierbesitzer, die sich sicher sind, mit ihrem Hund, ihrem Papagei oder gar ihrem Meerschweinchen eine sprachliche Verständigung gefunden zu haben.

All diese gesammelten Erfahrungen zeigen aber, daß es nicht möglich ist, mit Tieren eine sprachliche Verständigung wie unter Menschen einzurichten. Selbst wenn ein Tier gelernt hat, menschliche Sprache den Lauten nach zu imitieren, fehlt ihm doch die Fähigkeit, sprachliche Ausdrücke von dem Gemeinten abzulösen. Daher kann ein Tier einen Gegenstand – nach langem Training – zwar richtig »benennen«, aber es kann über diesen Gegenstand nicht »erzählen«, wenn er abwesend ist.

Einige Forschungsberichte legen nahe, daß höhere Primaten hier etwas weiterkommen können als alle anderen Tiere. Wenn man von ihnen nicht verlangt, Laute der menschlichen Sprache zu lernen, sondern damit zufrieden ist, daß sie statt dessen Symbole, also etwa farbige Kärtchen verwenden, erlernen sie einen Wortschatz von einigen Worten. Ein gut trainierter Schimpanse kann also »sagen«, daß er eine Banane essen möchte, indem er auf die entsprechenden Karten zeigt, die ihn selbst, die »Banane« und die Tätigkeit »Essen« symbolisieren. Er kann sogar die Kärtchen in der richtigen Anordnung zeigen, also sehr kleine, grammatikalisch richtige Sätze bilden.

Die Schimpansin Sarah des amerikanischen Psychologen Premack hatte nach siebenjähriger Lehrzeit gelernt, optische Zeichen als Symbole für etwa 150 Worte zu verwenden. Sie konnte diese Worte in »vernünftiger« Weise kombinieren. Auch schien sie gelernt zu haben, was sonst nur Menschen vorbehalten bleibt: die Benennung eines abwesenden Gegenstandes. Diese Fähigkeit zu einem evokativen, also jederzeit abrufbarem Gedächtnis ist von keinem anderen Tiere je bekannt geworden – jedenfalls nicht im Rahmen kontrollierbarer experimenteller Untersuchungen.

Das Ehepaar Gardner lehrte Schimpansen die amerikanische Taubstummensprache. Nach dreijähriger Lehrzeit war einer von ihnen, Washoe, fähig, 85 Zeichen richtig zu verwenden und auch untereinander zu kombinieren, also Sätze zu bilden: »Gib mir die Banane!« Sieht man einmal davon ab, daß Schimpansen aus anatomischen Gründen die menschliche Sprache nicht artikulieren können, entspricht dieses Sprachverständnis etwa dem eines zweijährigen Kindes.

Es scheint also möglich zu sein, daß Schimpansen die Grenze zwischen Mensch und Tier zumindest an dem kritischen Merkmal der Sprachfähigkeit überschreiten können. Jedoch muß man sich klarmachen, daß dies nur einzelnen Exemplaren nach jahrelangem Training gelungen ist. Und was sie gelernt haben, ist angesichts des Reichtums menschlicher Sprache minimal. Ihnen blieb verwehrt, was Menschen seit sehr vielen Jahren schon nutzen: die Fähigkeit, abstrakte Begriffe zu bilden (z. B. »Autorität« oder »Untergebener«, »schlecht« oder »erfreulich«), die Fähigkeit, ein Verständnis für das Zeitkontinuum sprachlich auszudrücken, also über Vergangenes und Zukünftiges zu sprechen, und insbesondere die Fähigkeit, mit Hilfe der Sprache »Traditionen« zu bilden, ein gewaltiges Wissen anzusammeln und an jede neue Generation weiterzugeben.

In ihrer natürlichen Umgebung brauchen Tiere die menschliche Sprache nicht. Ohne unsere drängenden pädagogischen Bemühungen würde kein Schimpanse lernen, abstrakte Zeichen für konkrete Gegenstände zu verwenden. Und ein gelehriger Affe, der von uns nach Jahren des Sprachtrainings entlassen würde, käme in seiner Umwelt keineswegs besser zurecht.

Unsere Experimente haben für Tiere keinerlei praktischen Wert. Daß wir ihnen beibringen wollen, was wir ihnen vorauszuhaben glauben, ist unsere pure Egozentrik. Man darf daraus schließen, daß wir noch gar nicht verstanden haben, auf welch differenzierte Weise sich Tiere untereinander verständigen, wie genau sie beobachten und zu welcher Anpassungsleistung sie im Laufe ihres Lebens fähig sind.

Nun entspricht es vielleicht der menschlichen Egozentrik, daß er in wissenschaftlichen Experimenten mit Tieren vor allem die sprachliche Verständigung sucht. Eigentlich läge es doch näher, alle anderen Arten der Verständigung zu untersuchen, denn wir wissen längst, daß Tiere untereinander ihre »Sprache« als sehr differenziertes Signalsystem verwenden – aber nicht als symbolisches System wie Menschen. Auch ahnen wir, wie informativ die Signale der Tiere sein können – selbst wenn uns diese Verständigung schon deswegen kaum zugänglich ist, weil unsere eigenen Sinnesorgane so viel weniger sensibel sind.

Außerhalb oder »unterhalb« eines Dialoges in menschlicher Sprache kommunizieren wir mit Tieren auf vielfältige Weise. Jeder Haustierbesitzer entwickelt mit seinem Tier solche Kommunikationsformen, von sehr feinen gestischen Hinweisen, denen der Haushund entnimmt, daß er heute nicht mit auf die Straße darf, bis zu dem scharfen Ausruf, der die Katze vom Kanarienvogel fernhält. So »verständigen« wir uns, indem wir unsere menschliche Sprache verlassen und zurückgehen auf Signalsysteme, die auch Tiere benutzen. Wir tun das nicht immer gerne, weil wir glauben, daß vor allem die sprachliche Verständigung differenzierte Kommunikation erlaubt. Aber wir selbst verwenden fortlaufend ganz ähnliche Signalsysteme wie die Tiere untereinander. Wir verständigen uns mit mikroskopisch feinen Zeichen, z. B. mit mimischen Ausdrücken oder »paraverbalen« Äußerungen. Zeitlupenaufnahmen lassen dann erst erkennen, wie sich z. B. ein Ehepaar im Gespräch wechselseitig mimisch und gestisch informiert und steuert und wie perfekt die Verständigung über diese nichtsprachlichen Kanäle gelingt.

Diese Formen subtiler Verständigung zwischen Mensch und Tier nähren zuweilen die Illusion von einer quasimenschlichen Kommunikation. Die äußerst präzisen Wahrnehmungen eines Hundes, der die feinsten Signale für sich auswertet, der Stimmungen sensibel wahrnimmt und mikroskopische Bewegungen erkennt, wecken zuweilen die Hoffnung auf eine genaue »sprachlose« Verständigung, wie sie nicht einmal unter Menschen vorkommt.

Autoren, die an eine quasimenschliche Verständigung zwischen Mensch und Tier glauben, verwenden gern den Begriff der »Du-Evidenz« und meinen damit die »subjektive Gewißheit, es handele sich bei einer solchen Beziehung um Partnerschaft«, auch wenn diese Partnerschaft durchaus einseitig sei. Jedenfalls »wird das Tier als Genosse gesehen, dem personale Qualitäten zugeschrieben werden«[55]. Vermutlich hat der Psychologe Karl Bühler im Jahre 1922 erstmals über die »Du-Evidenz« geschrieben[56]. Der Soziologe

Theodor Geiger griff diesen Begriff 1931 wieder auf; allerdings wendet er ihn zunächst für die »Kontaktbereitschaft« artgleicher Individuen untereinander an (S. 293). Dort, wo sie in der Beziehung des Menschen zum Tiere denkbar sei, setze sie einerseits eine nicht zu hohe »Gattungsdifferenz« voraus[57], andererseits sei entscheidend, daß sich die Partner gegenseitig als Du anerkennen könnten. Die für den Kulturmenschen typische Ausbeutung des Tieres, die Domestikation und Vermenschlichung des Tieres, sei nun gerade ein Zeichen für eine mangelhafte Du-Evidenz, weil der moderne Mensch im Tier das Du gerade nicht anerkenne, denn er weigere sich, im Tiere »das fremde Subjekt nicht *aus uns*, sondern *aus ihm* zu begreifen« (S. 306). Wer etwa ein Tier verhätschele oder verwöhne, habe durchaus nicht eine soziale Beziehung zu ihm. Und die Vermenschlichung eines Hundes zeuge gerade von einem mangelnden Verständnis für das tierische Subjekt.

Der Begriff der »Du-Evidenz« zeigt recht gut die widersprüchliche Situation, in der sich der Mensch in seiner Beziehung zum Tiere bewegt: Einerseits suchen wir im »Du« das Erlebnis von emotionaler Nähe und einer Kommunikation über die Artgrenzen hinweg[58], andererseits möchten wir mit dem »Du« die Eigenart des Tieres, sein Anderssein bestätigen. Beide Motive aber widersprechen sich, und es fällt uns offenbar schwer, diesen Widerspruch aufrechtzuerhalten. So ist es uns zwar einerseits gelungen, unsere Verständigung mit dem Haushund zunehmend zu verbessern, doch nur um den Preis, daß sich der Hund im Verlauf seiner Domestikation an unser grobes menschliches Kommunikationssystem angepaßt hat. Er mußte die hochdifferenzierte und vielfältige Mimik und Gestik des Wolfes stark vereinfachen, um uns Menschen etwas verständlicher zu werden. Wenn wir dann den Eindruck einer »Du-Evidenz« gewinnen, so übersehen wir gern, daß dieses »Ich-Du-Erlebnis«[59] voraussetzte, daß das Tier seine Eigenart weitgehend aufgeben mußte.

Nun gibt es einige »klassische« Beispiele für eine Verständigung zwischen wildlebenden Tieren und Menschen, die aber wegen ihres Ausnahmecharakters das hier Beschriebene eher bestätigen. Der Zoologe Hediger, langjähriger Direktor des Züricher Zoos, hat einige von ihnen gesammelt (1967): Die schönste unter ihnen ist vermutlich die Geschichte des Robert Franklin Leslie[60], der in der Einsamkeit des kanadischen Nordens Lachse fischte.

Als Leslie wieder einmal in einer Lichtung des nordkanadischen Urwaldes damit beschäftigt war, am Fluß zum Abendessen einen Lachs zu fischen, erschien zu seiner Bestürzung ein mächtiger Schwarzbär, also ein Baribal (Ursus americanus), und umkreiste ihn in einer Entfernung von weniger als 30 m.

Leslie hatte keinerlei Waffen bei sich und hielt es daher für das beste, nicht auf den Bären zu achten und weiter zu fischen, wie wenn nichts wäre. Aber der riesige Bär kam immer näher, unheimlich nahe und setzte sich schließlich in einer Entfernung von 1 ½ m neben den Fischer, dessen Bewegungen der Bär mit unmißverständlichem Interesse verfolgte.

Als eine 35 cm lange Forelle angebissen hatte, löste sie der Fischer von der Angel und warf sie – gewissermaßen als symbolischen Ausdruck seines innigen Wunsches nach gegenseitigem freundschaftlichem Einvernehmen – dem Bären zu. Dieser nahm den Leckerbissen wie selbstverständlich an und verzehrte ihn auf der Stelle. Anstatt sich aber jetzt zu entfernen, rückte der Bär noch näher an den Fischer heran, und zwar so, daß er sich an das rechte Bein des Menschen anlehnte.

Auch ein zweiter Fisch wurde dem Bären angeboten und von ihm sofort wieder verschluckt, und als die Abenddämmerung einsetzte, machte sich Leslie auf den Rückweg zu seinem Lager – begleitet von dem seltsamen Bären, der sich auch durch das angefachte Feuer keineswegs vergrämen ließ. Vielmehr legte sich das etwa 200 kg schwere Raubtier unmittelbar neben Leslies Schlafsack – kurz, der wilde Bär verhielt sich wie ein Hund, ja Leslie wurde durch unmißverständliches Verhalten des Beribals aufgefordert, ihm einige Juckreize verursachende Zecken auf dem Hinterrücken abzulesen.

In diesem Stile ging dieses wahrhaft merkwürdige Bärenverhalten weiter, bis der Bär eines Tages unvermittelt und endgültig verschwunden war.

Ein anderes Beispiel stammt von dem Ornithologen Herbert Friedmann (1955). Dieser hatte auf einer Forschungsreise in Zentralafrika eine Symbiose zwischen einer bestimmten Vogelart, dem Honiganzeiger, und einem Raubtier, dem Honigdachs, entdeckt. Der etwa starengroße Vogel zeigt dem Dachs den Weg zu einem Bienenstock, läßt ihn, der kräftig genug und unempfindlich gegen Bienenstiche ist, den Stock freilegen, überläßt ihm den Honig und macht sich selbst über die Maden und das Wachs her. Diese Symbiose nun übertrug der Honiganzeiger auch auf Menschen, die sich nun anstelle eines Dachses zum Bienenstock führen lassen und die Beute mit dem Vogel teilen. Friedmann selbst versuchte es mit dieser Zusammenarbeit, und es gelang ihm viele Male.

Schließlich sollen jene Delphine erwähnt werden, die als Retter ertrinkender Menschen auftauchten. Schon aus der Antike sind solche Berichte überliefert: Eine Gruppe von Delphinen trägt einen Menschen, der zu ertrinken droht, und geleitet ihn so ans sichere Ufer.

Hierzu ein Bericht von Spiesberger (1986):

> *In den 60er Jahren überlebten nur vier der zehnköpfigen Besatzung eines Fischerbootes. Stundenlang schwammen die Schiffbrüchigen umher, keine Hilfe mehr erwartend. Und doch, sie kam. Geschickt schoben sich zwei Delphine unter die Körper der Hilflosen und trugen sie, langsam schwimmend, 36 Meilen (!) weit. Einige hundert Meter vom Strande ... entledigten sie sich mit einem Sprung der auf ihrem Rücken sitzenden. Umkreisten sie aber noch einige Male, wohl um sich zu überzeugen, ob ihre Schützlinge imstande seien, die kurze Strecke schwimmend zu bewältigen.*

Das Faszinierende dieser Geschichten liegt darin, daß es so scheint, als würde das Tier seine Distanz zu uns überwinden und unsere Welt mit uns teilen. Der Bär nimmt persönlichen Anteil am Hobby des Fischers, der Honiganzeiger geht mit Menschen eine vernünftige Arbeitsteilung ein, und der Delphin gar erkennt die Notlage des Ertrinkenden und steht ihm hilfreich bei. Und doch verläßt das Tier auch in dieser Verständigung mit uns seine Welt nicht. Der Delphin nämlich, der den Ertrinkenden an die Wasseroberfläche trägt, folgt einem arteigenen Instinkt: Delphine als Säugetiere und Lungenatmer können nämlich – im Unterschied zu Fischen – wirklich ertrinken, und sie haben gelernt, untereinander zu helfen, wenn ein krankes Tier aus der eigenen Gruppe allein nicht mehr auftauchen kann[61]. Auch der Honiganzeiger macht keinen Unterschied zwischen dem Honigdachs, dem Eingeborenen aus Zentralafrika und einem Forschungsreisenden aus den USA. Und selbst der Schwarzbär aus dem Norden Kanadas übertritt wahrscheinlich nicht die Grenzen seiner arteigenen Welt. Vielleicht hat er gelernt, daß es nützlich ist, außerhalb der Steigzeiten für Lachse, in denen er massenweise Fische fangen kann, einen Angler beim Fischen zu begleiten. Schwarzbären verlieren rasch ihre natürliche Scheu vor dem Menschen, wenn sie hungrig sind.

Alle Beispiele zeugen von einer überraschenden Plastizität tierischen Verhaltens. Denn das Verhaltensprogramm des Honiganzeigers sieht natürlich zunächst nicht vor, *irgendeinem* größeren Lebewesen die Bienenstöcke zu zeigen. Seine Leistung liegt also darin, daß er seine spezifische Ausrichtung auf Honigdachse erweitert und auf Menschen überträgt. Ähnlich der Bär und der Delphin: Ihre arteigenen Instinktprogramme beziehen den Menschen nicht ein, aber sie lernen, ihre natürliche Furcht zu überwinden und den Menschen als einen Angehörigen der eigenen Art zu betrachten und zu behandeln.

Das Motiv für diese Anpassungsleistung liegt in den meisten Fällen in einem sehr dominanten Instinkt, nämlich dem, den eigenen Hunger zu stillen. Die Furcht vor dem fremdartigen Menschen wiegt demgegenüber sehr viel geringer, so daß ein hungriger Bär sehr rasch lernt, wie man Mülltonnen leert und in Campingzelte einbricht. In anderen Fällen, wie in jenem der lebensrettenden Delphine scheint ein solcher imperativer Instinkt zu fehlen. Aber Tiere folgen eben nicht nur den naheliegenden Instinkten der Futtersuche und der Fortpflanzung, der Brutpflege usw., sie sind auch neugierig, genauer gesagt: Sie folgen dem Instinkt, neuartige Situationen zu erkunden. Diese Neugier ist – bei aller Scheu des Tieres – ein starker Motor für adaptives Verhalten; sie ermöglicht dem Tier, sich auch solchen Situationen (und eben auch dem Menschen) anzupassen. Tierarten sind unterschiedlich neugierig; Wanderratten z. B. sind es in hohem Maße, deswegen haben sie gelernt, in extrem unterschiedlichen Umwelten zu leben. Keine andere Säugetierart ist so weit verbreitet, und kaum eine ist so neugierig wie die Wanderratte.

Aber immer nimmt uns das Tier wie ein anderes Tier, das in seiner Umwelt auftauchen kann und auf das es eine Antwort finden muß. Wo wir ihm begegnen, sind wir ein Teil seiner eigenen Umwelt, ein Artgenosse vielleicht, also ein Hund unter Hunden, oder ein Raubtier, vor dem man sich (wenn man ein Kaninchen ist) zu verstecken hat, oder ein jagdbares Tier, welches den Hunger stillen könnte (wenn man als Grizzly im Frühjahr nach dem Winterschlaf einen »Bärenhunger« hat).

Das Tier nimmt nicht jenen Außenstandpunkt ein, von dem aus wir uns und unsere Beziehung zu anderen betrachten und so das Gleiche und das Verschiedene zwischen uns erkennen. Wenn unser Hund uns als Rudelführer akzeptiert und freundlich begrüßt, dann freuen wir uns, weil wir erleben, daß uns etwas Fremdes sehr nahe kommt. Der Hund aber freut sich, weil er gern unser Artgenosse ist, und darin liegt für ihn kein tieferer Sinn.

Ein Zoologe hielt sich ein Rudel Wölfe, das ihn als Leitwolf akzeptiert hatte und in dem er sich ungefährdet bewegen konnte. Aber von Zeit zu Zeit geriet diese Rangordnung ins Wanken, und die rangnächsten Wölfe nach ihm fingen an, mit ihm zu rivalisieren. Dann zog sich der menschliche Leitwolf besonders dick an, bewaffnete sich mit einem Knüppel, betrat entschlossen den Zwinger und verdrosch die rangnächsten Tiere nach Strich und Faden. Damit stellte er die fraglich gewordene Ordnung wieder her, festigte seinen Platz als Leitwolf und brauchte für eine ganze Weile nichts zu befürchten. Er hatte verstanden, daß diese Wölfe nicht seine Welt teilen konnten, so teilte er die ihre und bewegte sich in ihr wie ein Wolf unter Wölfen.

Tiere begegnen uns immer mit ihrem arteigenen Verständnis, sie wissen nichts von anderen Standpunkten, sie betrachten sich nicht einmal selbst von außen. Natürlich sind sie oft ratlos über unser Verhalten, können sich unsere Signale nicht erklären und suchen angestrengt nach Zeichen in unserem Verhalten, die ihnen unsere Absichten und unsere nächsten Schritte verraten könnten. Unsere Hunde z. B. beobachten uns mit scharfen Sinnen, nehmen kleinste Veränderungen wahr und werten sie für sich aus. Der Griff nach dem Koffer signalisiert den bevorstehenden Abschied und das Alleinsein, das Klappern im Schuhschrank verheißt die Möglichkeit eines baldigen Spazierganges, und die Tüte mit dem Hundefutter knistert in einem Hundeohr ganz anders als jede andere Tüte auf dieser Welt. Innerhalb des Spektrums ihrer sinnlichen Möglichkeiten begegnen sie uns differenziert und flexibel. Außerhalb aber wirken sie überanstrengt und ratlos.

Auch wenn uns unsere Haustiere gut kennen, sind wir für sie doch recht merkwürdige Artgenossen: Einerseits pochen wir gern auf unserem obersten Rangplatz, andererseits lassen wir fast alle Zeichen vermissen, die sonst ein Hund signalisiert, um seine Alpha-Position zu verdeutlichen und zu festigen. Wir scheuen uns nämlich, einem rangniederen Tier so aggressiv zu begegnen, wie es das ranghöhere zu tun pflegt. Auch deswegen kommt es so häufig vor, daß Hunde ihren Besitzer angreifen: Sie haben den Eindruck, dieser behaupte sich nicht so recht und man könne versuchen, seinen Platz einzunehmen.

Im Umgang mit kleinen Kindern läßt sich beobachten, daß ein Hund die Mitglieder seiner menschlichen Gastfamilie als Hunderudel auffaßt. Kleinkinder finden in Hunden zumeist überaus geduldige Spielpartner, sie dürfen sie drangsalieren, ohne befürchten zu müssen, von ihnen gebissen zu werden. Der Hund nämlich erblickt im Kind in der Regel einen Welpen, dem man das Gezerre und das Gelärme nachsehen muß.

Auch Tiere unterschiedlicher Arten betrachten sich natürlich jeweils vom arteigenen Standpunkt aus. Denn wie in der Beziehung zu uns, sind ihre Verständigungsmöglichkeiten mit anderen Tierarten begrenzt. Keine Katze wird vom Jagdgebell eines Hundes in Jagdstimmung versetzt, eher im Gegenteil. Der warnende Pfiff eines Erdhörnchens veranlaßt die ganze Sippe zur Flucht. Auch der jagende Fuchs hört es wohl, und er nimmt es als Zeichen, daß seine Chancen in wenigen Sekunden geschwunden sein werden.

Es ist nicht einmal selten, daß Signale einer Tierart auch von anderen genutzt werden. Warnrufe vieler Singvögel wirken auch auf andere Vogelarten alarmierend[62], Schreckstoffe einer Elritze erschrecken auch andere verwandte Fischarten. Und der Eichelhäher warnt nicht nur seine Artgenossen, sondern auch die anderen Vögel und sogar das Rehwild, das seinen Schrei als Gefahrensignal auffaßt.

Und es gibt faszinierende Beispiele dafür, wie eine Tierart die Signale einer ganz anderen Tierart für sich nutzt. So haben einige Nachtfalter und auch die Florfliege (Chrysopa) ein Sinnesorgan für jene hochfrequenten Tonsignale entwickelt, die Fledermäuse bei ihrer Jagd aussenden. So »hören« sie den Peilton ihres Todfeindes, klappen augenblicks ihre Flügel zusammen und lassen sich fallen. So komplex diese Anpassungsleistung ist, so führt sie doch nicht aus der artgebundenen Umwelt des Tieres heraus.

Außerhalb dieser Anpassungsleistungen, die im komplizierteren Falle erst über viele tausend Generationen hinweg »gelernt« werden, bleiben die Tiere verschiedener Arten einander unverständlich, ganz ähnlich, wie Tiere und Menschen einander unverständlich sind. Unser Hund versucht, unsere Signale als Zeichen aufzufassen, wie sie in der Hundewelt vorkommen können. Gelingt ihm das nicht, sind sie bedeutungslos für ihn – und er macht sich auch keine Gedanken darüber, daß wir selbst unsere Reden so bedeutungsvoll finden.

Menschen hingegen versuchen unentwegt, Zeichen, die sie nicht verstehen können, zu deuten, weil sie voraussetzen, daß z. B. sprachliche Ausdrücke nicht nur auf etwas hinweisen (wie ein Signal), sondern immer etwas bedeuten. Wir interpretieren fortlaufend die Gestik, Mimik und natürlich die sprachlichen Äußerungen der anderen. Wenn wir den anderen nicht verstehen, so sind wir doch überzeugt, daß das Unverstandene einen Sinn haben müßte. Daher neigen wir dazu, auch in den Signalen eines Tieres eine Bedeutung zu suchen. So hören wir den Gesang eines Vogels und finden ihn »lieblich«, weil wir ihn wie den Gesang eines Menschen verstehen wollen.

Hediger[63] gibt ein schönes Beispiel, wie man den Gesang eines Buchfinks in seinem Sinngehalt verstehen könnte. Er meldet:

Ich bin ein Buchfink
Ich bin ein Männchen
Ich bin der Buchfink X, Y, Z
Ich bin in Fortpflanzungsstimmung
Ich bin in meinem Territorium, habe aber noch kein Weibchen
Gefahr ist im Anzuge
Die Gefahr droht von oben (Raubvogel) oder
ein Bodenfeind bewegt sich in größerer Entfernung vorbei
usw.

Ganz entsprechend könnten wir den Gesang einer Nachtigall nicht »lieblich« finden, sondern als Beschimpfung möglicher Rivalen auffassen.

In dieser Art der Betrachtung, in dem Versuch, einem tierischen Signal Bedeutung beizumessen, erscheint unsere anthropomorphe Illusion: Wir geben uns der Illusion hin, daß Tiere nicht nur für sich sind, sondern daß sie unsere Welt und sogar die symbolische Welt unserer Sprache mit uns teilen können.

Staunen und Bewunderung erfüllt uns aber, wenn es uns gelingt, unseren egozentrischen Standpunkt zu verlassen, wenn wir darauf verzichten können, die Lebensäußerungen eines Tieres wie die eines Menschen verstehen zu wollen, und wenn wir versuchen, ein Tier einmal als ein Wesen für sich zu betrachten. Zwar verfügen auch höhere Tiere, also Wirbeltiere, nur über ein begrenztes Repertoire von Signalzeichen: Säugetiere verwenden zwischen 20 und 40 Zeichen, der Haussperling 15, der Buchfink immerhin 25 Zeichen[64]. Dennoch benutzen Wirbeltiere ein kompliziertes Kommunikationssystem, das sie im Verlaufe eines Tierlebens auch verändern und anpassen. Aber es gelingt ihnen regelmäßig nicht, diese individuelle Anpassung und Veränderung an ihre Nachkommen weiterzugeben. Höhere Wirbeltiere, also Vögel und Säugetiere, erkennen in den Signalen ihrer Art nicht nur den Artgenossen, sondern auch das Tier persönlich. Während sich Fische wahrscheinlich nicht persönlich kennenlernen, unterscheidet der Buchfink »sein« Weibchen von allen anderen – nicht wenige Vogelarten führen ja auch eine langdauernde »Einehe«.

In den wenigen Fällen, in denen wir die Sinnesleistungen einer Tierart überhaupt kennenlernen, erblicken wir Fähigkeiten, die wir nicht nachvollziehen, nicht einmal anschaulich beschreiben können. Die Geruchsorgane von Aalen etwa sind unvorstellbar empfindlich: Lindauer[65] beschreibt ein Experiment, in dem ein Aal einen Duft auch dann noch erkannte, wenn er in einer Konzentration von nur 60 Molekülen pro Kubikzentimeter Wasser angeboten wurde. Das ist eine für uns unvorstellbar geringe Konzentration, zum Vergleich: Wenn man einen Kubikzentimeter dieses Duftstoffes in einer Flüssigkeitsmenge vom ca. 60fachen Volumen des Bodensees gleichmäßig verteilen würde, entstünde jene Konzentration, die der Aal noch zu riechen vermochte.

Andere Tierarten können uns durch ihre Anpassungsleistungen beeindrucken. Wenn wir z. B. die Wanderratte nicht als ein Tier nehmen, das seinen Wert in *unserer* Umwelt gewinnt, sondern als eines, das für sich und in seiner Umwelt lebt, dann verliert sie das Abscheuliche oder Ekelhafte. Sie wird überaus interessant, vor allem wegen ihrer Anpassungsleistung und ihrer vielfältigen Fähigkeiten.

Obgleich sich Wanderratten vor Vögeln fürchten, haben sie es auf einer Nordseeinsel gelernt, auf Möwenjagd zu gehen. Sie haben gar herausgefunden, daß die scharfgesichtige Möwe schleichende Ratten sofort als gefährliche Feinde erkennt, aber eine offen daherschreitende Wanderratte für harmlos hält. Deswegen gehen diese Ratten scheinbar absichtslos und jederzeit sichtbar durch das Möwenvolk spazieren, um sich dann blitzschnell eine von ihnen zu greifen. Weil Möwen sehr viel langsamer lernen – das liegt schon an ihrem langsamen Generationszyklus –, können sie sich auf diese Jagdmethode nicht in wenigen Jahren einstellen, und so fallen sie auf diesen Trick bis zum heutigen Tage immer wieder herein.

Andere Rattenstämme in Nordafrika haben sich angewöhnt, in Palmenwipfeln zu wohnen, weil ihnen der Sandboden für die Anlage von Höhlen und Gängen nicht geeignet erscheint. Das ist sehr ungewöhnlich, weil Ratten eigentlich nicht in Bäumen leben wollen; offenbar haben sie gelernt, auch derart widrige Lebensbedingungen zu akzeptieren und sich ihnen anzupassen.

Wieder andere, die im Abwassersystem europäischer Großstädte leben, haben gelernt, ihr Futter dadurch zu finden, daß sie sich längsseits an den Strom des Abwassers stellen und eine geöffnete Pfote in die Brühe halten, um das vorbeischwimmende Eßbare zu greifen. Sie bringen ihre Tage damit zu, daß sie wie die Perlen an der Schnur aufgereiht den unterirdischen Kanal säumen und dem Fäkaliengemisch ihren Nahrungsanteil entnehmen.

Wanderratten haben gelernt, ausgestreutes Futter mit gebotener Vorsicht zu nehmen. Immer schicken sie einen Vorkoster, der eine Probe nimmt und aufkommenden Schmerz seinen Artgenossen mitteilt. Vielleicht wird er daran sterben, aber rechtzeitig warnt er seine Sippschaft, die das vergiftete Futter natürlich nicht anrühren wird.

Diese Lernprozesse brauchen freilich ihre Zeit, sie erstrecken sich über viele Hunderte oder Tausende von Generationen. Menschen bewältigen derartige Anforderungen oft in

Minuten. Sie können gefundene Lösungen in ganz unterschiedlichen Situationen anwenden, und sie können sie mündlich oder schriftlich weitergeben. Daher müssen sie nur relativ wenige Erfahrungen selber sammeln, sondern sie können sie übernehmen, weil andere darüber berichten. Ließe man den Tieren die ihnen gemäße Zeit, sich an uns zu gewöhnen, so wüßten sie eines Tages recht gut, wie mit uns umzuspringen wäre. Aber wir geben ihnen diese Zeit nicht, und so wird unser Vorsprung immer größer. So gesehen, verhalten wir uns zu den Tieren nicht anders als die Ratten zur Möwenkolonie: Immer sind wir ihnen ein Stück voraus, und wir lassen nicht zu, daß sie uns einholen.

Tierliebe zwischen Hingabe und Kontrolle

Mit wachsendem Abstand zum Tiere intensivieren wir unsere Suche nach ihm, schlagen illusionäre Brücken über die riesige Distanz, die wir zwischen es und uns gelegt haben. Empathie, das Mitfühlen mit dem anderen, welches wir unter Menschen so dringend benötigen, um uns in die Situation des anderen hineinzuversetzen, diese Empathie lassen wir auch über das »Bruder-Tier« gleiten. Wir fühlen uns hinein in den Kanarienvogel, der in seinem engen Käfig singt, wir meinen die Trauer der Dohle zu spüren, die neben ihrem toten Partner sitzt und nicht von ihm weichen will. In der Fußgängerzone der großen Städte entsetzen wir uns über furchterregende Bilder gequälter Katzen im Labor und erleiden mit diesen Tieren ihre Schmerzen. Wir schauen uns im Fernsehen an, wie hilflose Robbenbabys totgeschlagen werden, und meinen zu spüren, wie es ist, so geschlagen zu werden. Wir blicken der aufsteigenden Lerche nach und glauben zu ahnen, in welchem Glücksgefühl sie sich in die Lüfte schraubt, wir fühlen, wir herrlich es ist, als Roter Milan auf der Thermik zu ruhen und minutenlang die Kreise zu ziehen ohne einen Flügelschlag, mühelos, scheinbar ohne die Schwere des eigenen Körpers.

In solchen gefühlshaften und phantasievollen Annäherungen an das Tier versuchen wir, die Enge unseres menschlichen Erlebens und Handelns zu überwinden. Aber in dieser Vorstellung »Was erlebt ein Roter Milan, was würde ich an seiner Stelle erleben?« bleiben wir doch bei uns. Wir können nämlich unsere menschlichen Regeln des vernünftigen Denkens, des absichtsvollen Handelns und des sprachlichen Verstehens kaum je verlassen. Wir *müssen* vernünftig sein, und wir *müssen* zielbewußt handeln. Selbstverständlich handeln wir auch dann absichtsvoll, wenn wir uns »vornehmen«, einmal absichtslos zu sein (was nicht gelingt), und wir können versuchen, »ziellos« zu sein – aber wie sähe das aus? Situationen, in denen Menschen scheinbar absichtslos handeln – manche Theaterstücke sind so angelegt –, fordern uns unwiderstehlich auf, die Absichten der Akteure zu suchen, und es fällt uns schwer, ein Gedicht oder ein Kunstwerk als »sinnlos« zu akzeptieren.

Tatsächlich ist die »Sinnlosigkeit« eine typisch menschliche Erfindung, aber sie ist eine Fiktion: Weil wir verstanden haben und beschreiben können, wie wir beständig nach Sinn suchen und Absichten verfolgen, glauben wir, daß es jenseits dieses Sinnhaften und Vernünftigen auch etwas vollkommen Unvernünftiges, sogar ganz Sinnloses geben könnte. Manchmal scheint es uns so, als verhielten sich Tiere wie absichtslos und ohne Ziel. Der Fisch im Aquarium schwimmt durch seine künstliche Landschaft, er frißt gerade nicht, ist auch nicht neugierig, stellt keinem Weibchen nach, verteidigt kein Territorium – wo ist da ein Ziel zu erkennen? Bewegen sich Tiere nicht in Räumen, in denen andere Prinzipien gelten als die des Vernünftigseins?

Aber wir irren uns gründlich, wenn wir glauben, erst wir Menschen hätten die rationale Vernunft in die Welt hineingetragen. Tatsächlich ist es umgekehrt: Die Vernunft ist das immer schon wirksame »ratiomorphe« Prinzip alles Lebendigen[66]. Seit jeher handeln schon Kleinstlebewesen nach den Prinzipien der Erwartung, der Erfahrung und der fortlaufend neuen Hypothesenbildung. Der Unterschied zum Menschen besteht nur darin, daß Tiere in der Auswertung ihrer Erfahrungen sehr viel länger brauchen als Menschen und daß Menschen sich der rationalen Vernunft bewußt sind und sich ihrer instrumentell bedienen.

Wenn wir aber einer Grasmücke zuhören oder einen Fisch beobachten, dann geben wir uns der Illusion hin, diese Tiere könnten ein beschauliches Leben führen, weil sie frei wären von dem Zwang zur Vernunft. Wir irren uns zwar darin, aber wir lieben diesen Irrtum, weil wir uns danach sehnen, selbst »jenseits« von Zielen und Absichten zu sein. Seit wir uns als Menschen aus der Gemeinschaft mit allem Lebendigen verabschiedet haben und die schwere Last der Zivilisation auf uns nahmen, tragen wir eine Sehnsucht nach einer kontemplativen, also beschaulichen Natur vor uns her, die wir erfreut in den Tieren zu erkennen glauben.

Aber was wir da sehen, ist unsere Illusion darüber, wie wir wären, wenn wir nicht so vernünftig sein müßten.

Je mehr wir uns einem Tier annähern, desto stärker können wir uns dieser Illusion hingeben. Denn das Tier, das unsere Welt nicht mit uns teilen kann, zwingt uns, ihm in seiner Welt zu begegnen. Wenn wir die Grasmücke von nahem hören wollen, müssen wir ihre Furcht vor großen Tieren und vor uns berücksichtigen. Wenn wir einen Grizzly im Frühjahr beobachten, müssen wir bedenken, daß wir für ihn eine willkommene Beute nach langem Winterschlaf sein könnten. Und wenn wir ein wenig davon erleben wollen, wie Fische im Meer miteinander umgehen, müssen wir buchstäblich in ihre Welt eintauchen. In all diesen Fällen lassen wir uns von den Regeln leiten, die in der Welt dieser Tiere gelten. Und dabei können wir ahnen, wie es in dieser Welt der Tiere zugeht.

In dieser Hingabe an das Tier, in dem Wunsch, seine Welt mit ihm zu teilen, suchen wir in uns den Graben, der uns selbst von der »beschaulichen« Natur trennt. Wir suchen den Übergang von dieser Natur zur Zivilisation, die Nahtstelle zwischen dem natürlich-unzivilisierten und dem in die Kultur eingepaßten Menschen. In der biblischen Schöpfungsgeschichte ist es der unüberwindliche Zaun, der den Menschen vom Paradies trennt. Wenn uns dieses Paradies wieder geöffnet würde, dann, so können wir hoffen,

wohnt der Wolf beim Lamm, der Panther liegt beim Böcklein,
Kalb und Löwe weiden zusammen, ein kleiner Knabe kann sie hüten,

*Kuh und Bärin freunden sich an, ihre Jungen liegen beieinander.
Der Löwe frißt Stroh wie das Rind.
Der Säugling spielt vor dem Schlupfloch der Natter,
Das Kind streckt seine Hand in die Höhle der Schlange.
Man tut nichts Böses mehr und begeht kein Verbrechen . . . (Jesaja 11, 6-9)*

In dieser berühmten Prophezeiung leuchtet die Hoffnung auf eine glückliche Nähe von Mensch und Tier. Alle Unterschiede und Getrenntheiten, insbesondere die Feindschaften, welche die Begehrlichkeit und die Aggressivität stiften, sind aufgehoben, der Mensch wäre wieder eins mit der Natur. In der Hingabe zu einem Tier kann sich der Mensch diesen Phantasien annähern, in seiner Gegenwart kann er in sich selbst suchen, was er an »Natürlichkeit« so schmerzlich vermißt.

Aber diese Hingabe an das Tier ist flüchtig, eine vorübergehende illusionäre Phantasie von großer Nähe zum »Bruder-Tier«. Wenn wir zu uns, zu unserer menschlichen Denkweise zurückkehren, dann schlägt diese Hingabe unvermeidlich um in Kontrolle, in die »vernünftige« Verwendung des Tieres. Wenn wir das Tier von uns aus betrachten, dann sehen wir es gleichsam von außen, und wir erklären uns, welchen inneren und äußeren Ursachen das Tier in seiner Welt unterliegt und welche Reaktionsweisen ihm zur Verfügung stehen. Auch so lernen wir das Tier kennen. Aber diese Annäherung ist eine andere als jene Hingabe, mit der wir versuchen, die Andersartigkeit, die Fremdheit und auch die Einmaligkeit eines Tieres zu erahnen.

Hier liegt eine unselige Dialektik in der Mensch-Tier-Beziehung: Je genauer wir das Tier mit unseren Fähigkeiten der Beobachtung und Schlußbildung betrachten, je besser wir es kennenlernen, desto mehr verlieren wir seine Eigenart aus dem Blick. Diesen Zusammenhang verstärken wir, wenn wir die Tiere daran gewöhnen, in unserer Welt zu leben, wenn wir sie fortzüchten, und insbesondere dann, wenn wir sie genetisch manipulieren. In unserer Welt kann sich das Tier seiner Verwendung nicht widersetzen. Sein Anpassungsvorteil in seiner Welt, seine Instinktsicherheit und seine Eindeutigkeit (Freud sagte: »Tiere sind immer richtig«) sind für sein Leben in seiner Welt optimal; für sein Leben in unserer Welt wird diese Angepaßtheit zur Unterlegenheit.

Gewiß liegt der Reiz des Tieres für uns auch darin, daß wir unsere Klugheit und Überlegenheit nutzen können, um es aus seiner Umwelt scheinbar herauszureißen und zu erreichen, daß sich das Tier zu uns hin ausrichtet – fast so, als wäre es ein Mensch unter uns Menschen. Damit aber wäre der Kern der Tierliebe wahrhaft egozentrisch: der Wunsch, das Tier möge sich zu uns hin ausrichten und uns als Menschen anerkennen und vielleicht sogar lieben. Wie wenig symmetrisch aber dieses Verhältnis ist, können wir vor uns selbst verbergen. Das Tier jedenfalls widerspricht seiner Indienstnahme nicht, und dafür lieben wir es um so mehr. Es hat keine andere Wahl, aber das stört uns nicht, weil wir uns darüber hinwegtäuschen.

5. Die Illusionen der Tierliebe

Nachdem sich der Mensch vor mehr als 10 000 Jahren aus seiner brüderlichen Gemeinschaft mit den Tieren verabschiedet hatte, begann sein Weg in die Zivilisation. Er verstand es, sich selbst – und zugleich auch die Tiere – zu domestizieren, und schwang sich zum Herrscher über die Natur auf. Aber die hohen Einschränkungen, die er sich selbst auferlegte, verursachten Kosten, die auf dem Individuum lasten und die fortlaufend – und von jedem Kind in seiner Entwicklung zum zivilisierten Menschen – bezahlt werden müssen. Der Gewinn der persönlichen Freiheit, der Entscheidungsfreiheit und der persönlichen Verantwortlichkeit führte ihn in eine tiefe Abhängigkeit zu anderen Menschen, machte ihn sozial angewiesen. Die Sprachfähigkeit machte den Menschen blind und taub gegenüber allen anderen Verständigungsformen, und die Fähigkeit schließlich, über sich selbst nachzudenken, stürzte den Menschen in unaufhebbare Zweifel an sich selbst und an dem Sinn seiner Existenz.

Menschen verwenden einander, um diese Zwiespältigkeiten zu ertragen. In ihren sozialen Beziehungen spielen sie diese Konflikte durch: Dann ist das Andersartige des anderen vielleicht eine Bereicherung – oder eine Bedrohung, die man kontrollieren muß. Und umgekehrt ist die Zuwendung durch den anderen vielleicht eine Vervollständigung oder eine gefährliche Nähe, die man abweisen muß.

So kommen in menschlichen Beziehungen ganz widersprüchliche Motive zum Ausdruck: das Motiv, sich dem anderen, Andersartigen auszusetzen – das Motiv der Hingabe –, und das Motiv, Einfluß auf den anderen zu nehmen, ihn für sich zu verwenden, – das Motiv der Kontrolle. Diese Motive prägen auch die Beziehung zu Tieren. Und doch ist diese Beziehung ganz anders.

In der Mensch-Tier-Beziehung herrscht von vornherein eine tiefe Asymmetrie: Das Tier ist gebunden in seiner Anschauung von der Welt, es kann über sich und seine Beziehungen nicht nachdenken. Menschen können das, und so erkennen wir die Instinktgebundenheit des Tieres und nutzen sie für uns aus. Weil wir das Tier von außen betrachten, sehen wir, welchen Einflüssen es unterliegt und wie es instinkthaft reagiert. Deswegen können wir tierisches Verhalten voraussehen und auch gezielt herbeiführen, z. B. in einer Dressur. Von den beiden widersprüchlichen Motiven der Hingabe und der Kontrolle haben Menschen in ihrer Beziehung zum Tier vor allem das Motiv der Kontrolle verwirklicht.

Tiere können sich unserer Kontrolle und Manipulation nicht entziehen. Sie können sich nicht gegen uns entscheiden, sie können uns nicht widersprechen, wenn wir uns über sie und ihre Beziehung zu uns Illusionen machen. Je perfekter wir sie kontrollieren, desto weniger können sie sich uns gegenüber zur Geltung bringen. Wenn wir also unserem Hund beigebracht haben, auf ein Kommando herbeigerannt zu kommen, so können wir glauben, er tue es aus Freude über unsere Nähe, und er wird uns darin nicht widersprechen. Und wenn sich unsere Katze an uns schmiegt, so dürfen wir annehmen, sie meine uns in der gleichen persönlichen Weise, wie uns eine Freundin meint.

Das Tier erlaubt uns, daß wir es für unsere subjektiven Bedürfnisse verwenden, wir dürfen uns von ihm geliebt, bewundert und gefürchtet fühlen. All unsere Wünsche, die uns in unseren Beziehungen zu anderen Menschen unerfüllt bleiben, dürfen wir dem Tier antragen, und wenn wir nur geschickt genug sind in der Behandlung des Tieres, werden uns diese Wünsche erfüllt werden. Weil uns das Tier nicht widerspricht, ist es ein idealer Projektionsschirm für all diese unerfüllten Phantasien und Gefühle und all jene herbeigesehnten Erlebnisse.

In der Kontrolle des Tieres verwenden wir also nicht nur seine nützlichen Eigenschaften als Fährtensucher oder Lastenträger, als Fleisch- oder Eierproduzent, sondern wir verfügen viel weitergehend in einem persönlichen Sinne über das Tier: Wir gebrauchen es als Spiegel für unsere seelische Existenz, als Behälter für Erfahrungen, die wir uns – aus inneren Gründen – nicht selbst aufbewahren können. Diese Verwendung des Tieres ist in hohem Maße egozentrisch. Aber das stört uns nicht, weil wir uns selbst dieser Egozentrik nicht bewußt sein müssen. Deswegen brauchen wir die Illusion, das Tier käme aus Liebe zu uns herbeigerannt. Wäre uns bewußt, daß uns das Tier nicht lieben kann, wie uns ein Mensch lieben könnte, würden wir vielleicht verstehen, daß wir unseren Hund nur beauftragt haben, uns die Liebe, die uns fehlt, zukommen zu lassen.

Wir benötigen also die Illusion über die Zugewandtheit des Tieres, um unsere Egozentrik vor uns selbst zu verbergen. Indem wir uns täuschen über das Ausmaß unserer Kontrolle über das Tier, genießen wir seine Zuwendung, als sei sie ein freiwillig gemachtes Geschenk. Und wir vermeiden

Schuldgefühle: Wenn wir glauben, das Tier könnte sich auch gegen uns entscheiden und anders handeln, fühlen wir uns weniger verantwortlich für die Leiden, die wir ihm aufzwingen.

Wie vielfältig sind die Befürfnisse, die wir in der Tierliebe befriedigen! Wie viele Facetten hat der Spiegel, in den wir mit unserer Tierliebe blicken! Spektakulär sind natürlich solche Fälle, in denen die Bedürfnisse eines Tierliebhabers ganz offen abgebildet sind. Wir denken da gleich an den Hundebesitzer, der seinem Boxer immer ähnlicher wird, und den sadistischen Terrarienliebhaber, der genüßlich zuschaut, wie seine Schlange eine lebende Maus verschlingt. Aber was bewegt einen Menschen, versonnen aus dem Plüsch seines Wohnzimmers in das Aquarium zu schauen? Und was den anderen, seinen Hund »bei Fuß« gehen zu lassen, und den dritten, Brieftauben durch halb Europa zu schaffen, damit sie zu ihm zurückkommen? Was ist so schön daran, einem Elefanten zuzuschauen, der sich im Zirkus auf einen Hocker setzt? Warum freuen wir uns, wenn Hunde in der Manege Fußball spielen oder ein Bär Motorrad fährt? Dies alles sind Spielarten der Tierliebe, Varianten egozentrischer, illusionärer Verwendung. Die Unterschiede zwischen diesen Spielarten sind so groß, wie die Bedürfnisse unterschiedlich sind, denen die Menschen vergeblich nachlaufen. Insofern ist die Tierliebe ein Symptom für Mangelerscheinungen, für das Maß an unerfüllter menschlicher Befriedigung in unserer Zeit. Und die Geschichte der Mensch-Tier-Beziehung ist eine Geschichte der Sehnsucht des Menschen nach seiner verlorenen »Natürlichkeit«.

Das böse Tier in einer guten Welt

Zu den schwierigsten Aufgaben, die jeder Mensch in seiner Lebensgeschichte zu bewältigen hat – und die der Mensch als Gattungswesen zu lösen hatte –, gehört die Entwicklung eines moralischen Bewußtseins. Niemand wird als »guter« Mensch geboren, sondern er lernt in einem langen, schmerzhaften Erziehungsprozeß, die moralischen Forderungen seiner Gesellschaft zu akzeptieren und die gültigen Unterscheidungen zwischen guten und bösen Absichten und Handlungen auch in sich selbst durchzusetzen. Handelt das kleine Kind noch erwartungsgemäß, weil es Sanktionen von außen fürchtet, lassen sich das ältere Kind und der Erwachsene von ihrem Gewissen leiten. Für sie ist die Auseinandersetzung um Gut und Böse dann ein innerer Dialog.

Die Erziehung zu einem moralischen Bewußtsein und zu einem autonomen Gewissen mißlingt nicht selten – sei es, daß das einzelne Kind die sozialen Anforderungen in seiner Familie nicht akzeptieren konnte, sei es, daß die Gesellschaft moralische Ziele entwickelte, die dem einzelnen angesichts seiner geringen Zukunftsaussichten als unangemessen hoch erscheinen. Die zahlreichen Fälle antisozialen, insofern also »bösen« Handelns zeigen uns, wie schwer es ist, ein moralisches Bewußtsein durchzusetzen. Und mehr noch zeigt die Geschichte menschlicher Konflikte, wie leicht es geschehen kann, daß Menschen zurückfallen in »unmenschliches« Handeln; wie sie einander betrügen und berauben, quälen und morden können. Oft genügte es, dem einzelnen oder einer Gruppe eine moralische

Rechtfertigung anzubieten, und schon zeigte er sich fähig, andere Menschen auf grausamste Weise zu vernichten.

Wenn wir uns all diese Untaten der älteren und jüngeren Geschichte vor Augen halten, ahnen wir auch, wie streng jene Gewissensinstanzen sein müssen, mit denen wir unser moralisches Bewußtsein heute sichern. Daß wir uns dennoch so unbeschwert fühlen können, liegt daran, daß wir die Zensur unseres Gewissens nur selten bewußt erleben. Die alltägliche und beinahe lückenlose Entscheidung für moralisch gutes Handeln ist uns selbst unbewußt geworden. So erleben wir unsere Wut und Habgier und unseren Neid, unsere Eifersucht und die Lust am Quälen gar nicht mehr, wir weisen all diese Phantasien und Gefühle schon ab, bevor sie uns selbst bewußt werden können. An der Schwelle zum Bewußtsein haben wir einen aufmerksamen Wächter gestellt, der selbst noch im Traum auf die Einhaltung moralischer Vorschriften achtet. Seine Waffen, die wir ihm gegeben haben, sind wirklich furchterregend: Er droht uns im Falle unmoralischer Gedanken und Taten mit quälenden Schuldgefühlen und vernichtender Beschämung.

So haben wir unsere Freiheit, moralisch handeln zu können, mit der Not erkauft, fortlaufend von Schuld- und Schamgefühlen bedroht zu sein. Unter dieser Drohung handeln wir moralisch, und wir sichern unsere Moral, indem wir auch die anderen, die Menschen um uns und auch die Tiere, in unsere inneren Konflikte einbeziehen: Wir überwachen uns gegenseitig und weisen uns zurecht. Und wenn wir im anderen die Unmoral zu entdecken glauben, dann fühlen wir uns vielleicht entlastet. Denn wir haben zweierlei erreicht: Wir dürfen uns mit dem »Bösen« einerseits beschäftigen, aber wir müssen uns andererseits nicht schuldig fühlen, weil wir es ja so verachten.

So verwenden wir uns gegenseitig, um unsere Moral zu stützen, und auch, um uns heimlich doch ein wenig an der Unmoral – im anderen! – zu erfreuen. Da Menschen dieser Verwendung aber widersprechen können, eignen sie sich oft nicht als Projektionsschirm und wehren sich, wenn wir sie allzusehr zur Bewältigung unserer eigenen, inneren Konflikte gebrauchen. Tiere aber lassen sich verwenden, wir können sie auch in diesen Dienst nehmen, und wir tun es seit vielen tausend Jahren.

Sündenbock und Werwolf

Der »Sündenbock« ist vielleicht die älteste Form, in der Menschen ein Tier zur Bewältigung eigener Schuldkonflikte in Dienst genommen haben. Ursprünglich war es »ein Schafs- oder Ziegenbock, auf den – speziell im babylonisch-jüdischen Raum – die Gemeinde ihre religiösen Verfehlungen und sozialen Spannungen übertrug und den man dann in einem kollektiven Ritual schlachtete oder davontrieb.«

Die älteste Schilderung dieses Rituals – heute in der Formulierung »jemand in die Wüste schicken« aufbewahrt – findet sich im dritten Buch Mose (Kapitel 16, Verse 20 bis 22):

Und wenn er (Aaron) die Entsühnung des Heiligtums vollbracht hat, . . . so soll er den lebendigen Bock herzubringen. Dann soll Aaron seine beiden Hände auf dessen Kopf legen und über ihm bekennen alle Missetat der Israeliten und alle ihre Übertretungen, mit denen sie sich versündigt haben, und soll sie dem Bock auf den Kopf legen und ihn durch einen Mann, der bereitsteht, in die Wüste bringen lassen, daß also der Bock alle ihre Missetat auf sich nehme und in die Wildnis trage; und man lasse ihn in der Wüste.

Viele Kulturen entwickelten analoge Formen der Entsühnung mit Hilfe eines »Sündenbockes«. Im alten Arabien z. B. war es üblich, eine grassierende Seuche dadurch abzuwenden, daß man Kamele durch die befallenen Siedlungen trieb. Sie sollten die bösen Geister an sich ziehen, und man erdrosselte sie, damit sie diese Geister mit in den Tod nähmen[67]. In allen diesen Fällen ging es den Menschen darum, das »Böse« an einen erkennbaren Platz zu bannen und es auf diese Weise zu kontrollieren oder ganz loszuwerden. Im Tier suchten sie ein Wesen, dem sie sich einerseits noch verwandt, andererseits aber schon genügend fremd fühlten. Dadurch eignete es sich, das »Böse« aufzunehmen und fortzutragen. Auch die »Hexen« des Mittelalters waren Opfer solcher Bewältigungsversuche – und bis in die Neuzeit hinein konnte es geschehen, daß eine rätselhafte Krankheit dem bösen Einfluß anderer Menschen zugeschrieben wurde.

Häufig waren es Epidemien, die so mit Hilfe von Sündenböcken gebannt werden sollten. Denn Seuchen galten für viele als Strafe für böses Tun oder Denken. Und weil sie sich so sehr schuldig fühlten, mußten sie ein Opfer suchen, das diese Schuld mit sich nähme. Dies geschah z. B. in den Jahren von 1347 bis 1350, als die große Pest Europa überzog und ganze Landstriche entvölkerte[68]. Die Ursachen dieser

Krankheit waren noch gänzlich unbekannt – selbst das Phänomen der »Ansteckung« blieb noch unentdeckt, so daß gerade die barmherzigen Helfer als erste dahingerafft wurden.

In dieser Zeit suchten die Menschen verzweifelt nach Sündenböcken. Flagellanten zogen umher und geißelten sich bis aufs Blut. An zahlreichen Orten setzte eine wütende Judenverfolgung ein, auch andere Minderheiten wurden zum Opfer. Erst sehr viel später verstanden die Menschen, daß die Erreger dieser Krankheit durch Flohbisse übertragen werden und daß vor allem Ratten als Zwischenwirte für diese Flöhe dienten. Die Baseler Fastnacht, in der die Menschen maskiert und zu mittelalterlicher Musik durch die Straßen ziehen, soll auf Umzüge zurückgehen, die zur Zeit der großen Pest einsetzten. Wenn die Umherziehenden damals schon diese Musik – mit sehr hell klingenden kleinen Flöten – machten, so handelten sie unwissentlich wahrscheinlich sehr klug: Ratten werden von hochfrequenten Tönen geängstigt und suchen rasch das Weite.

Menschliche oder tierische Sündenböcke müssen dem Menschen eine unerträglich gewordene Last abnehmen. Wenn sie sich von eigener Schuld verfolgt fühlen oder wenn sie aus anderen Gründen von Wut erfüllt sind, suchen sie ein Opfer, das sie von dieser inneren Spannung erlöst – sei es, daß es das Böse mit sich fortträgt, sei es, daß es das Ziel der eigenen Aggressivität wird. Immer liegt darin ein Versuch, zwischen Gutem und Bösem zu eigenen Gunsten zu spalten, um der eigenen Verstricktheit für eine Weile zu entgehen[69].

Ein anderes Beispiel für einen Trennungsversuch zwischen dem Guten (im Menschen) und dem Bösen (im Tiere) ist das des »Werwolfes«. Diese mythologische Figur taucht schon im Althochdeutschen auf, spätestens im 15. Jahrhundert wurde der Begriff regelmäßig verwendet. Der Werwolf lebt in jenem imaginären Raum, in dem sich menschliche und tierische Existenzen begegnen und manchmal durchmischen: Mal ist es ein Mensch, der in Wolfsgestalt und mit wölfischen Eigenschaften daherkommt, mal ist es ein Wolf, der sich in Menschengestalt tarnt. In jedem Falle ist es ein »Scheusal«, ein »Unhold«[70], vielleicht nur ein »grausamer, grauenhafter Mensch«, vielleicht aber auch eine Hexe, die in Wolfsgestalt auf Menschenjagd geht.

Zweifellos diente der Werwolf als Sammler böser Eigenschaften: Er war gierig (zuweilen trat er auch als Vampir auf), unmäßig gefräßig, raubte unschuldige Kinder und hin und wieder auch einmal eine Braut aus dem Hochzeitsbette. Aber anders als der Sündenbock dient diese Figur nicht einfach dazu, das Böse aufzunehmen und fortzutragen, sondern der Werwolf hielt die Beunruhigung über die Anwesenheit des Bösen unter den Menschen aufrecht. Denn jedermann konnte verdächtig sein, in seiner Menschengestalt den Werwolf zu verbergen, also mußte man wachsam sein und die Menschen der eigenen Umwelt sorgfältig beobachten.

In der Neuzeit betrat der Werwolf noch einmal die Bühne der Geschichte, und seine Rolle, die ihm hier zugedacht wurde, läßt noch einmal erkennen, wie sehr er als Grenzexistenz Angst und Schrecken verbreiten sollte: Kurz vor Ende des Zweiten Weltkrieges sollte ein »Werwolf«, eine von den Nazis aufgestellte Widerstandsgruppe, den schon übermächtigen Feind noch einmal in Angst und Schrecken jagen. Diese Gruppe, Thomas Mann nannte sie »einen Verband rasender Knaben«[71], kämpfte nach Partisanenmanier: hinter den Frontlinien mit plötzlichem Zugriff, rücksichtslos und grausam.

Natürlich kommt in der Figur des Werwolfes die Sorge zum Ausdruck, das »Wölfische« könne ganz plötzlich im Menschen hervorbrechen und von ihm Besitz ergreifen. Und andersherum mußte es der Wolf ertragen, daß ihm diese bösen Eigenschaften zugeschrieben wurden. Denn seine Aufgabe erfüllte sich nicht allein darin, daß sich der Mensch vor dem vermeintlich Wölfischen im Menschen fürchtete, sondern auch darin, daß er das Böse des Menschen, seine Habgier und Mordlust aufnehmen mußte: Lopez (1978) beschrieb in seinem Buch über »*Wolves and Men*« die zahlreichen Mythen, mit denen der Wolf belegt wurde. Er war »rotzüngig, mit Schwefelatem und gelben Augen; er war der Werwolf, der menschliche Kannibale; er verkörperte die Lüsternheit, die Gier und die Gewalt, die die Menschen bei sich selbst wahrnahmen«[72]. Derart mit negativen menschlichen Eigenschaften ausgestattet, wurde der Wolf »jagdbar«, nun konnte man ihn verfolgen und dezimieren. Heute gehört der Wolf in seinen ursprünglichen Lebensräumen zu den bedrohten und besonders schützenswerten Tierarten.

Der Wolf, diese bis in die jüngste Zeit hinein rätselhafte Tierart, kam diesen menschlichen Bedürfnissen entgegen: ein scheinbar unsteter Jäger, der lange Wege geht, so daß er unvermutet auftauchen kann. In kargen Jahren wagt er sich in die Nähe menschlicher Siedlungen, und er vergreift sich an den Haustieren. Des Nachts hört man ihn weithin heulen, und dieser Ton mag uns erinnern an unsere alten Verwandtschaften mit dem »Bruder-Tier«. War nicht der Wolf das erste Tier, das aus seiner Umwelt heraustrat und bereit zu sein schien, als Haustier unsere menschliche Welt zu teilen? Aber als er begann, ein Freund des Menschen zu werden, sollte er das »Wölfische« zurücklassen, und umgekehrt: Als wir begannen, als Menschen das Tier zu uns zu ziehen, wollten wir dadurch sicher werden, daß das Tierische nicht mehr in uns selbst wohnt. Mit der Zähmung des Wolfes wollten wir uns selbst versichern, daß wir das Tierische – auch in uns selbst – zu domestizieren gelernt haben.

Sündenbock und Werwolf sind alte mythologische Figuren, die helfen sollten, die moralische Überlegenheit des Menschen über die Tierwelt zu festigen. Viele Beispiele ließen sich anführen: Die Erzählungen über Riesenkraken, die Seeleute unter Wasser zogen und verschlangen, die Vampir-Geschichten und – neuerdings – die Dinosaurier, die von einer ganzen Kindergeneration voller »Angstlust« ins Spielzimmer gezogen werden. Dinosaurier waren aber schon längst ausgestorben, als die ersten Menschen die Welt betraten.

Die Leiden des bösen Tieres

Die mittelalterlichen Tierprozesse waren sehr anschauliche Gelegenheiten, moralische Normen abzusichern. Jedermann konnte erkennen, welch drakonische Strafen auf all diejenigen warteten, die sich dem Bösen nicht widersetzten. Die Menschen jener Zeit waren nämlich auf dem Wege, aus der festgefügten ständischen Ordnung herauszutreten, Selbstbewußtsein und Selbstverantwortlichkeit und damit auch moralische Entscheidungsfreiheit zu entwickeln. Aber das persönliche Gewissen und das verläßliche moralische Urteil waren noch wenig gesichert. Daher war es notwendig, die Grenzen der Handlungsfreiheit möglichst drastisch zu demonstrieren. Das geschah dadurch, daß die Anklageschrift dem beschuldigten Tiere ausdrücklich eine menschliche Handlungsfreiheit unterstellte; erst dadurch wurden sie schuldfähig. Jene Ferkel im Prozeß des Jahres 1457, die ihrer Muttersau bei der Tötung eines Säuglings zur Seite gestanden hatten, wurden freigesprochen, weil sie offenbar von einem schlechten Beispiel angeleitet worden waren. Ihnen fehlte die strafrechtliche Verantwortlichkeit.

Die Tierprozesse jener Zeit wurden also nicht mehr nach dem alttestamentarischen »Talionsprinzip« (»Aug' um Aug', Zahn um Zahn«) geführt. Vielmehr sollten sie das neue Prinzip der freien, aber moralisch verantwortlichen Handlungsweise verdeutlichen. Die Ausdehnung des überaus harten Strafrechts auf Tiere war also noch nicht eine Folge menschlicher Überlegenheit, sondern eher im Gegenteil fast deren Voraussetzung. Einerseits hatte sich der Mensch angeschickt, aus der göttlich gegebenen, festgefügten Ordnung – in der auch die Tiere ihren Platz hatten – herauszutreten und Herrschaft zu übernehmen, andererseits aber war er sich seines moralischen Bewußtseins noch sehr unsicher.

Daß die – zumeist öffentlich vollzogene – Bestrafung regelmäßig so grausam ausfiel, war weniger ein Ausdruck sadistischer Neigungen, sondern eher ein Zeichen noch geringer Empathie. Denn die Fähigkeit zum Mitgefühl sollte sich in den folgenden Jahrhunderten erst noch entwickeln. Erst dann durfte man sich darauf verlassen, daß die eigene Gewissensbildung ausreichen würde, moralische Normen zu sichern. Bis dahin mußte die reine Strafangst ausreichen, Menschen zur Einhaltung dieser Normen zu verpflichten. Daher wurden auch menschliche Gesetzesbrecher überaus hart bestraft.

Ein besonders grausames Beispiel findet sich bei Foucault[73].

> *Am 2. 3. 1757 war Robert-Francolis Damiens des Mordes an seinem Vater schuldig gesprochen und zu folgender Strafe verurteilt worden: Er sollte »an den Brustwarzen, Armen, Oberschenkeln und Waden mit glühenden Zangen gezwickt werden; . . . auf (diese) Stellen sollte geschmolzenes Blei, siedendes Öl, brennendes Pechharz und mit Schwefel geschmolzenes Wachs gegossen werden; dann sollte sein Körper von vier Pferden auseinandergezogen und zergliedert werden, seine Glieder und sein Körper sollen vom Feuer verzehrt und zu Asche gemacht, und seine Asche in den Wind gestreut werden«.*

Folterung und Hinrichtung waren öffentlich, sie wurden minutiös protokolliert und in Zeitungen beschrieben.

Dies war eine Zeit, in der die Strafe noch den Körper traf, ihm rasende Schmerzen zufügte. Erst später, als die Strafangst des Menschen durch eine Angst vor eigenen Schuld- und Schamgefühlen ersetzt worden war, wirkten die Strafmethoden »in der Tiefe auf das Herz, das Denken, den Willen, die Anlagen«[74]. Diese moderneren Strafmethoden zielen bis zum heutigen Tage darauf, die Einhaltung moralischer Verhaltensnormen über die Gewissensangst zu sichern. Eine Strafe, welche die Ehre eines Menschen verletzt, wirkt in der Öffentlichkeit dann ähnlich abschreckend wie zuvor die öffentlichen Folterungen und Hinrichtungen. Sie reicht insofern sehr viel weiter, als die Gewissensangst den Menschen auch in unbeobachteten Augenblicken nicht verläßt. Wer frei ist von dieser Angst vor dem eigenen Gewissen, übertritt die Gesetze, wenn er nicht erwischt werden kann.

Voraussetzung für die erzieherische Wirkung einer Strafe, die die Seele trifft, ist aber das Mitgefühl, die Empathie. Dann genügt es, wenn wir hören oder lesen, wie etwa einem Dieb nicht die Hand abgehackt, sondern »die Ehre abgeschnitten« wurde, weil er eine Gesetzesvorschrift übertrat. Und weil wir uns empathisch einfühlen in sein Schicksal, weil wir spüren können, wie es uns an seiner Stelle erginge, fühlen wir uns mit seiner Strafe auch selbst von der Untat abgeschreckt.

Heute spüren wir in der Regel Mitleid mit den gefolterten Menschen und den gequälten Tieren früherer Jahrhunderte. Für uns ist nicht einfühlbar, daß sich die Menschen bis in die Neuzeit hinein an dem Leiden mißhandelter Tiere belustigen konnten. Weil wir längst die Fähigkeit zur Empathie und Perspektivenübernahme entwickelt haben, bleiben uns grausamen Schauspiele von damals unverständlich:

Während ihres Aufstieges zur Macht hatten die Römer ein außerordentliches Vergnügen am Anblick wilder Tiere, die von professionellen Kämpfern (bestiarii) abgeschlachtet

> *wurden, oder die man im Circus Maximus . . . aufeinander hetzte. . . . Man kette Bären und Stiere zum Kampf zusammen, man verabreichte Elefanten, Nashörnern, Nilpferden, Löwen und Leoparden berauschende Mittel, um sie bis zur Raserei aufzustacheln, und diejenigen, die das anschließende Blutbad überlebten, wurden von den Plätzen am Rande der Arena aus von Bogenschützen erschossen, die für dieses Privileg bezahlen mußten. . . . Kaiser Trajan brach allerdings alle Rekorde, als er das öffentliche Abschlachten von 11 000 Großtieren anordnete, um seine militärischen Siege in Dakien zu feiern.«* (Serpell, 1990, S. 218)

Derartige öffentliche Belustigungen hielten sich – selbst in Großbritannien, einem Mutterland der Tierliebe – bis in das 19. Jahrhundert hinein. Öffentliche Hahnenkämpfe stehen in dieser Tradition: Sie gehen in der Regel blutig aus, weil den kämpfenden Hähnen der Sporn mit einer Rasierklinge »geschärft« wird. Und auch Hundekämpfe haben sich, obgleich gesetzlich verboten, in einigen Ländern bis zum heutigen Tage gehalten.

Derartige Grausamkeiten vergangener Jahrhunderte zeugen natürlich von mangelnder Empathie. Aber sie sind weniger ein Zeichen sadistischer Bedürfnisse, sondern wohl eher ein Ausdruck gewaltsamen Bemühens, die menschliche Überlegenheit über das Tier zu sichern. Mühevoll waren die Menschen »den Schrecken und Risiken des vor-zivilisierten Lebens entronnen«[75], sie mußten darauf bestehen, daß die gefundenen Ordnungen, die Nutzung der Umwelt und die Verwendung der Tiere nicht nur vernünftig, sondern geradezu moralisch geboten war.

Daß die Menschen sich immerfort unsicher waren und in der Angst lebten, ihre Überlegenheit könnte wie ein Kartenhaus in sich zusammenfallen, machte ihre Bemühungen nur noch dringlicher. Gerade die verbliebene innere Nähe zum Tiere forderte große Anstrengungen, die Distanz zu ihm und zur Natur überhaupt auf drastische Weise hervorzuheben.

Dieser Konflikt des Menschen zwischen seinem alten Gefühl für die Nähe zum Tiere und dem Bewußtsein seiner Überlegenheit zeigt sich besonders anschaulich in der Geschichte seiner Beziehung zu exotischen Tieren. Denn in dem Löwen in der Arena, dem Bären im Jahrmarktszelt und dem Pfau im Tiergarten begegnete er wirklich dem Fremdartigen, über das seine Herrschaft nicht reichte und dessen Wildheit ihn beunruhigte. Solch ein Tier einzufangen und hinter starken Gittern zu verwahren, löste den Konflikt zwischen der Hingabe an das Fremdartige und dem Wunsch nach seiner Kontrolle in einem Kompromiß: Einerseits kann man sich der Wildheit des Löwen, der Rätselhaftigkeit des Krokodils und der Gefährlichkeit des Skorpions aussetzen, andererseits ist es beruhigend, es sichtbar unter Kontrolle zu haben.

Immer lag das Reizvolle aller Tierschauen in der vorstellbaren Möglichkeit, daß diese Balance von Hingabe und Kontrolle kippen könnte: Eine Raubtierdressur verlöre ihre Attraktivität, wenn die Tiere einen Maulkorb trügen. Und der Schlangenbeschwörer darf nicht verraten, daß seiner Kobra längst der Giftzahn gezogen wurde. Andersherum muß die Kontrolle Sicherheit stiften. Erst sie ermöglicht ja die Annäherung an das Gefürchtete, Fremdartige.

So unterschiedlich die Formen der Haltung exotischer Tiere auch ausfielen, sie alle sind als Varianten des Kompromisses zwischen der Suche und Hingabe an das Fremdartige und der Kontrolle des Gefährlichen zu verstehen.

Öffentliche Darstellungen exotischer Tiere waren schon im ausgehenden 16. Jahrhundert nicht selten. Im 17. Jahrhundert zogen fahrende Leute mit exotischen Tieren, vor allem Affen und Papageien, über Land und stellten sie gegen Entgelt zur Schau. Im Jahre 1614 wurde einem Schausteller vom Kurfürstlichen Hof zu Berlin 10 Taler dafür gezahlt, daß er »den Löwen und Pavian präsentieret«[76]. Schon im Jahre 1562 war in Breslau ein Elefant zu sehen gewesen, in Hamburg konnte ein anderer 1638 besichtigt werden. Aber das waren noch seltene Einzelfälle. Erst im 18. Jahrhundert gehörten exotische Tiere zum Inventar umherziehender Schausteller.

Die Menschen strömten in die ersten Tierschauen, bestaunten die »fremdländischen« Tiere, von denen sie bisher nur aus sehr phantasievollen Reiseberichten wußten. Reiche Bürger erwarben das Privileg des Adels, private Fasanerien und auch Hetzgärten für die Jagd einzurichten, und es wurde modisch, auf seinem Anwesen Affen, Papageien und Pfauen zu halten. Das gemeine Volk belustigte sich auf Jahrmärkten und zunehmend auch in stationären »Menagerien«, die auf öffentlichen Plätzen in Zelten oder Buden zu besichtigen waren. In den größeren Städten überboten sich diese Menagerien gegenseitig mit fremdartigen und kuriosen Schaustellungen, bis sie im 19. Jahrhundert von den Zoologischen Gärten abgelöst wurden. Bis heute aber ziehen kleinere Tierschauen umher, und man kann dort z. B.

erleben, wie ein »mutiger« Schausteller in ein großes Aquarium springt, um dort im trüben Wasser mit einem müden Krokodil zu kämpfen. Waren es in den antiken circensischen Spielen – aus heutiger Sicht – grausame Brutalitäten, welche die Zuschauer anlockten, ging es in den Menagerien des 18. Jahrhunderts »zivilisierter« zu. Das Mitgefühl der Zuschauer erzwang eine schonendere Behandlung der ausgestellten Tiere, so daß die Lösung des alten Konfliktes zwischen der Hingabe an das Fremdartige und der Kontrolle des Gefährlichen anders aussehen mußte als zuvor. Freilich wurde die Schonung nicht übertrieben: Immer noch traten Schausteller mit Hetzjagden auf, in denen z. B. Bären oder Wölfe mit Hunden kämpfen mußten. Aus betriebswirtschaftlichen Gründen hatte man jedoch den Bären und Wölfen die Zähne herausgebrochen, so daß sie immer wieder zu verwenden waren. Die gezeigten Tiere wurden aber nicht gequält oder getötet; es genügte, auf ihre Gefährlichkeit hinzuweisen. Und so war es üblich, schaurige Geschichten über die Grausamkeit des ausgestellten Bären zu erzählen oder die gewaltigen Kräfte des Elefanten zu schildern. Im Jahre 1842 bot die Menagerie Schreyer ein Bison zur Besichtigung an und pries es als »einen der bösesten und grimmigsten Ochsen, welcher lebend und gezähmt noch in keiner Menagerie auf dem Kontinent vorgezeigt worden«[77].

Affen waren besonders beliebte Exoten – sie sind es bis heute. Ihr Reiz liegt natürlich in ihrer Ähnlichkeit mit menschlicher Physiognomie und menschlichem Verhalten. Der Zuschauer kann den Zwiespalt zwischen dem Wunsch nach Nähe und dem nach innerer Distanzierung in der

Betrachtung eines Affen hautnah erleben. Um diesen reizvollen inneren Widerspruch noch zu verstärken, war es üblich, Affen und auch andere Tiere in menschliche Kleider zu stecken und ihnen höhere Handlungsweisen anzudressieren. So hatte ein Edelhirsch, der im Jahre 1804 auf dem Exerzierplatz vor dem Brandenburger Tor in Berlin auftrat, gelernt, ein Jagdgewehr selbst abzufeuern. Und »1799 zeigte ein ›magerer Franzose‹ in einer ›elenden Bretterbude‹ einige fremdländische Tiere, darunter zwei dressierte Affen, die er in Uniform mit hölzernen Gewehren exerzieren ließ«[78].

So hatten die Menschen über die Jahrhunderte hinweg so weit an Selbstbewußtsein gewonnen, daß ihnen das »böse« Tier nicht mehr so bedrohlich erschien. Die Grenzen zum Tierreich durften wieder etwas durchlässiger werden, und man begann, sich über diese Grenzen hinweg in das Tier einzufühlen. Und in der Anschauung des Tieres dominierte nicht mehr die Suche nach der Differenz zum Tier, nach seiner Andersartigkeit, sondern ein Gefühl für seine Ähnlichkeit mit dem Menschen und zunehmend eine zugleich ängstliche und doch lustvolle Beschäftigung mit der inneren Verwandtschaft von Mensch und Tier.

Selbst Zoobesucher von heute mühen sich unablässig, zu den ausgestellten Tieren in Kontakt zu treten. Insbesondere die Menschenaffen müssen es ertragen, 10 Stunden am Tage angerufen, angezwinkert oder durch Klopfen an der Scheibe »genervt« zu werden. Zahlreiche Zoobesucher legen Wert auf die Behauptung, der Gorilla erkenne sie wieder, blinzele sie verständnisvoll an und zeige ihnen – und nur ihnen – jene Vertraulichkeit, die sie in ihrer Welt sonst so sehr vermissen.

Dieser Prozeß der schrittweisen Annäherung verlief freilich nicht geradlinig. Selbst ein – für uns harmloser – Elch, der im Jahre 1579 in Basel ausgestellt wurde, verbreitete Panik unter den Schaulustigen, und man vermutete, ein solches Tier müsse vom Teufel besessen sein. Man tötete ihn dadurch, daß ihm eine alte Frau »einen mit Nadeln gespickten Apfel« zu fressen gab [79].

Die innere Verwandtschaft zwischen dem »guten« Menschen und dem »bösen« Tier ist das Leitmotiv für unzählige Fabeln und Tiergeschichten, für Comics und Zeichentrickfilme. In ihnen finden wir all unsere »bösen« menschlichen Eigenschaften untergebracht, und weil sie dort sind und nicht bei uns, können wir sie betrachten und sie vielleicht sogar annehmbar finden.

Die Figuren der klassischen Mickey Mouse sind raffgierig und geizig wie z. B. Dagobert Duck, sie dürfen den besten Freunden des eigenen Sohnes nach dem Leben trachten wie »Der große böse Wolf«, als entflohene Sträflinge ausschließlich mit dem Öffnen fremder Tresore beschäftigt sein wie die »Panzerknacker-Bande«, dürfen eitel sein wie der hochstaplerische Gustav Gans und sogar jene Haltung zeigen, die in einer modernisierten Gesellschaft ganz inakzeptabel ist: die dumme Fröhlichkeit eines Franz Gans. Lediglich sexuelle Bedürfnisse fehlen nahezu gänzlich, abgesehen von gewissen Eskapaden der naiven Minnie.

In diesen Figuren ist das böse Tier kaum noch zu erkennen. Jedes Kind versteht, daß Menschen so handeln könnten, wenn sie es sich erlauben dürften. Es versteht, daß solche »bösen« Eigenschaften unter Menschen nicht akzeptiert werden können, aber es ahnt auch, daß Tiere so nicht sind.

Aber kann man sicher sein? Folgende Geschichte illustriert noch einmal, wie Menschen sich fürchten können vor der tierischen Natur:

> *Ein Skorpion bat einen Frosch, ans andere Ufer eines Baches übergesetzt zu werden. Dieser zögerte, weil er um das tödliche Gift des Skorpions wußte. Der Skorpion aber beruhigte und überzeugte ihn: »Ich werde dich nicht töten, denn ginge ich nicht mit dir unter?« So nahm ihn der Frosch auf seinen Rücken und schwamm hinüber. Auf halber Strecke aber stach der Skorpion zu. Der sterbende Frosch fragte ihn noch: »Warum hast du das getan, wo du doch selbst mit untergehst?«, und der Skorpion antwortete: »Weil ich ein Skorpion bin.«*

Die Angst vor dem bösen Tier im Menschen

Viele Tiere haben unter dem Menschen zu leiden, weil sie das Böse, das er in sich selbst nicht dulden kann, für ihn zu tragen haben. Das Selbstverständnis von einem »guten« Menschen in einer »guten« Welt stützte sich auch auf die Vorstellung von einem Tier, das jene dunklen Eigenschaften trägt, die der Mensch auf dem Wege zu seiner sittlichen Vormachtstellung ablegen mußte. In einzelnen Fällen aber mißlingt dieser Versuch einer Trennung zwischen dem bösen Tier und dem guten Menschen; dann bleibt ein Mensch gefangen in einer unbezwingbaren, also phobischen Angst vor bestimmten Tieren, vor Spinnen oder Hunden oder Tauben.

Alle Tiere, die uns im Alltag begegnen können, »eignen« sich als Träger phobischer Ängste. Zumeist aber sind es solche Tiere, die uns auch im alltäglichen Erleben ein wenig Unbehagen bereiten: Schlangen, Spinnen, Ratten und Mäuse, aber auch Hunde, die bissig sein könnten, und Tauben, die uns auf öffentlichen Plätzen umfliegen und bedrängen und sich – wie anstößig! – immerzu paaren und vermehren. Selten sind es konkrete, ängstigende Ereignisse, die eine phobische Angst auslösen. Zumeist scheint es sogar, als wähle der Phobiker sein Angstobjekt nach Zufall aus; erst bei genauerer Betrachtung kann sich dann nachträglich zeigen, daß es bestimmte Eigenschaften waren, welche die Wahl dieses Tieres plausibel macht.

Sigmund Freud (1909) schilderte in seinem Fall vom »Rattenmann« die erfolgreiche Behandlung eines 29jährigen Mannes, der unter zahlreichen Zwangsvorstellungen litt. Er könne sich nicht, so erzählte er Freud, gegen die wiederkehrende Befürchtung erwehren, seinem Vater und einer ihm wichtigen Frau könnte etwas zustoßen. Solche Vorstellungen und zwangshaften Grübeleien seien nun verstärkt aufgetreten, seit er im Verlauf einer militärischen Übung von einem Hauptmann, der »offenbar das Grausame liebte«[80], über eine orientalische Foltermethode hörte: Man binde den Gefangenen, setze ihn auf einen Topf, in dem sich Ratten befinden; diese würden in den Anus des Gefesselten eindringen und beißen. Seither könne er nicht davon ablassen, sich in seinen Phantasien mit Ratten zu beschäftigen, das quälte ihn und vergällte ihm das Leben.

Obgleich die Geschichte über jene Foltermethode so grausam ist, war sie doch nicht der eigentliche Grund für die zwangsweisen Beschäftigungen mit Ratten. Freud zeigt, daß dieser junge Mann unter einem überaus strengen Gewissen litt, daß er sich auch wegen seiner sexuellen Phantasien aus seinen Kindertagen verurteilte. Er hatte in seiner Kindheit unter einem extrem strengen, jähzornigen Vater gelitten, und unbewußt fühlte er sich von ihm wegen seiner »schmutzigen« Phantasien und seiner Onanie verfolgt. Dann identifizierte er sich mit Ratten, »ohnedies ein schmutziges Tier, das sich von Exkrementen nährt und in Kanälen lebt, die den Abfall führen«[81]. In dieser Identifikation erscheint aber nicht nur die innere Nähe zu einem von den Menschen verfolgten und grausam behandelten Tiere, sondern auch das versteckte Motiv, sich gegen diese Behandlung zur Wehr zu setzen. Freud schreibt: »Die Ratte ist aber nicht etwa ohne Strafe bissig, gefräßig und schmutzig, sondern sie wird von den Menschen, wie er oft mit Grausen gesehen hatte, grausam verfolgt und schonungslos erschlagen. Oft hatte er Mitleid mit solchen armen Ratten verspürt. Nun war er selbst ein so ekelhafter, schmutziger kleiner Kerl gewesen, der in der Wut um sich beißen konnte und dafür fürchterlich gezüchtigt worden war. Er konnte wirklich sein ›ganz natürlich Ebenbild‹ in der Ratte finden«[82].

Diese Fallgeschichte zeigt beispielhaft, wie ein von schweren Konflikten geplagter Mensch versucht, dadurch Entlastung zu finden, daß er sein Schicksal mit einem Tier teilt. Der »Rattenmann« litt unter einem unerträglich gewordenen inneren Dialog zwischen der einen Stimme in ihm, mit der er sich für seine »schmutzigen« Neigungen verfolgte und bestrafte, und der anderen Stimme, die ihn drängte, sich gegen die Unterdrückung zur Wehr zu setzen. In der Identifikation mit der Ratte fand er Entlastung, und indem er sich mit ihr fortgesetzt beschäftigte, verlagerte er seinen inneren, schmerzhaften Dialog in einen äußeren, in ein fiktives Gespräch mit der Ratte.

In einem anderen, kaum weniger bekannten Fall schildert Sigmund Freud noch einmal sehr ausführlich diesen Versuch der Bewältigung eines inneren Konfliktes mit Hilfe phobischer Angst vor einem Tiere. Es ist die Behandlungsgeschichte des »kleinen Hans«, eines knapp fünfjährigen Jungen, der an einer Pferdephobie litt; er hatte eine unbezwingbare Angst, von einem Pferd gebissen zu werden. Ähnlich wie im Falle des »Rattenmannes« gab es auch in dieser Fallgeschichte ein auslösendes Ereignis, das zeitlich dem Ausbruch der Erkrankung unmittelbar vorausging: Hans hatte beobachtet, wie ein offenbar überlastetes Kutschpferd hinstürzte und mit den Füßen zappelte. Obgleich dieses Erlebnis die Phobie auslöste, war es doch nicht ihre Ursache. Diese lag in einer sehr spannungsreichen, konflikthaften Beziehung des kleinen Patienten gegenüber seinem Vater, den er als einen gefährlichen Rivalen in seiner liebevollen Beziehung zur eigenen Mutter wahrnahm.

Freud behandelte diesen kleinen Jungen – mit Ausnahme eines einzigen Gespräches mit ihm – nicht selbst. Statt dessen führte er mit dem Vater, den er ohnedies persönlich kannte, mehrere Gespräche über die hier angedeuteten Beziehungskonflikte. Diese »indirekte« Behandlung erwies sich als erfolgreich, und man darf annehmen, daß Freuds Hypothesen über die konflikthaften Hintergründe der Phobie richtig waren.

Ähnlich wie der »Rattenmann« griff auch der »Kleine Hans« zu einer entlastenden Bewältigungsstrategie: An die Stelle des Vaters, vor dem er sich so fürchtete[83], setzte er die Phantasie von dem bissigen Pferd. Der Vorteil dieser Externalisierung liegt auf der Hand: Dem Vater, insbesondere dem internalisierten Vater als einer nie versiegenden inneren Angstquelle, kann man nicht ausweichen. Einem Pferd aber kann man aus dem Wege gehen, notfalls bleibt man eben zu Hause.[84] Die Wahl des phobischen Objektes, in diesem Falle also des Pferdes, mag von Zufällen abhängen, und vielleicht hätte der kleine Hans auch ein anderes Tier wählen können. Aber mußte es nicht eines sein, vor dem sich ein kleiner Junge wirklich fürchten kann, eines, das aus der Perspektive eines knapp Fünfjährigen riesig erscheint und vor dem überdies der Vater selbst gewarnt hatte?

Das gute Tier in einer bösen Welt

In dem Maße, indem der europäische Mensch seine eigene Welt, die Welt der Erwachsenen, als eine »böse« Welt begriff (das hing mit seiner Entfremdung und auch mit der Schwäche seines moralischen Bewußtseins zusammen), begann er, das Tier als ein Symbol für die noch unverdorbene Natur zu idealisieren. Fast gleichzeitig hatte er begonnen, Kinder zu »verhätscheln« und Schoßtiere zu halten. In beiden Fällen war es Eltern/Besitzern daran gelegen, sich an der »Natürlichkeit«, dem drolligen, unbefangenen Wesen des Kindes/des Schoßtieres zu erfreuen, zu entzücken. So entstand das Bild von dem guten Tier in einer bösen Welt. In ihm steckt die Trauer um die eigene verlorene Kindheit und die Sehnsucht nach der verlorenen Natürlichkeit.

Mit dieser Entwicklung trat das Bedürfnis des Menschen in den Hintergrund, sich sorgfältig vom »Bruder-Tier« abzugrenzen, um seine Überlegenheit zu betonen. Jetzt war diese Überlegenheit faktisch gewonnen, und sie wurde immer perfekter ausgeübt. Weil aber diese Überlegenheit zu einer Entfremdung geführt hatte, begann die Tierliebe im modernen Sinne, setzte die Suche nach der verlorengegangenen Verbindung zum Tiere ein, nach Nähe zum Tiere und zur Natur überhaupt. Tierliebe ist also ein Versuch der Selbstheilung angesichts einer schmerzhaft erlebten Entfremdung von der Natur und von der Natürlichkeit in uns selbst.

Die Mechanismen, die der Mensch nun in seiner Beziehung zum Tiere anwendet, sind im Grunde die gleichen wie jene, die wir in der Beziehung »böses Tier in einer guten Welt« schon gefunden haben: Eine innere Konflikthaftigkeit soll in der Beziehung zum anderen, also zum Tiere, gelöst werden: Nun ist es der Konflikt zwischen dem Wunsch nach (Selbst-)Beherrschung einerseits und der Sehnsucht nach einem »natürlichen«, also nicht »erzogenen« Verhältnis zur Natur und zu sich selbst. Diese Widersprüchlichkeit zwischen dem Beherrschenwollen und dem (Sich)-Nahe-sein-Wollen können wir in der Beziehung des Menschen zum »guten« Tier wiedererkennen. Mit der empathischen Einfühlung fühlen wir uns dem Tiere nahe, und wir zwingen es, die Rolle des »guten« Tieres für uns selbst zu spielen, weil wir uns selbst für böse halten.

Erzählungen über das gute Tier

Unendlich viele Legenden und Anekdoten berichten von dem guten Tier in einer bösen Welt. Da gibt es z. B. die Geschichte von der »Urwaldwanderung« eines zweijährigen Foxterriers, von dem sich ein in Paraguay lebender Botaniker trennen mußte. In einer Kiste wurde Foxl über rund 100 km hinweg nach Bolivien geflogen. Monatelang trauerte sein Herr ihm nach. Eines Tages dann »ein Gejaule an der Tür: Foxl! Der stürmisch Einlaß begehrte. Wie sah der Ärmste aus! Dreckig, voller Zecken und Sandflöhe, zerrissen das Fell von Dornen und Stacheln«[85].

Dieser Terrier ist nur ein Exemplar für Tausende vernachlässigte, ausgesetzte oder verirrte Tiere, die auf unerklärliche Weise nach Hause zurückkehren[86]. In all diesen Geschichten erhebt keines der Tiere einen Vorwurf, selbst dann, wenn es in böser Absicht verlassen worden war. Klassisches Beispiel für einen Fall des besonders guten Tieres ist jene Geschichte von dem alternden Hofhund, der, zahnlos und müde geworden, von seinem Herrn im See ertränkt werden soll. Dieser rohe Mensch nun hantiert in seinem Boote derart ungeschickt, daß er – war es ein Wink des Schicksals? – selbst in das Wasser stürzt und zu ertrinken droht. Der Hund aber, selbst schon dem Tode geweiht, springt seinem Herrn ohne zu zögern nach und rettet ihm so das Leben. Natürlich durfte er dann auf sein Gnadenbrot hoffen.

Das Besondere an dieser Geschichte liegt nicht nur darin, daß der Hund gleichsam der bessere Mensch ist, sondern darin, daß er das Böse des Menschen nicht nachträgt, nicht vergilt, sondern im Gegenteil mit erdenklich Gutem beantwortet. Der Erzähler und der Hörer/Leser dieser Geschichte soll wissen: Zwar sind unsere Absichten böse, aber in diesem Falle hilft uns das Tier, indem es dieses Böse unschädlich macht. Es reinigt uns geradezu, befreit uns von den Folgen der bösen Tat, indem es sie – weil ohne Rache und Vorwurf – ungeschehen macht.

Entspricht es nicht der Erfahrung so gestimmter Menschen, daß das Tier auch den grausamsten Sadismus des Menschen nicht »böse« beantwortet, sondern hinnimmt, allenfalls flüchtet und sich verbirgt? Darf nicht der Hundebesitzer, der zu Beginn der Ferien seinen kleinen Mischling über den Zaun des Tierheimes warf, hoffen, daß dieser Hund ihn, wenn er ihn denn wieder holte, freudig begrüßte? Und darf sich nicht selbst der Tierquäler darauf verlassen, daß sich das von ihm geschundene Tier wieder zu ihm drängt, daß es ihm nichts nachträgt oder vorhält?

Ein klassisches Beispiel für diese Funktion der Entgiftung des Bösen finden wir in der Erzählung »Die Spitzin« von Marie von Ebner-Eschenbach aus dem Jahre 1901. Diese Geschichte dürfte älteren von uns bekannt sein, weil sie nicht selten zur Belehrung der noch ungefestigten Kinder in Schule und Elternhaus Verwendung fand. Dennoch sei sie hier kurz wiedererzählt:

In einem österreichischen Dorfe hatten Zigeuner einen etwa zweijährigen blassen und blonden Jungen zurückgelassen. Man nahm ihn auf, hieß ihn »Provi«, aber behandelte ihn durchweg schlecht. Er »ging barhäuptig und barfüßig, wurde geprügelt, beschimpft, verachtet und gehaßt, und prügelte, beschimpfte, verachtete und haßte wieder. Ein »Abschaum« war er, der Mühe hatte zu überleben, und der auch fast gestorben wäre, hätte ihn nicht die Schoberwirtin mit einem täglichen Krug Milch versorgt, als er »in einem Winkel ihrer Scheuer eine Todeskrankheit durchgemacht ohne Arzt und ohne Pflege«[87]*. Der Mann dieser barmherzigen Frau, der unmäßige Wirt, aber prügelte ihn vom Hofe, als er auch späterhin seine tägliche Ration Milch verlangte. Bitten sollte er, nicht verlangen.*

Provi weigerte sich, ihm war es geradezu eine Ehre, die Milch zu verlangen; so bekam er sie nicht, aber er spürte, wie er das Herz der Schoberwirtin beschwerte – immerhin das verlieh ihm den Eindruck, mächtig zu sein.

Er durfte sich dann der Familie der Wegemachersleute anschließen, eine brutale Sippe, die sich an Tierquälerei vergnügten, und auch Provi beteiligte sich und quälte und prügelte, und wurde gequält und geprügelt. In einem Holzverschlag gleich neben seiner dürftigen Lagerstatt lebte die Spitzin, eine kleine, schwarze, vielfältig mißhandelte und von Quälerei entstellte Hündin. Noch im hohen Alter warf sie vier Junge, von denen – wie üblich – drei unverzüglich und zur Freude der Kinder ertränkt wurden. Die Hundemutter nun, jammernd und winselnd, erregte die Wut des Provi, ließ ihn des Nachts nicht schlafen. Er erinnerte sich, daß er selbst ein ausgesetztes – oder vielleicht sogar ein weggegebenes? – Kind war, und der Zorn stieg in ihm hoch und die Wut auf seine Mutter, die ihn in dieses Elend gestürzt hatte. Und in dieser Wut schlug er auf die winselnde Spitzin ein, bis sie sich nicht mehr rührte und er schlafen konnte in dieser Nacht. Des Morgens aber kam die Spitzin, selbst dem Tode nahe, zu ihm her und legte ihm ihr einziges Junges vor die Füße. Sie schien ihn zu bitten, für dieses Kind zu sorgen, und verstarb. Und »ein vom himmlischen Schmerze des Mitleids erfülltes Kind wandt sich schluchzend auf dem Boden und weinte um die alte Spitzin« (S.275), und es war, als habe dieses grenzenlose Vertrauen jener sterbenden Spitzin ihn erreicht, den Panzer durchdrungen, »der bisher jede gute Regung von der Seele des Buben ferngehalten hatte.« (S.274)

Natürlich ging er, dem nun die Sorge für den Welpen anvertraut worden war, zu der Schoberwirtin hin, er ließ sich von der erhobenen Faust der alten Magd auch nicht vertreiben und konnte nun fragen: »Schoberwirtin, Frau Schoberwirtin, i bitt um a Müalch.« (S.277)

Diese bewegende Geschichte enthält noch einmal das zentrale Motiv der »Entgiftung« des Menschen von seinen bösen Gedanken und Werken. Es ist auch die Geschichte der Zivilisation, hier dargestellt am Beispiel eines Jungen, dem selbst die Regeln menschlichen Zusammenlebens in ihrer bösesten Form zugemutet worden waren. Daß er sich weigert, um die Milch, die doch sein Leben sichern könnte, zu bitten, soll ihm selbst versichern, daß er nicht ganz ohnmächtig ist[88]. Die Hündin, die ihre Welpen sucht, weckt in ihm die Erinnerung an die unbekannte Mutter, die ihn fortgegeben oder zumindest nicht gesucht hatte. Und in seiner Wut über diese Mutter, die ihn so ins Elend gestürzt hatte, schlug er auf die Spitzin ein und erschlug sie an ihrer Stelle.

Hätte die Geschichte hier ihr Ende gefunden, so hätten wir mit unserem Provi einen Menschen unter uns gehabt, der außer seiner Wut nun auch noch Schuldgefühle darüber zu tragen hat, daß er symbolisch seine Mutter im Zorn erschlug. Die Wendung nun, die Erlösung von diesem Vorwurf besorgte die Spitzin für uns, die dem bösen Jungen in übermenschlicher Weise mit »grenzenlosem Vertrauen« den Welpen übergab. Es scheint, als trüge diese Spitzin das Böse mit sich fort, als verwandelte sie es in Gutes, als würde sie es entgiften. Am Beispiel der vertrauensvollen Spitzin übernimmt Provi die Verantwortung für den übriggebliebenen Welpen, und damit duldet er in sich selbst die bislang unerhörte Vorstellung von einer vielleicht auch fürsorglichen Mutter. Das hilft ihm, seine fortdauernde Wut selbst zu beherrschen und sich den Regeln »bitten, nicht fordern« zu unterwerfen. Das ist ein Prozeß der Zivilisation.

Der Leser mag sich mit verschiedenen Personen in dieser Geschichte identifizieren. Der guten Schoberwirtin, die von ihrem Manne, dem Trunkenbold, gehindert wird, Gutes zu tun. Aber indem sie dem Provi die Milch vorenthalten muß, die er unwirsch begehrt, zwingt sie ihn letzten Endes doch zum Guten. Liegt hier nicht schon eine Entlastung für jeden Pädagogen, der seine Zöglinge beschwert, aber seine Schuldgefühle damit besänftigt, daß er glaubt, dies alles geschehe letzten Endes nur zu ihrem Guten?

Oder der Leser identifiziert sich mit der Spitzin und darf glauben, daß er als einziger in der Welt voller Schlechtigkeit am Guten doch festhält, daß er, selbst mißhandelt und zu Tode gequält, doch nichts heimzahlt und vergilt.

Am mächtigsten aber dürfte die Identifikation sein, die von dem jungen Provi ausgeht und die Beziehung zur Spitzin einschließt. Wie leicht ist es doch, sich mit jenem Jungen zu identifizieren, der von seiner Mutter verlassen wurde, und nun der bösen Welt hilflos ausgesetzt war. Liegt nicht schon Entlastung darin, die eigene Schlechtigkeit derart erklären zu können: nämlich als notwendige Antwort auf das Böse, was einem angetan wurde? Und wie beglückend kann es dann sein, von einem Tiere in seinem guten Kern erkannt zu werden!

Ein Aspekt verdient besondere Beachtung: Es ist die Empfindung des Mitleids, das in dieser Geschichte auftritt, wenn dem Provi klar wird, daß die sterbende Hündin wirklich eine gute Mutter ist, und wenn er sich von ihrem Leid ansprechen läßt. Die Autorin, Marie von Ebner-Eschenbach, wußte, daß Mitleiden, also Empathie, mehr voraussetzt als das Vermögen, sich vom Leiden eines anderen anstecken zu lassen. Provi bleibt unberührt von dem Kummer, dem Jammern der um ihre Welpen beraubten Spitzin, solange er ganz erfüllt ist von der Phantasie über die bösen Menschen und insbesondere die eigene böse Mutter, die ihren Sohn fortgegeben, vielleicht sogar verkauft hat. Die vertrauensvolle Spitzin hilft ihm nun, hinter dieser dominierenden Phantasie von der bösen Mutter eine ganz andere Vorstellung zu finden, nämlich die Vorstellung von einer guten Mutter, die nach ihren Kindern ruft und die in größter Not ihr Kind vertrauensvoll in andere Hände gibt. Andersherum betrachtet: Erst diese Phantasie, nämlich »Du bist eine gute Mutter gewesen«, öffnet einen inneren Raum, in dem das Mit-Leiden mit jener geschundenen Hundemutter möglich war. Mitgefühl, Empathie, setzt voraus, daß wir in uns selbst ermöglichen, was wir beim anderen als das Gleiche zu erkennen glauben.

Man kann dieses Muster der Interpretation auch auf die anderen Beispiele zurückliegender Kapitel anwenden: den heimkehrenden Foxl, der die Untreue seines Herrn nicht nachträgt, und den fürs Ertränken bestimmten alten Hofhund, der seinen bösen Herrn sogar errettet. In diesen Geschichten erscheint uns das Tier wie der bessere Teil unserer selbst, jener Teil, den wir in uns so sehnsüchtig vermissen, und den wir dadurch wiederfinden, daß ein anderer das Böse, das uns so erfüllt, auf sich nimmt.

So kann die Liebe zum Tier auch als Wiedergutmachung gemeint sein, als Versuch der Ent-Schuldung von eigenen bösen Gedanken und Taten. Der Gründer des Wiener Tierschutzvereins, der damals bekannte Dichter J. F. Castelli, erzählte in seinen Memoiren, wie er ein Tierfreund wurde. Der Psychoanalytiker Stekel gibt diese Erzählung wieder und versteht sie als Beispiel dafür, wie die übertriebene Tierliebe als »Überkompensation« sadistischer Impulse verstanden werden kann:

> *Er war als Kind ein großer Tierquäler, er schoss aus seinem Blasrohr mit Erbsen nach gefangenen Kanarienvögeln, er rupfte ihnen die Federn aus und steckte sie sich auf den Hut und vollführte ähnliche Streiche mehr. Die Prügel vom Vater, die er bekam, blieben ohne Eindruck, aber eine frei erfundene Tiergeschichte der Mutter, ein Märchen, das sie ihm erzählte und womit sie ihn so erschütterte, daß er bitterlich weinte, die hellte sein grausames junges Herz. Die Mutter erzählte ihm, es hätte einmal einen wilden Knaben gegeben, der niemandem gehorchte und ein liederlicher Junge wurde. Er hatte nichts auf Erden lieb als die Tiere, mit*

denen teilte er sein Brot, die schützte er, wo er konnte. Er wurde ein Lump, ein Betrüger, er starb im Gefängnis und die ewige Verdammnis war ihm gewiss. Aber als er vor Gottes Richterstuhl erschien, um sein fürchterliches Urteil zu vernehmen, da kamen alle Tiere, alle, alle aus der weiten Welt, die Vögel aus den Lüften, die Bären aus dem Walde und die Mäuslein, die er noch im Gefängnis gefüttert, aus ihren Löchern und baten Gott um Gnade für ihn, ihren Freund. Und um dieser einen guten Eigenschaft willen verzieh Gott ihm alle seine Verbrechen.

Castelli gesteht, dass sich von dieser Stunde an eine völlige Umwälzung in ihm vollzog und dass ihn zeitlebens der Gedanke verfolgte, etwas für die Tiere zu tun, denen er als Bub einst viel Leid zugefügt hatte[89].

Vielfältig sind die inneren Konflikte, die wir mit Hilfe eines Tieres lösen wollen. Allein in der Erzählung von der Spitzin waren es je nach Identifikation schon unterschiedliche Konfliktsituationen: die der Schoberwirtin, die Gutes nicht tun durfte und gerade darum das Gute ermöglichte, die der Spitzin, die Böses erlitt, aber in Gutes verwandelte, die des jungen Provi, der seinerseits viel Böses hinnahm, aber am Ende mit Hilfe der Spitzin doch dazu fand, ein »gesittetes« soziales Verhältnis einzugehen. Hinzufügen könnte man noch die abwesende, unbekannte Mutter, von der wir nicht wissen, ob sie ihr Kind freiwillig fortgab, ob es ihr gestohlen wurde, ob ihr ein Unglück widerfahren war.

Tiere sind in Geschichten natürlich leichter zu verwenden als in der Wirklichkeit. Aber es sind die gleichen Themen und die gleichen inneren Konflikte, die wir in der

Beziehung zu unserem Haustier und auch zum Nutztier ins Spiel bringen und durcharbeiten. Selten mag es so zugehen wie in der Geschichte von Marie von Ebner-Eschenbach aus dem Jahre 1901. Aber das ändert nichts an dem Prinzip dieser Verwendung, an der Art, wie wir das Tier für uns in Anspruch nehmen.

Über die Verwendung des Haustieres

Beginnen wir dieses Kapitel über die Liebe des Menschen zu einem lebendigen Tiere an seinem natürlichen Ende, an der Stelle des Abschieds und der Erinnerung. Der Tierfriedhof in Berlin-Lankwitz, eine Grabstätte überwiegend für Hunde und Katzen, vermittelt vielfältige Eindrücke darüber, welches die Motive sein mögen, die einen Tierfreund an sein Haustier binden. Viele dieser Tiere hier, die, anders als unzählige ihrer Artgenossen, ein aufwendiges Begräbnis fanden, bleiben in Grabsteinen, Inschriften und Erinnerungen ihren Besitzern und der ganzen Nachwelt erhalten. Fast alle Grabsteine tragen außer dem Namen des verstorbenen Tieres auch einen Spruch, einen kurzen Text, der wie in Traueranzeigen über verstorbene Menschen die guten Eigenschaften des verstorbenen Tieres hervorhebt. Zumindest in diesem Punkt ähneln sich Tierfriedhöfe mit jenen, die wir für Menschen anlegen. Außer der äußerlichen Ähnlichkeit bis hin zu den Bestattungsritualen sind es die guten Eigenschaften, die freilich bei Tieren ganz besonders unverblümt hervorgehoben werden. Daß es überhaupt nur gute Eigenschaften sind, welche an Gräbern und in Todesanzeigen beschrieben werden, liegt vielleicht daran, daß das Böse nicht ausstirbt, so daß man seiner nicht eigens gedenken muß, so jedenfalls mutmaßte ein Kabarettist dieser Tage.

Wenn wir alle Gräber passiert haben und die Inschriften überblicken, so fällt auf, daß etwa die Hälfte aller Texte, die einem Hund zugedacht sind, auf die besondere Treue des verstorbenen Tieres hinweisen. Hierzu zwei Beispiele:

»Hier ruhen meine beiden Lieblinge Ulli, Annette,
ihr ward mein Sonnenschein.
Habt Dank für Liebe und Treue.
Unvergessen«.

Und:

»Einmal gewonnene Liebe
und Treue bleibt für immer und ewig«.

Zahlreiche dieser Grabsprüche heben also die Treue eines Hundes hervor. Indem der Mensch über sein Tier so spricht, wie man sonst nur über Menschen spricht, scheint er heimliche Vergleiche anzustellen: Wie überaus verläßlich war doch die Treue dieses Hundes verglichen mit derjenigen, die wir mit Menschen erlebten! Und so steckt in manchem Grabspruch eine stille Anklage an jene Menschen, die sich immerfort als treulos erwiesen haben. »Ulli« und »Annette« könnten zwei Menschenkinder gewesen sein, aber es waren Hunde, und als Hunde sind sie unvergessen für ihre Liebe und ihre Treue.

Was mag all diese Hundebesitzer bewogen haben, die Treue dieser Tiere so hervorzuheben? Und welches Motiv legte ihnen nahe, auf diesen Unterschied zwischen dem Guten und dem Bösen, dem treuen Tier und dem untreuen Menschen hinzuweisen? (An weniger weihevollen Plätzen kann man auch schon einmal lesen: »Seit ich die Menschen kenne, liebe ich die Tiere!«) Handelte es sich um böse Menschen, von denen sich die Welt abkehrte, so daß sie Zuflucht bei ihren Haustieren suchen mußten? Eher im Gegenteil: Besitzer von Haustieren sind durchaus nicht weniger liebenswürdig als alle anderen. Aber es mag sein, daß es Menschen waren, denen tiefe Zweifel gekommen waren, ob sie selbst liebenswürdig sind. Nicht wenige Menschen wachsen in dem quälenden Verdacht auf, daß ihnen die Liebe der anderen nicht zusteht und daß sie mit der Treue eines Beziehungspartners nicht rechnen dürfen. Oder sie glauben – ganz im Gegenteil – daran, daß sie von schlechten Menschen umringt sind, die ihnen ohne jeden Anlaß übel gesonnen sind. Beide Fälle, so gegensätzlich sie scheinen, sind einander durchaus ähnlich. Jeweils liegt ihnen ein innerer Zwiespalt zugrunde, der sich auf zweierlei Weise darstellen kann: Entweder als »ich bin wertlos, die anderen tun recht daran, mich abzulehnen«, oder als »ich bin von wertlosen Menschen umgeben, die mich, den guten, zu Unrecht quälen«.

Menschen, die von einem tiefen Zweifel über ihre eigene Liebenswürdigkeit erfüllt sind, suchen immer wieder die Bestätigung ihres Verdachtes über die Untreue der anderen, und sie neigen dazu, ihre Partner auf harte Proben ihrer Zuverlässigkeit zu stellen. Mit einem »Liebst Du mich noch?«

bedrängen sie ihn, sie achten darauf, ob seine Zuwendung auch wirklich anhält, und sie durchmustern seine Handlungen, ob sich in ihnen ein Zeichen von Distanz oder Desinteressiertheit zeigt. Sie verhalten sich vorwurfsvoll oder mürrisch und stellen ihn damit auf harte Proben seiner Treue. Wendet er sich schließlich doch ab, sehen sie sich bestätigt, entweder in der Vorstellung, nicht liebenswert zu sein, oder in der Auffassung von den bösen Menschen rings umher.

Die Partner in solchen Beziehungen fühlen sich mit der Aufgabe, derartigem Selbstzweifel immer wieder entgegenzutreten, überfordert. (Daß sie ihrerseits interessiert sein können, auf diese Weise »mitzuspielen«, soll hier nicht vergessen werden.) Sie spüren, daß sie dazu dasein sollen, die bösen Phantasien ihres Partners zu entgiften, und sie ahnen, daß diese Aufgabe zu schwierig sein kann.

Ein Hund hingegen bleibt fest in dieser Beziehung, er ist nicht zwiespältig, sondern immer eindeutig. Sein Herr mag ihn auf die Probe stellen und seine Treue prüfen, er mag ihn schlecht behandeln und vielleicht sogar quälen, er wird ihm zugewandt bleiben. Aber kaum etwas kann einen Hundebesitzer in stärkere Wut versetzen als ein Hund, der ihm fortläuft.

Anders als der Mensch, der seine Treue zum anderen in sich selbst als eine ethisch begründete Haltung erst erringen muß – und er muß sie immer wieder gegen verführerische Phantasien verteidigen –, steht die Treue des Hundes nicht auf einem widersprüchlichen Untergrund. Der Hund kann gar nicht anders. Jeder Hundebesitzer, der die Instinkte genügend kennt, denen ein Hund folgen muß, kann sich auf die Treue seines Hundes verlassen. So kann er ihn dazu verwenden, seinen Argwohn, seinen Zweifel an seiner eigenen Liebenswürdigkeit zu besänftigen. Die Treue des Hundes ist eine Haltung, die ihn über alle Menschen erhebt und die ihn für viele von uns so unentbehrlich macht, weil sie uns, so oder so, fühlen läßt: Ich bin gut, ich bin gut!

Ist nicht auch jenes Beispiel, mit dem dieses Buch beginnt, ein Zeichen für menschliche Egozentrik: Daß ein Schoßhund getötet werden soll, wenn seine Besitzerin verstirbt? Hinter diesem nicht gerade seltenen Satz »Lieber würde ich ihn einschläfern lassen, als daß ich ihn zu anderen Leuten gäbe« steht mehr als nur die Fürsorge um ein heimatlos gewordenes Tier. Es ist der Wunsch nach der Treue »über den Tod hinaus«, der Wunsch, der Hund möge seine Zuneigung zu mir mit niemandem teilen, auch nach meinem Tode nicht. Aber das heißt doch: Ich will seine Zuneigung mit niemandem teilen, ich will mir nicht vorstellen, daß er mit einem anderen glücklich ist. Welch eine Sehnsucht nach ungeschmälerter Zuwendung, nach einem Wesen, das keinesfalls »für sich«, sondern ausschließlich »für mich« da ist!

Ein Tag in der Hundeausstellung

Die Messehallen sind erfüllt vom Hundegebell, vom Kläffen, Jaulen, Heulen, Quietschen Tausender großer und kleiner und sehr großer und sehr kleiner Hunde. Dazwischen die Herrchen und Frauchen: Ernst und matt hocken sie vor den kleinen Drahtkäfigen oder wandern unruhig durch die

Gänge, werfen ein Auge auf die Konkurrenten, kehren besorgt zu ihrem Liebling zurück, eilen mit ihm rasch noch zum »Löseplatz«, nicht auszudenken, er würde am Richterzelt noch einmal das Bein heben!

Ein Wälzer von 400 Seiten nennt alle Namen, die Hunde, ihre Züchter und ihre Besitzer, die Richter und die Sponsoren. Er teilt ein und diktiert die Auftritte im Ring vor schwitzenden Richtern. Jetzt schnell noch das Finish verbessern: Ein paar Tropfen Selterswasser über die glatte Stirn, so daß sie glänzt, den Staub aus dem buschigen Schwanz, ein Hälmchen Stroh steckt zwischen den Zehen, fort damit! Gebürstet ist er schon, das Büschelchen schwarzer Haare am Hals, das da nicht hingehört, ist schon ausgezupft, die Zähne sind sauber, und die Pfoten sind es auch.

Jetzt hinein in den Ring und aufgestellt. Acht Frauen und Männer in Reih und Glied, aufgeregt, aber um überlegene Haltung bemüht. Assi zittert und zieht an der Leine. Den Schwanz hat er zwischen die Beine geklemmt. Aber jetzt wird er aufgerufen: »Aristide vom Bleedkoop!«, also vortreten. Der Richter schaut freundlich, er spricht den Hund an: »Na, läßt du dir mal die Zähne angucken?« Nun soll er zeigen, wie er traben kann. Aber Assi hat drüben sein Frauchen entdeckt, dorthin will er. Sein Herrchen zieht ihn zum Richter zurück, er trabt voraus, sehr aufrecht, federt beim Gehen. Assi schlurft an der Leine hinterher.

Der Richter diktiert dem Protokollanten allerhand Schmeichelhaftes. Aber trotzdem wird es nur »sehr gut«, nicht »vorzüglich«. Herrchen ist enttäuscht. Der plumpe Hund nebenan, der mit dem dicken Hals, der aussieht wie ein Rothirsch, der wird der beste im Ring! »Sehr gut« ist fast das härteste Urteil, das einen treffen kann. »Vorzüglich« sollte das mindeste sein, besser noch wäre die Auszeichnung zum besten Hund in einer Gruppe, noch besser: der beste Hund seiner Rasse, und ideal: der beste Hund der ganzen Ausstellung, dann triumphiert mein Assi über all die Terrier und Spitze, die Bulldoggen und Beagles. Man kann Champion werden, internationaler Champion, und die Preise vermehren sich in den Vitrinen, und es regnet Bewunderung und Neid.

Beide streben entschieden zum Ausgang. Sie passieren die vielen Stände mit dem Hundebedarf: Mohairdecken kariert, Schuhe für den Winter gegen das Streusalz, bestickte Halsbänder, Zahnbürsten und viele, viele Leckerchen, auch vegetarisch. Aber heute gibt es kein Leckerchen.

Was erwarten wir von einem Rassehund? Er soll konform sein, die Standards seiner Rasse in Vollkommenheit repräsentieren, und doch einzigartig erscheinen, der Besondere unter den Allerbesten seinesgleichen. Er soll »wesensfest« sein, also nicht allzu ängstlich oder bissig, und er soll gesund sein, ohne Hüftgelenkschäden und mit regulärem Gebiß. Wenn er ein Schäferhund ist, so soll er vielleicht sein wie »das sehende Auge des Blinden, der Schützer von Heim, Hof und Eigentum, der Hüter der Herden, der treue Begleiter der Polizisten, der verlängerte Arm des Kriminalisten, das lebende Radargerät des Soldaten«[90]. Unser Hund soll Bewunderung finden, soll schöner sein als die anderen, er soll uns Ehre einbringen und als Rüde für die Zucht gefragt sein. Vielleicht ist er die einzige lichtvolle Erscheinung in unserem Haushalt, was tut es, wenn wir unser Leben nach ihm ausrichten, vom Autokauf über die täglichen Gewohnheiten bis hin zur Planung des Urlaubs. Hoffen wir, daß er auf der nächsten Ausstellung sich all dieser Hingabe würdig erweist!

Kein Haustier ist besser geeignet, dem Menschen in der Bewältigung seiner inneren Konflikte zu helfen, als der Hund. Er ist sozial bezogen, er fühlt sich auch in unteren Rangplätzen wohl, paßt sich gut an und ist daher auch leicht zu dressieren. Im Kontakt zum Menchen nutzt er – neben seinem überragenden Geruchssinn – optische und akustische Signale. Er liebt Körperkontakt, braucht die Nähe seines »Herrchens«, dem er das Gefühl geben kann, eine äußerst wichtige, geehrte und vor allen anderen geliebte Person zu sein. Andererseits ist er doch nicht ganz so wie ein Mensch; er kann sehr »unerzogen« sein, mißachtet fremdes Eigentum, verfolgt als Rüde alle läufigen Hündinnen, setzt Kothaufen in fremde Vorgärten und uriniert gegen Autoreifen und Telefonhäuschen. Selbst der dressierte Hund behält einen kleinen Rest von Unanständigkeit.

Die extrem unterschiedlichen Hunderassen bieten eine Auswahl auch für außergewöhnliche Bedürfnisse. Fast alle menschlichen Bedürfnisse – und auch die, die sich der guterzogene Mensch nicht mehr »leistet«, kann er stellvertretend für uns zum Ausdruck bringen: Er kann sehr aggressiv sein, er ist sexuell völlig ungehemmt, er liebt es zuweilen, sich in Kuhfladen zu wälzen oder gar Kothaufen zu fressen. Er kann unendlich faul sein, und er ist, trotz aller Unterworfenheit, doch egozentrisch.

Aber auch unserer Egozentrik steht er unbeschränkt zur Verfügung. Wir dürfen mit seinem Aussehen protzen, dürfen

Angst haben um seine Wehwehchen, dürfen ihn überfüttern oder auf strengste Diät setzen. Er liebt uns, wenn wir ihn mit täglichen Spaziergängen verwöhnen, aber er liebt uns auch, wenn wir ihn arg vernachlässigen. Wir dürfen von ihm verlangen, daß er unser Eigentum schützt, daß er unsere Feinde bekämpft – und daß er uns fürchtet und liebt. Hunde sind vielfältig verwendbar.

Katzen und Katzenliebhaber

Katzen scheinen sich der Verwendung zu entziehen, die uns der Hund so bereitwillig anbietet. Sie gehen nicht »bei Fuß«, hüten nicht Haus und Hof, retten keine Ertrinkenden aus dem Wasser, und ein über das Feld gebrülltes »Plaaatz!!« mag sie vielleicht erschrecken, aber sie werfen sich nicht – wie der dressierte Hund – wie vom Blitz getroffen zu Boden. Katzen lassen sich im allgemeinen nicht dressieren, sie erscheinen im Gegensatz zu den meisten Hunden (auch unter ihnen gibt es Ausnahmen) unbeugsam, unabhängig und stolz.

Katzenliebhaber legen Wert darauf, daß sich ihre Tiere in ihrem Wesen, ihrem »Charakter« von Hunden auf eine erfreuliche Weise grundlegend unterscheiden. Während sie ihrer Katze »Würde« und »unbeugsames Wesen« zuschreiben«[91], halten sie Hunde für »nachahmungssüchtig bis zur Verworfenheit«, für ein »Duplikat des Menschen«[92]. Ernst Jünger[93] z. B. schrieb: Die Katze »ist nicht treu wie der Hund. Dafür liegt ihr die sklavische Ergebenheit fern.« Und Axel Eggebrecht sagte[94]: »Das Pferd springt auf den Sporenschlag in den Abgrund, der Hund kuscht dem läppischsten Kretin unter die Peitsche, aber die Katze läßt sich nicht von der mildesten Herrin das Naschen abgewöhnen.«

Selbstverständlich läßt sich dieser Spieß herumdrehen: Der Hundeliebhaber bewertet das Wesen der Katze nicht »unbeugsam«, sondern vielmehr charakterlos und selbstsüchtig, und sein Hund unterwirft sich ihm nicht »sklavisch«, sondern er ist vielmehr emotional bezogen auf den Menschen und antwortet aufmerksam auf jede freundliche Zuwendung. So unterscheiden sich Hundeliebhaber von Katzenfreunden mindestens ebensosehr, wie Hunde von Katzen verschieden sind – vielleicht ist sogar die Behauptung von der unüberbrückbaren Feindschaft zwischen Hund und Katze eine Erfindung von Hunde- und Katzenbesitzern, die ihre Gegensätze so hartnäckig betonen müssen.

Von außen betrachtet, scheinen sich Hunde- und Katzenliebhaber wirklich von gegensätzlichen Motiven leiten zu lassen. In der Regel legt der Hundebesitzer großen Wert auf die Unterordnung und Treue des Hundes, er schätzt dessen persönliche Gebundenheit und seinen Gehorsam. Katzenbesitzer erfreuen sich hingegen an der Unabhängigkeit und der Eigenwilligkeit der Katze, die bis zum Starrsinn gehen kann. Wenn es der Hundebesitzer genießt, daß ihm die Dressur, die Unterordnung des Hundes gelungen ist, kann sich der Katzenliebhaber daran begeistern, daß seine Tiere sich gerade nicht zum Gehorsam erziehen ließen und daß sie egozentrisch und unbeirrbar ihren eigenen Interessen folgen.

So verschieden diese beiden Haltungen tatsächlich erscheinen, sie sind doch nur zwei Seiten einer Medaille. Beide beziehen sich auf das Kernproblem zivilisatorischer Entwicklung: auf die Unvereinbarkeit von Natürlichkeit einerseits und Zivilisation andererseits. Während sich der Hundeliebhaber an der gelungenen Dressur erfreut, liebt der Katzenfreund gerade den Widerstand seines Tieres gegen die Domestikation: Die Katze hat »ihr ursprüngliches Sein bewahrt, wie in einer Welt, in der es nur Katzen gäbe«[95]. So betrachtet (und von den zahlreichen Ausnahmen abgesehen), illustrieren Katze und Hund (und Hunde- und Katzenbesitzer) zwei Seiten des Gegensatzes zwischen Natur und Kultur.

Wenn Katzenliebhaber in ihrem Tiere den Widerstand gegen die menschliche Zivilisation so sehr schätzen, ist ihre Tierliebe weniger egoistisch als die des Hundebesitzers? Keineswegs. Beide, der Hunde- und der Katzenfreund, können das Tier auf ihre Weise verwenden: So mag es z. B. sein, daß sich der Hundebesitzer am gehorsamen Hund erfreut, weil ihm die eigene Unterordnung in der menschlichen Gesellschaft noch so wenig gelungen scheint. Und der Katzenfreund könnte die Unabhängigkeit der Katze so schätzen, weil er sich selbst danach sehnt, dem zivilisatorischen Zwang zu entfliehen. So können beide – auf entgegengesetzte Weise – versuchen, einen Konflikt mit der eigenen »Domestikation« in der Beziehung zum Tier zu mildern; beide suchen im Tier dasjenige, was sie in sich selbst nicht finden können.

Beide aber tragen einen Widerspruch an das Tier heran. Beide sind nicht zufrieden, wenn das Tier wirklich nur die eine Seite, die sie in sich nicht finden können, zum Ausdruck bringt. Der Hundefreund wäre mit einer vollkommenen Unterordnung seines Hundes ebensowenig zufrieden wie der Katzenliebhaber mit einer kompromißlosen Egozentrik seiner Katze. Beide wünschen sich, im Tiere immer auch das Gegenteil zu erkennen. Sie möchten im Tiere beobachten, wie es ist, einen inneren Konflikt um Freiheit versus Domestikation auszutragen: Der Hund soll zeigen, daß er nicht nur aus Gehorsam besteht; ideal ist es, wenn er seine Unterordnung gegen leicht entflammbare Neigung zum Widerspruch selbst durchsetzt. Und die Katze soll nicht einfach nur selbstsüchtig und für sich sein; sie soll zu erkennen geben, daß ihr die Unabhängigkeit nicht alles ist. Der Reiz ihrer Freiheitlichkeit liegt gerade darin, daß sie sie immer wieder gegen den eigenen Wunsch nach zärtlicher Nähe und Gebundenheit erringt.

Das Tier als Sportkamerad

Sportveranstaltungen erinnern heute nur noch dunkel an die gewaltsamen körperlichen Auseinandersetzungen, aus denen sie hervorgingen. Sie sind eine ins Gefahrlose transponierte Form der Kriegsführung oder des Wettbewerbs. Der Speerwerfer zielt nicht auf einen anderen Menschen (auch nicht auf den Richter mit dem Meßband), der Degen soll den Gegner nicht verletzen, und selbst beim professionellen Boxkampf, der freilich ganz unverhohlen auf die Beschädigung des anderen zielt, soll die Gefahr unmittelbarer körperlicher Schäden begrenzt bleiben. Derartige Auseinandersetzungen halten sich also »im Rahmen«, aber ihre Idee blieb lebendig: über den anderen zu obsiegen, die

Mannschaft der anderen zu »schlagen«, sich als der Bessere, der Stärkere, Schnellere oder Klügere zu behaupten.

Solche Konkurrenzen können sich auch zwischen Tieren ereignen, da gibt es innerartliche Rangkämpfe, rituelle Auseinandersetzungen um das paarungsbereite Weibchen und festgelegte Manöver zur Abgrenzung der Reviere. Aus menschlicher Sicht erscheinen diese Auseinandersetzungen zwischen artgleichen Tieren geradezu sportlich, weil sie erstens nach festen Regeln ablaufen und weil sie zweitens rituellen, manchmal sogar spielerischen Charakter zu tragen scheinen.

Aber darin liegt ein Irrtum. Die Rangkämpfe etwa der Hirsche oder die Revierzankereien der Singvögel sind gerade nicht Rituale in dem Sinne, wie menschliche Handlungen ritualisiert sein können: Menschliche Rituale sind ein Ersatz für den »Ernstfall«. Den Beteiligten und den Zuschauern ist mehr oder weniger bewußt, daß eine sportliche Auseinandersetzung einen vielleicht kriegerischen, vielleicht tödlichen Kampf ersetzen soll. Diese symbolische Bedeutung des Rituals läßt sich am leichtesten in der Sprache erkennen, in der wir über sportliche Auseinandersetzung sprechen: Die Fußballmannschaft mit dem erfolgreichsten »Angriff« und meisten »Schüssen« ins Tor »schlägt« ihren Gegner, der Tennisspieler beherrscht einen »tödlichen« Passierschlag und der Langstreckenläufer »ringt« die Konkurrenz »nieder«.

Daß Menschen fähig sind, ihre aggressiven Auseinandersetzungen ritualisiert – etwa im Sport – zu führen, ist an sich ein erfreuliches Produkt der Zivilisation. Häufig sind diese Rituale – wie etwa beim Fußballspielen – eine Mischung aus sublimiertem Mannschaftswettkampf und einer durchaus konkreten Aufforderung, dem Gegner tätlich zu begegnen.

Wenn wir aber die Revierkämpfe innerhalb einer Tierart als Ritual verstehen wollen, dann unterschieben wir ihnen jene tiefere, symbolische Bedeutung, die Rituale unter Menschen tatsächlich haben. Schon darin liegt eine illusionäre und anthropozentrische Verwendung des Tieres. Tiere führen keine symbolischen Auseinandersetzungen, ihre Instinkthandlungen transportieren keine »tiefere Bedeutung«. Tatsächlich sind innerartliche Aggressionen der Tiere untereinander nicht anspielungsreich oder bedeutungsvoll, sondern sie sind nur biologisch nützlich: Sie dienen in aller Regel der Fortentwicklung der genetischen Ausstattung, der Anpassung an eine sich wandelnde Umwelt und damit der Erhaltung der Art. Daß derartige Auseinandersetzungen innerhalb einer Tierart kaum jemals ein tödliches Ende finden, liegt also nicht daran, daß Tiere wie Menschen zivilisiert wären und daher auf die Austragung ihrer tödlichen Wut verzichtet hätten, sondern daran, daß die Tötung eines unterlegenen Gegners biologisch sinnlos wäre. Man darf freilich darüber spekulieren, ob in den zivilisatorischen Beschränkungen, denen sich der Mensch selbst unterwarf, nicht auch solche Regeln biologischer Nützlichkeit finden lassen.

Menschen haben gelernt, die innerartliche Aggressivität der Tiere zum eigenen Vergnügen als Spiel zu inszenieren und ihre Grenzen aufzuheben. In den Arenen des alten Roms diente es der Belustigung großer Menschenmassen, Tiere aufeinander zu hetzen und dem Unterlegenen die Flucht zu verwehren. Nicht anders sind die heute noch verbreiteten Hahnenkämpfe zu verstehen, die nur deswegen so häufig für einen der »Kämpfer« tödlich enden, weil der Sporn der Hähne mit einer Rasierklinge »scharf gemacht« wurde. Was so außerhalb menschlichen Einflusses harmlos enden würde, nämlich mit der Vertreibung des Unterlegenen, wird so zum blutigen Spektakel.

Viel weniger anstößig und viel weiter verbreitet sind zwei Sportarten, bei denen das Tier mitspielen muß, wo ihm eine Rolle als Sportkamerad oder als sportlicher Gegner zugewiesen wird: der Angelsport und der Jagdsport. Die Jagd und die Angelfischerei gründen in einer uralten Tradition menschlicher Auseinandersetzung mit der Natur. Jagen und Fischen dienten schon dem Urmenschen als Lebensunterhalt, darin lag für ihn gar nichts Spielerisches. Wenn die Jagd des Steinzeitmenschen aus heutiger Sicht rituelle Züge trug, dann deswegen, weil er seinem »Bruder-Tier«, dem Bären etwa, quasimenschliche Eigenschaften zuschrieb und sich vor ihm fürchtete.

Die Geschichte der Jagd als einer nicht nur lebenserhaltenden, sondern auch ritualisierten Beschäftigung beginnt schon im Altertum. Die Ritualisierung der Jagd ließ aber den praktischen Kern, die Beschaffung der Nahrung, zumindest als einen Überrest bestehen: Bis heute achtet der Jäger auf nützliche Verwertung des erlegten Wildes. Außerdem legen Jäger in neuerer Zeit großen Wert darauf, daß die Jagd gerade nicht auf das vielleicht lustvolle Töten des Beutetieres abzielt, sondern vorrangig der »Hege und Pflege« dient, also auf den Erhalt der artenreichen Tierwelt abzielt. Freilich sind diese Behauptungen aus der Sichtweise eines Biologen als ideologische Rechtfertigungen zu verstehen, denn gerade der gepflegte Wildbestand etwa in Mitteleuropa trägt sehr unnatürliche Züge mit einer zumeist viel zu dichten Population von Rehen und Hirschen.

Im Vergleich zur Jagd verwandelte sich die Fischerei sehr spät zu einer Freizeitbeschäftigung breiterer Bevölkerungsschichten und zu einem Sport. Vereinzelt war es in höfischen Kreisen durchaus üblich, Raubfische, z. B. Hechte, mit der Angel zu fangen, aber es dauerte doch bis ins 18. Jahrhundert, bis das Angeln zu einer beliebteren Beschäftigung wurde. Als Wendepunkt mag jenes berühmte Buch von Isaak Walton aus dem Jahre 1653 gelten, das in einer poetischen Weise das Angeln als ein beschauliches Unterfangen beschrieb, in der der Angler in eine innige Beziehung zur Natur tritt. Von dieser geistigen Haltung ist nur wenig übriggeblieben, am wenigsten in jenem Angeln, das heute zur modernen »Sportfischerei« so verbreitet ist.

Man kann sich natürlich fragen, inwieweit der Begriff »Sport« auf das Angeln überhaupt angewendet werden sollte. Die typischen Merkmale eines Sports, nämlich die spielerische körperliche Betätigung mit einem Leistungsstreben und Wettkampfcharakter, können dem Angeln eigentlich nicht zugeschrieben werden. Daß dennoch aus dem Angeln eine Sportfischerei wurde, liegt vielleicht auch an den ökonomischen Interessen derjenigen Unternehmen, die Angelausrüstungen und Zubehör verkaufen: Je stärker der Aspekt der Beschaulichkeit zugunsten des Wettkampfcharakters zurücktritt, desto eher gewinnt das Material, die Ruten und Rollen und Schnüre an Bedeutung. Je wichtiger es einem Angler wird, besser zu fischen als sein Nachbar, desto mehr muß er auf die optimale Ausrüstung achten.

Ein Tag beim Preisangeln

Noch liegt der See ruhig in der Morgendämmerung. Auf dem Parkplatz verstreut stehen die ersten Grüppchen der Wettangler, frierend und mit müden Scherzen. Sie tragen ihre Geräte zusammen: Angelruten natürlich, Klappstühle, Windschirme und den Proviant, die Stullen und die Thermoskanne und die Bierflaschen für den Nachmittag.

Vorgestern schon wurden einige hundert Forellen eingesetzt, sie kommen aus der Zuchtanstalt, sind natürlich hungrig und werden sich auf alles stürzen, was sich bewegt. Wahrscheinlich wird um 12.00 Uhr keine von ihnen mehr im Wasser sein. Aber sie sind klein, und was heute zählt, ist nicht die Zahl der gefangenen Fische, sondern ihr Gesamtgewicht, und da könnte ein großer Karpfen allein schon den Sieg bringen.

Die Angelplätze werden verlost, man muß Glück haben. Ein kleiner, rundlicher Angler mit einer großen Tasche ärgert sich, er hat einen Platz an der Seerosenbucht, wo es sehr schwer ist, einen Fisch zu landen. Hinter ihm steht die alte Weide, aus der es noch Stunden nach dem Regen tropft und die nicht erlauben wird, für einen schwungvollen Wurf auszuholen. Wieder so ein schlechter Platz, genauso aussichtslos wie im vorigen Jahr, und gegenüber an den besten Plätzen sitzen die Anfänger und lachen sich ins Fäustchen.

Mit dem Glockenschlag klatschen die Schnüre ins Wasser, die ausgetüftelten Systeme mit sensiblen Schwimmern, Verzweigungen unter Wasser, harmlos auf Grund gelegtem Köder. Und welche Köder! Geheime Rezepte, ein Kuchen aus Kleie mit gehackter frischer Hühnerleber oder dem Blut von gestern aus dem Schlachthof. Teig aus Weißbrot mit duftenden Zutaten oder sorgsam geschälte runde Kartöffelchen (Sorte Grata, ohne Salz 16 Minuten gekocht). Oder den dicken Tauwurm, gestern nacht mit der Taschenlampe überrascht, oder den Rotwurm von der Abfallhalde, der so stark riecht und so schön lange lebendig bleibt. Auf jeden Fall aber anfüttern, kleine Klumpen lockeren Teigs ins eigene Angelgebiet werfen. Er löst sich auf, macht die Fische hungrig, hier sollen sie weitersuchen und nicht beim Kollegen gleich nebenan.

Die Sonne knallt nun aufs Wasser. Der kleine Angler zieht seine Bierdosen aus dem Wasser. Die Spannung hat etwas nachgelassen. Die Nebenleute haben auch noch nichts gefangen, und mittags beißt sowieso keiner. Und dann doch ein Biß, ein Karpfen? Die Rolle knarrt, ein feiner Knall, und die Schnur hängt schlaff ins Seerosenfeld.

Nun geht alles schief. Kommt doch eine Ente angeschwommen, knabbert am neuen Schwimmer. Hau ab! Der Angler wirft mit kleinen Steinen, erregt den Protest der anderen: Willst du uns die Fische verscheuchen?! Der nächste Wurf landet in der Weide, unerreichbar der Haken in den Blättern vorerst, aber es ist sowieso fast schon Schluß, und es war ja klar, daß heute nichts werden konnte. Die Angler strömen zusammen, viele von ihnen mit Fischgeruch aus Plastiktüten und Geheimnisse im Gesicht. Antreten zum Wiegen, viel Gelächter, Spott und der Neid. So ein kleiner Fisch soll so viel wiegen? Hat er wohl Kieselsteine im Magen! Gewonnen hat wieder der lange Willi, kein Wunder, hat ja sonst nichts zu tun außer angeln.

Ein Fisch muß schwimmen, heißt es, und so zieht der Trupp der Angler ins Vereinslokal und sitzt und trinkt bis weit in die Nacht, und die Geschichten werden immer lebhafter und die Fische immer größer, und unser kleiner rundlicher Angler träumt schon von dem ganz großen Fisch, den er eines Tages vor aller Augen fangen wird, und sie werden aufhören, über ihn zu lachen.

Seit das Tierschutzgesetz in der Novelle aus dem Jahre 1986 verbietet, einem Tier »ohne vernünftigen Grund« Leiden zuzufügen, sind Angelwettbewerbe eigentlich verboten. Es ist kein »vernünftiger Grund«, Fische zu fangen, um einen Pokal zu gewinnen. Auch ist es heute verboten, lebende Köderfische für die Angelei auf Raubfische zu verwenden. Auch die alte Gewohnheit, gefangene Fische zunächst einmal in einem Setzkescher zu hältern, damit sie bis zu ihrem Tode lebendig und frisch bleiben, ist heute nicht mehr erlaubt.

Diese Bestimmungen gehören zu den wenigen konkreten und begrüßenswerten Auswirkungen, die das Tierschutzgesetz überhaupt nach sich gezogen hat. Natürlich haben sie in der Praxis der Fischerei wenig verändert. Denn aus dem »Wettangeln« oder »Preisangeln« wurde in vielen Fällen ein »Hegeangeln«, d. h., nun bemühen sich die Angler an einem bestimmten Tag um die Wette, den Fischbestand in ihrem Gewässer auf ein wünschenswertes Maß zurückzustutzen.

In einigen Fällen gibt es wohl durchaus Grund, das Gleichgewicht unter den Fischarten mit einer solchen Maßnahme beeinflussen zu wollen. Man muß sich aber vor Augen halten, daß in kaum einem Angelgewässer tatsächlich ein natürliches Gleichgewicht herrscht. Nur wenige Flüsse – zumindest in Deutschland – sind von so guter Wasserqualität, daß sie vielen Fischarten ausreichende Fortpflanzungsmöglichkeiten bieten – ganz abgesehen von den Anglern, die dem kleinen Fischbestand in großer Zahl zu Leibe rücken.

Welches sind die Motive, denen ein Angler heute folgt? In seltenen Fällen ist es vorrangig der Wunsch, eiweißreiche Nahrung für sich und seine Familie zu erbeuten. Häufiger schon könnte es das Naturerleben sein, welches den Angler ans Wasser zieht. Aber viele von ihnen treten unübersehbar in Gruppen auf, führen das kleine Radio und die Kühltasche mit sich und greifen schon dadurch in die Natur ein, daß sie sich auf mitgebrachtem Klappstuhl zwischen Würmerdose und dem Sechserpack Dosenbier ans Wasser setzen.

Angelzeitschriften sind natürlich für Angler gemacht, sie verraten also am besten, welches die Bedürfnisse des Anglers sind. Natürlich geht es darum, den großen, vielleicht den allergrößten Fisch zu fangen. In kaum einer Angelzeitschrift fehlt ein aufgeregter Bericht darüber, wie ein Sportkamerad unlängst nach Überwindung höchster Schwierigkeiten doch noch einen kapitalen Fisch anlanden konnte. Diese Berichte enthalten regelmäßig verkaufsfördernde Hinweise auf die verwendete Ausrüstung, und sie lassen erkennen, in welch glücklicher Weise sich auch diesmal der Zufall mit dem Geschick des Anglers verband. Wir lesen also, wie der eine trotz allerdünnster Schnur den größten Fisch fing, weil er so geduldig und so geschickt war, wie der andere noch spät in der Nacht den Fisch zu überlisten verstand, und jener Dritte schließlich, der Jüngste im Verein, übertraf an einem glücklichen Tage alle anderen.

Und welche Rolle spielt der Fisch? Seine Beteiligung ist, obgleich er doch anbeißen muß, eher passiv. Seine Aufgabe ist es, den Köder zu schnappen, aber dann so kräftig wie möglich fortzuschwimmen, sich wild im Wasser zu wälzen, vielleicht sogar mit einem Salto in die Luft zu springen, die Angelschnur fast zum Zerreißen zu bringen und sich erst nach langer Zeit ermattet ans Ufer ziehen zu lassen. Fische, die »rasch aufgeben«, sind weniger beliebt, gesucht wird der »Gegner«, der einen »sportlichen Kampf« bietet, der »in wütenden Fluchten« an der Angelschnur zerrt. Diese Sprache verrät, welche Rolle dem Fisch zugedacht wird: Die eines fast ebenbürtigen Gegners, der sich auf einen »Kampf« einläßt und der Bewunderung verdient, weil er sich erst nach langem Ringen bezwingen ließ. Daß der Fisch diesen »Kampf« nicht gesucht hat, mag zwar sein, aber immerhin hat er angebissen, dumm genug, das hätte er nicht tun müssen.

Nicht jede Fischart ist bereit, diese Rolle in der gewünschten Weise auszufüllen. Das kleine Rotauge zappelt nur ein wenig, und die Schleie im Gewicht von 300 g sorgt nicht für die große Aufregung. Hier sind es andere Tugenden, die der Angler zeigen muß: Schlau muß er den Köder wählen, den festen Teig (nach geheimem Rezept zusammengestellt) um den Haken schließen, die Beschwerung so wählen, daß dem Fisch kein Verdacht aufkommt, und dann im rechten Augenblick mit gekonntem Schwung den Anhieb setzten – alles das will gelernt sein, man hat vielleicht Talent, und am Ende ist man der Schleienkönig im Verein.

In dieser Auseinandersetzung des Anglers mit sich selbst, in dieser selbstgewählten Probe auf die Geschicklichkeit, die Ausdauer oder die richtige Wahl des Materials, spielt der Fisch nur die Rolle des Statisten. Zahlreiche Regeln, denen die Angler heute folgen, dienen dazu, den Genuß zu erhöhen: Keineswegs ist der Angler darin frei, den fängigsten Köder zu wählen. Forellen z. B. wären sehr leicht mit Würmern zu fangen, aber kaum ein Forellenbach darf mit Würmern beangelt werden. Auch muß er Schonzeiten beachten: Die begehrten Fische genießen für einige Monate im Jahr einen Schutz. Und schließlich muß der Angler ein Mindestmaß einhalten: Zu kleine Fische, nämlich solche, die noch nicht laichreif sind, müssen zurück ins Wasser, aus Gründen der Kontrolle auch dann, wenn sie sich verletzt haben.

Diese Beschränkungen können den Eindruck vermitteln, der Fisch solle geschützt und geschont werden. Aber das ist eine Ideologie; die Mindestmaße z. B., die dazu dienen, die Forelle ins vermehrungsfähige Alter wachsen zu lassen, werden ihren Zweck doch nicht erfüllen. Denn nur die wenigsten Gewässer erlauben diesen Fischen tatsächlich, sich zu vermehren. In der Regel muß man jedes Jahr viele Tonnen gezüchteter Angelfische nachsetzen. Und die Beschränkung auf bestimmte, nicht einmal sehr erfolgversprechende Angelmethoden dient keineswegs der Erhaltung der Tierart im eigenen Fluß, sondern eher dem Wunsch, das Geschick und die Geduld des Anglers herauszufordern. Es soll eben nicht so einfach sein, eine Forelle zu fangen, stolz soll der Angler sein dürfen, daß er sie trotz schwieriger Auflagen überlistete.

Diese, zweifellos egozentrische Haltung wird gewiß nicht von allen Anglern geteilt. Aber umgekehrt geht es nicht auch noch viel brutaler: Hochseeangler, die ihren Angelurlaub teuer bezahlen müssen, kennen in der Regel keinerlei Beschränkungen: hier zählt die Masse und die Größe der gefangenen Fische, das Bild mit dem riesigen Schwertfisch als Erinnerung für die Freunde, und manchmal sind es wahre Schlächtereien, denen die Tiere ausgeliefert sind.

Wollte man wirklich zuallererst die Fische schützen, so würde man, falls Angeln dann überhaupt erlaubt wäre, die Regel erlassen, daß kein gefangener, maßiger Fisch wieder zurückgesetzt werden dürfte. Das modisch gewordene »catch-and-release« (»Fangen und Zurücksetzen«) ist mit der Schonhaltung gegenüber Fischen nur notdürftig zu begründen; sehr viel deutlicher ist hier doch, wie sehr der Fisch in die Statistenrolle dieses Spiels hineingedrängt wurde.

Diese egozentrische Ästhetisierung des Angelns findet ihren höchsten Ausdruck im Fliegenfischen. Hier geht es darum, dem Fisch die Imitation eines kleinen Fluginsektes anzubieten. Das sind Kunstwerke aus bunten Federn, die um kleine Haken gebunden werden, so daß sie einem natürlichen Insekt sehr nahekommen. Diese Fischerei verlangt eine besondere Wurftechnik und auch sonst ein größeres Geschick als alle anderen Methoden. Darin liegt die Befriedigung für den Fliegenfischer: Daß er einem hohen Anspruch an Geschicklichkeit folgt und trotzdem fähig ist, das scheue Tier zu überlisten.

Die Regeln des Angelns und die Ästhetisierung der Angelmethoden verdeutlichen, daß es dem Angler primär um sich selbst geht. Mit Hilfe des Fisches unterzieht er sich einer reizvollen Aufgabe, prüft seine Geschicklichkeit, seine Geduld und auch sein Wissen. Aus dem »Topf-Angler«, der des Abends am Kanal für sich ein großes Rotauge und für die Katze eine kleine Brasse fing, wurde heute der gut ausgerüstete Sportfischer, der den Fisch verwendet, um sich selbst auf die Probe zu stellen.

Einige Fischer sind diesen Weg schon heute so konsequent weitergegangen, daß sie in ihrem Vergnügen ganz auf den Fisch, das Wasser und die ganze widrige Natur verzichten. Für sie ist das Angeln zu einem »casting«-Sport geworden, zu einem Wettbewerb, indem die Angler um die Wette weitwerfen oder denjenigen unter sich ausfindig machen, der seine Fliege am genauesten plazieren kann. Hier wird nicht mehr mit dem Köder geworfen, sondern mit kleinen, standardisierten Wettkampfgewichten. Und Rollen und Ruten sind kaum noch für die Fischerei geeignet, sie dienen einzig und allein diesem Wettbewerb.

Ist es nicht konsequent, die Fischerei bis zu diesem Ritual fortzuentwickeln? Vielleicht ist es die tierfreundlichste Art zu angeln, aber sie wird sich nicht durchsetzen. Denn die hier beschriebene egozentrische Motivation des Anglers ist doch nur die eine Seite, die seine Handlungsweise bestimmt. Neben diesem Bedürfnis, den Fisch für das persönliche Erfolgserlebnis zu verwenden, mag es doch auch noch jene Hingabe an das rätselhafte Tier geben, welches den Angler an das Wasser treibt.

Schließlich darf man nicht übersehen, daß die Entwicklung vom »Topf-Angler« zum Sportfischer auch von jenen gefördert wurde, die mit Sportausrüstungen Geld verdienen. Angelgeräte, Angelkleidung und Zubehör versprechen nämlich hohe Umsätze. Je komplizierter die Ausrüstung, je vielfältiger das Zubehör, desto besser. Konservative

Angler behaupten, ihre Ausrüstung könne Jahrzehnte überdauern. Moderne Sportfischer wissen, daß man für die unterschiedlichen Fischarten, die verschiedenen Fangmethoden, die Jahreszeiten und die Gewässerarten auch in der Ausrüstung vorbereitet sein muß.

Dem Fisch ist all dies egal. Er ist ohnehin nur der Statist in diesem Spiel. Nur: Beißen muß er, und das ist seine freie Entscheidung – denkt der Angler.

Das gute Tier als Erzieher und Therapeut

Daß Tiere einen kranken Menschen trösten können, daß sie einen Alten aufzuheitern vermögen und daß sie in der Erziehung des Kindes nützliche Dienste tun, ist natürlich schon lange bekannt[96]. Aber erst seit wenigen Jahrzehnten wird dieser Aspekt der Mensch-Tier-Beziehung systematisch untersucht, und heute liegen eine Reihe von Forschungsdokumentationen und Erfahrungsberichten vor.

Sie zeigen, wie Tiere in der Psychotherapie psychisch kranker Kinder, Jugendlicher und Erwachsener wirksam sind, indem sie zurückgezogenen und ängstlichen Patienten eine erste Kontaktaufnahme ermöglichen. Tiere ermuntern, sich den eigenen Gefühlen zu öffnen, und sie stärken mit ihrer Unbefangenheit und ihrem Vertrauen auch das Selbstvertrauen und die Selbstachtung des psychisch belasteten Patienten. Gerade in der Therapie psychotisch kranker Menschen oder autistischer Kinder können Tiere sehr nützlich sein; diese Patienten leiden in ihrer Beziehung zu anderen Menschen unter einer tiefgreifenden Kontaktstörung, aber in der Bindung an ein Tier wagen sie schüchterne Zuwendung und erproben ihr Einfühlungsvermögen.

In der Arbeit mit geistig Behinderten sind Tiere nützlich, weil sie – verglichen mit einem Menschen – leichter zu »durchschauen« sind. Ihr Verhaltensrepertoire ist begrenzt, sie sind immer eindeutig. Wenn also ein geistig behinderter Mensch in der Beziehung zu anderen Erwachsenen häufig überfordert ist, weil er z. B. die Vieldeutigkeit menschlichen Sprechens nicht versteht, so kann er z. B. in der Betreuung und Pflege eines Ponys verantwortlich handeln, er erfährt unzweideutig, wie sein Tun beim Pferde »ankommt«, er kann diese Rückmeldung verstehen und auf sein eigenes Handeln beziehen.

In Alten- und Pflegeheimen sind Tiere in den letzten Jahren zunehmend willkommen [97]; das gilt für den Kanarienvogel, den der alte Mensch ins Heim mitnehmen kann, das gilt aber auch für den Hund, der täglich auf die Station kommt und den Bewohnern seine Aufwartung macht. Alte Menschen finden im Kontakt mit einem Tier aus ihrer Vereinsamung heraus, und in der Betreuung des Haustieres sehen sie eine befriedigende Aufgabe [98].

In der sozialpädagogischen Arbeit mit dissozialen, vielleicht straffällig gewordenen Jugendlichen oder Erwachsenen hat sich die Einrichtung von kleinen Bauernhöfen oder Tierparks sehr gut bewährt. Viele dieser jungen Männer und Frauen sind in ihren Erfahrungen mit anderen Menschen enttäuscht worden, sie sind mißtrauisch und lehnen den Kontakt gerade zu professionellen Helfern, Sozialpädagogen und Therapeuten kategorisch ab. In der Beziehung zu einem Haustier oder Nutztier können sie sicher sein vor erzieherischen Manipulationen und guten pädagogischen Absichten. Einem Tier muß man nicht mißtrauen, weil es ganz unbefangen seinen eigenen Vorteil sucht. Greiffenhagen (1991) berichtet von einer Jugendlichengruppe in der Strafanstalt Vechta, die Brieftauben züchtet und recht erfolgreich in Flugwettbewerben und auf Ausstellungen mitwirkt.

In all diesen Beispielen helfen Tiere dem Menschen, einen Mangelzustand, ein schmerzhaft erlebtes Defizit oder eine Enttäuschung zu überwinden. Ihre Wirksamkeit beruht paradoxerweise darauf, daß sie außerhalb des menschlichen Lebensraumes stehen: Gerade weil sie anders als Menschen denken und fühlen, weil sie unbeirrbar nur ihren eigenen Instinktmustern folgen, helfen sie solchen Menschen, die direkt oder indirekt an der menschlichen Zivilisation Schaden genommen haben – sei es, daß sie die hochgezüchteten Erwartungen an Jugendlichkeit und Gesundheit nicht erfüllen können, sei es, daß sie mit sich selbst und den eigenen Idealen im Zwiespalt leben, oder sei es, daß sie als Außenseiter abseits der Gesellschaft leben. Die so Enttäuschten dürfen hoffen, daß sich ein Tier ihnen ohne all diese Voraussetzungen zuwenden wird, denn es steht außerhalb jeden zivilisatorischen Zwanges. Der Hund des Obdachlosen unterläuft die Verachtung, die seinem Herrn entgegenschlägt, er liebt ihn so, als könne er alle soziale Deklassierung wieder aufheben.

Natürlich liegt hierin eine Illusion, denn der Hund liebt seinen Herrn nicht, wie ein Mensch einen anderen Menschen lieben kann; aber immerhin ist der Hund immer eindeutig und nicht zwiespältig: Die Freude des Hundes über seinen Herrn ist nicht gespielt, niemals eine Täuschung, Tiere haben keine Hintergedanken.

Und andererseits geben Tiere eindeutig zu erkennen, wo ihre Grenzen liegen. Eine Katze zeigt unmißverständlich, wenn sie nicht mehr schmusen will, ein Reitpferd reagiert konfus, wenn die richtigen »Hilfen« ausbleiben, und ein Goldhamster beißt auch einmal zu, wenn er unsanft geweckt wird. Natürlich unterscheiden sich die Tiere in ihrer Fähigkeit, auch eine ungünstige Umwelt zu ertragen. Manche von ihnen, wie z. B. die Griechische Landschildkröte, schleppen sich in unseren Gärten über viele Jahre dahin. Daß sie sich in dieser Umwelt unwohl fühlen müssen, ist ihnen kaum anzumerken. Sie sterben auch nicht gleich im ersten kühlen Sommer, sarkastisch gesagt: Sie sterben nur sehr viel langsamer als empfindlichere Haustiere.

Bei hinreichend artgerechter Haltung aber erscheinen Tiere dankbar und zufrieden. Sie belohnen den Pflichtbewußten, der sie füttert und der ihren Stall in Ordnung hält, mit unzweideutiger Zuwendung. Sie wissen nichts von den typisch menschlichen Ängsten und Kümmernissen, von der Beschämung, die ein verlassener Ehemann erlebt, von der Kränkung, die ein getadelter Angestellter empfindet, von dem Schmerz, den der Gefängnisinsasse angesichts seiner entwürdigenden Situation hinnimmt, von der Beschämung, die ein Behinderter erlebt, und von der Angst, die den Kranken vor schweren Operationen oder angesichts eines hoffnungslosen Zustandes befällt. Da der Hund von alledem nichts weiß, begrüßt er den Angestellten, der sich von seinem Vorgesetzten erniedrigt fühlt, wie einen Helden, der nach großer Tat heimkehrt. Und die Katze, die nicht ahnt, wie sehr ihre Herrin darunter leidet, daß sie nicht attraktiv, nicht anziehend ist, drängt sich doch an sie, wartet, auf den Arm genommen zu werden, und schmiegt sich behaglich an ihre Brust. Der Kanarienvogel, der nicht weiß, wieviel Schuld ein Gefängnisinsasse auf sich geladen hat, singt so unbekümmert und fröhlich, als wäre alles, das dem Urteil vorausging, gar nicht geschehen. Die Brieftauben fliegen zurück in die Jugendstrafanstalt, als könnten sie sich keinen besseren Ort für einen freien Vogel vorstellen. Und das Pferd schließlich weiß nichts von der geistigen Behinderung seiner Pflegerin, es ist zufrieden über die Regelmäßigkeit in der Betreuung, über die persönliche Ansprache und die Rücksichtnahme auf seine Ängstlichkeit, seinen Tagesrhythmus und seinen Bewegungsdrang. Weil Tiere nicht sind wie Menschen, können sie dem Menschen als der bessere Mensch erscheinen.

Das Tier kann also in der Therapie, in der Heilpädagogik oder in der Sozialpädagogik dadurch wirksam werden, daß es im gewissen Sinne als der bessere Mensch auftritt. Es ist insofern der bessere Mensch, oder es ist, anders gesagt, das gute Tier unter bösen Menschen, weil es die menschlichen Konflikte, Beschämungen, Enttäuschungen oder Befürchtungen nicht kennt. Und es sind gerade die typisch menschlichen Kümmernisse, denen das Tier hilfreich begegnen soll: Die Beschämung des zurückgewiesenen Liebhabers, die Verzweiflung über die eigene körperliche Behinderung oder unheilbare Krankheit, das Gefühl der Erniedrigung nach einer entwertenden Kritik, die Entmutigung angesichts vieler Zurückweisungen – all dies sind Gefühle, die nur ein Mensch fühlen kann. Denn mit seinem Selbstbewußtsein entwickelte er auch eine Vorstellung darüber, wie er im idealen Falle sein sollte, und er wurde sensibel für all diese zahlreichen Abweichungen, in denen er sein eigenes Ideal verfehlt. Sein Glaube an die eigenen gedanklichen Fähigkeiten, sein Vertrauen auf die eigene moralische Überlegenheit und sein Optimismus, mit dem er seine Zukunft gestaltet, haben die menschliche Zivilisation so rasch vorangetrieben; aber die Rückseite dieser Eigenschaften ist die Beschämung angesichts drastisch erlebter Unvollkommenheit, das Schuldgefühl aufgrund seiner moralischen Mängel und die depressive Verstimmung, die ihn am Fortschritt zweifeln läßt.

Das Tier kennt weder das eine noch das andere, darum erscheint es geeignet, diese wuchernden Hypotheken menschlicher Zivilisation auszugleichen. Weil sich das Pferd an jedem Morgen freut, wenn sein Pfleger mit dem Futter kommt, könnte es helfen, die Verstimmung, die den anbrechenden Tag verdunkelt, zu verscheuchen. Weil der Hund auch den niedergeschlagenen Herrn wie einen Helden begrüßt, kann er die Kränkung wiedergutmachen oder zumindest vergessen lassen. Und weil die Katze nicht die Enttäuschung erfährt, wenn ihre Herrin so allein bleibt, schmust sie mit ihr ganz unbekümmert und gibt ihr ein Beispiel, wie sich körperliche Nähe und Wärme anfühlen können.

Es ist daher sehr naheliegend, daß Tiere nicht nur als Stützen in der Therapie auftreten, sondern auch die normale Entwicklung eines Kindes oder Jugendlichen begleiten sollen. Denn jedes Kind hat die zivilisatorischen Schritte, mit denen sich der Mensch vom Tiere distanzierte und Herrschaft über die Natur antrat, persönlich zu wiederholen.

Diese Herrschaft gründet ja in der Beherrschung der eigenen, inneren Natur, in Selbstbeherrschung und Selbstkontrolle. Das Kind lernt, Regeln des sozialen Handelns zu akzeptieren, und es übt auf diesem Wege vielfältigen Verzicht: Die unmittelbare Befriedigung egoistischer Bedürfnisse soll eingetauscht werden in sozial akzeptiertes Handeln, und der Wunsch, daß die anderen (und auch die Natur) »für mich« existieren sollen, muß verwandelt werden in eine hinreichende Zufriedenheit trotz geringer Wirkung und Anerkennung.

Das ist ein schwerer Weg, und er ist für das Kind um so schwerer, wenn ihm sein Ziel, das Erwachsensein, nicht erstrebenswert scheint, wenn es Selbstbeherrschung, Selbstkontrolle üben soll, ohne daß eine ausreichende Belohnung in Aussicht steht. Tugenden wie Pünktlichkeit, Ordentlichkeit und Sauberkeit erscheinen dann leicht als bloße »Sekundärtugenden«, die keinen anderen Sinn zu haben scheinen, als den, die autoritäre Ordnung herzustellen und zu wiederholen. In der Beziehung zum Tiere aber erhalten diese Tugenden einen erkennbaren Sinn: Viele Tiere fordern und belohnen Zuverlässigkeit, Ordentlichkeit und Pünktlichkeit. Pferde z. B. gewöhnen sich sehr gern an pünktliche Fütterung, unsaubere Ställe verursachen ein erhöhtes Krankheitsrisiko, und wenn der Hufstrahl des Pferdes nicht gereinigt wird, so wird es daran erkranken.

Das Kind oder der Jugendliche fühlt sich belohnt, wenn ihn die Ponys schon am Weidetor erwarten, und der Zierfisch belohnt die Sorgfalt des Aquarianers mit leuchtenden Farben und lebhafter Fortpflanzung. In der Hingabe an die Eigenart des Tieres liegt ja die Voraussetzung, über das Tier herrschen zu können. Die Herrschaft aber ist die Errichtung einer herrschenden Vernunft – gegen Willkür und pure Egozentrik. Erst wenn der Jugendliche anerkennt, welchen vernünftigen Regeln er folgen muß, um einem Tier gerecht zu werden, wird ihm die Herrschaft über das Tier gelingen. Nichts anderes ist es, was die Autorität in der Schule oder in der Familie erfordert: die Herrschaft des Vernünftigen aufzurichten und die Egozentrik und eigene Willkür zu kontrollieren. Für das Kind aber ist es leichter, soziale Tugenden dann zu erlernen, wenn sie nicht nur als abstrakte Forderung einer Autorität auftreten, sondern wenn sie sich im Umgang mit Tieren als praktisch und nützlich erweisen.

Soziale Außenseiter, Randgruppen und gerade auch dissoziale Menschen zeigen an, daß die Versprechungen einer Gesellschaft zu hoch sein könnten angesichts der ungleichen Verteilung persönlicher Chancen. Ihnen mag es so erscheinen, daß sich der lange Weg der Sozialisation nicht mehr lohnt. Vielleicht erscheint ihnen auch die Autorität der eigenen Familie und die der Schule nicht genügend legitimiert, um dieses Maß an Selbstbeherrschung zu fordern. Mag sein, daß die Ziele zu hoch gesteckt sind, wahrscheinlich ist aber, daß die Vermittler, die Mütter und Väter und die Pädagogen, selbst nicht mehr so recht überzeugt sind, daß diese persönlichen Grundlagen der Zivilisation wirklich noch gefordert werden müssen. Vielleicht sind diese selbst darüber im Zweifel, ob eine moderne Gesellschaft heute noch so viel persönliches Glück versprechen kann, daß sich die Mühe der Einschränkung und Selbstkontrolle lohnte.

So betrachtet, wäre die in den letzten Jahrzehnten wachsende Bedeutung des Tieres als Therapeut oder als Pädagoge auch als ein Symptom aufzufassen. Als ein Symptom nämlich für die Schwäche unserer Kultur, die sich in wachsendem Zweifel an der sozialen Vernunft äußert. Denn die Tiere sollen uns helfen, die Schmerzen menschlicher Zivilisation zu ertragen. Und je tiefer die Kluft zwischen unseren Idealen und unserer persönlichen Wirklichkeit wird, desto dringlicher wird unser Bedürfnis, diese Schmerzen – wenn auch nur illusionär – über die Liebe zum Tiere zu lindern.

Noch bessere Tiere, noch schlechtere Menschen

Ein Besuch vom »Bund gegen den Mißbrauch der Tiere«

»Wo sind denn die Tauben untergebracht?«

Drei ältere Damen vom »Bund gegen den Mißbrauch der Tiere« klettern die Stockwerke des Zoologischen Institutes hoch, zwängen sich durch die schmale Bodentüre und stehen schnaufend vor dem Drahtverhau, in dem die Brieftauben auf ihre nächsten Einsätze warten. Mit ihnen unterm Dach ein mürrischer Hausmeister im grauen Kittel (»Die machen uns nur Scherereien«) und zwei junge wissenschaftliche Mitarbeiter. Sie sind schüchtern-stolz, daß sich jemand hier oben um sie kümmert. Heimlich glauben sie, daß ihre Experimente über das Heimfindevermögen von Brieftauben eines Tages noch ganz andere, bedeutendere Interessenten zu ihnen führen wird. Die drei Damen heute aber haben noch kein

Verständnis für das Gewicht der hier im Raum stehenden wissenschaftlichen Fragestellung.
»Diese Tauben hier trugen Haftschalen aus Milchglas über den Augen, so daß sie sehr kurzsichtig wurden. Aus der Höhe haben sie die Landschaft unter sich sicher nicht erkannt. Und trotzdem sind sie aus weiter Entfernung hierher zurückgeflogen.«
»Die armen Tiere! Ist denn keines weggeblieben?«
»Doch, etwa 20 % kehrten nicht zurück, aber das ist immer so.«
»Aber diese 20 % sitzen jetzt irgendwo und können nicht einmal sehen, wenn sich ein Raubvogel auf sie stürzt! Könnte man nicht dafür sorgen, daß sich diese Haftschalen nach einigen Tagen von selber lösen?«
»Also, darüber haben wir noch nicht nachgedacht. Wir dachten, es gibt schon so viele verwilderte Brieftauben . . .«
»Die haben es auch ganz gut, wenn sie keine Haftschalen tragen müssen.«
Es meldet sich der Hausmeister: »Unseren Tauben geht's hier prima. Die wollen gar nicht immer raus, und bei dieser Hitze schon gar nicht. Die haben viel Platz hier, also, bessere Ställe finden sie hier nirgendwo.«
Die drei Damen und die drei Herren zwängen sich durch die schmale Tür, durchqueren den Stall, Staub wirbelt auf, einige Tauben flattern, bewegen die stickige Luft, es ist heiß, Gurren, Flügelschlagen.
Eine Dame vom »Bund gegen den Mißbrauch der Tiere« kauert sich vor die kleinen Käfige.
»Au, sie hat nach mir gehackt!«
»Tauben können sehr aggressiv sein.«

»Nur, wenn man sie in so kleinen Käfigen hält! Dann wird jedes Tier aggressiv.«

»Es kommt schon mal vor, daß ein krankes Tier von anderen umgebracht wird.«

»Junger Mann, Tiere sind nicht aggressiv, nur in Gefangenschaft. Wenn Sie diese hier freilassen würden, dann würde sie auch nicht mehr um sich hacken. Was meinen Sie, warum man wohl von der Friedenstaube spricht?!«

Der Hausmeister: »Der Nachbar meines Schwagers hatte einen zahmen Rehbock. Den haben sie erschießen lassen, weil er auf jeden losging. Jetzt ist er im Kühlschrank, jetzt tut er keinem mehr was.«

Die drei Damen wenden sich ab und klettern die Stiegen hinunter. »Wir sind ja gar nicht gegen den Fortschritt oder gegen die Wissenschaft. Aber kann man solche Experimente nicht auch anders machen? Ich meine, ohne Tierquälerei?«

Im Erdgeschoß passiert der Trupp die Labors und den Zugang zum Freigehege für die Wanderratten. Der Doktorand, der über die natürliche Neugier von Ratten forscht, erwartet sie schon. »Hier hinten lebt die Rattenpopulation.«

»Ratten?«

»Ja, Wanderratten, rattus norwegicus. Intelligente, sehr saubere und hübsche Tiere.«

»Ich glaube, die Ratten müssen wir uns heute nicht anschauen. Sie leben ja in einem Freigehege, Hauptsache, es läuft Ihnen keine weg. Die vermehren sich ja so schnell, sogar hier in der Stadt schon.«

Der Hausmeister: »Meinem Onkel haben sie auf der Flucht sogar ein Ohr angeknabbert! Das sieht man heute noch, weil das andere ganz normal ist, es ist sogar ziemlich groß.«

Die Damen wenden sich ab. »Also, das wär's erst einmal wieder. Schade, daß unser Tierarzt nicht mitkommen konnte, der ist immer sehr genau. Aber wir kontrollieren heute unsere Katzenfallen, und dann gibt es immer einige Kater zu kastrieren.«

»Sie kastrieren fremde Kater?«

»Nur streunende Kater. Man weiß ja nicht, wohin mit all diesen vielen kleinen Kätzchen. Da muß man das Übel schon bei der Wurzel packen.«

Die Gruppe verabschiedet sich. Der Hausmeister denkt über die Wurzel des Problems nach.

Mit Beginn der 80er Jahre kam eine Bewegung auf, die in ihren Forderungen nach einer Ethik des Tierschutzes sehr viel weiter geht als die bis dahin etablierten Tier- und Naturschützer. Autoren wie Tom Regan, Peter Singer und im deutschsprachigen Raum Helmut F. Kaplan fordern, die bisher übliche »Zwei-Klassen-Ethik«, eine »Hauptethik für den Menschen und eine Nebenethik für die Tiere«[99], aufzugeben und Tiere endlich nach den gleichen ethischen Prinzipien zu behandeln wie Menschen. Es genügt ihnen nicht, Tieren »indirekte Rechte«[100] zuzugestehen und schon gar nicht, die Ethik des Tierschutzes nur als eine Verpflichtung des Menschen gegenüber sich selbst aufzufassen. Sie fordern, alle ethischen Verpflichtungen, die wir gegenüber anderen Menschen beachten, ohne jede Einschränkung auch im Umgang mit Tieren anzuwenden. Sie begründen ihre Forderung, Tiere in die »moralische Gemeinschaft aller

Lebewesen« aufzunehmen, damit, daß jede ethisch bedeutsame Unterscheidung zwischen Menschen und Tieren unhaltbar wäre: Tiere hätten ein Bewußtsein, sie empfänden Schmerz und könnten leiden, sie könnten sich »moralanalog« verhalten, seien gar zur Empathie fähig, hätten schließlich – so Kaplan [101] – auch eine Seele.

Die Tierrechtsbewegung möchte ein Gleichheitsprinzip durchsetzen. Ihre Anhänger lehnen die Auffassung von der Sonderstellung des Menschen ab. Sie wenden sich gegen jede Form von Benachteiligung, die einem Lebewesen gilt, bloß weil es ein Tier ist: das sei »Speziezismus« [102], der genauso zu verurteilen sei wie Rassismus und Sexismus. Diesen Haltungen sei gemeinsam, daß sie eine Gruppe von Menschen oder Tieren aufgrund eines unbedeutenden Merkmals (Hautfarbe, Geschlecht oder eben Angehöriger der Tierwelt) benachteiligten.

Die Tierrechtsbewegung hat in den letzten Jahren auch in Deutschland zahlreiche Anhänger gefunden. Ihre sehr klaren Auffassungen wirken attraktiv, weil sie kompromißlos sind, während doch die traditionellen Tierschutzvereinigungen auch zu würdelosem oder aggressivem Umgang mit Tieren wie in den Tierversuchen oder in der Massentierhaltung eine häufig uneindeutige, ja kompromißlerische Haltung einnehmen. Es ist selbstverständlich, daß die Anhänger der Tierrechtsbewegung jede Art der Verwendung von Tieren ablehnen: als Fleisch-, Eier- oder Milchproduzent, sie halten es für falsch, Seidenstoffe zu tragen, weil die Rohseide den Seidenraupen fortgenommen werden muß, und sie essen keinen Bienenhonig, weil sie sich nicht an dem Honigdiebstahl beteiligen wollen.

Die Anhänger der Tierrechtsbewegung treten in der Öffentlichkeit nachdrücklich auf; einige von ihnen sind auch durch Übergriffe bekannt geworden: Im Dienste einer »Animal Liberation« haben sie Tiere aus Versuchsanstalten befreit, Zootiere freigelassen, jüngst (1995) auch Schlachterläden verwüstet[103]. Es gibt zu denken, daß sich dieser Überfall auf eine Schlachterei in Bremen ausgerechnet gegen einen kleinen Betrieb richtete, der sich auf den Handel mit Bioland-Produkten verpflichtet hatte. Nun ist es ja nicht selten, daß sich eine neue Gruppierung vor allem von denjenigen abgrenzen will, denen sie sich am nahesten fühlen könnte. Dieses Abgrenzungsbedürfnis deutet aber regelmäßig darauf hin, daß diese Gruppen sehr stark ideologisch orientiert sind und fürchten müssen, von nahestehenden, ähnlichen Ideologien aufgesogen zu werden.

Aus dem gleichen Grund sind bei Kaplan die Abgrenzungen zur traditionellen Tierschutzbewegung so außergewöhnlich scharf und polemisch geraten: Er attestiert dieser Art von Tierschutz eine »konfuse wie erbärmliche moralische Ebene«, weil sich ihr Interesse nur auf die Erhaltung bedrohter Tierarten richtete, nicht aber das einzelne Tier und sein Wohlergehen im Auge habe. Und er scheut sich nicht, diese Haltung dadurch zu charakterisieren, daß sie auch einem Hitler nützlich gewesen sein könnte. Wenn man so dächte wie die traditionellen Tier- oder Naturschützer, dann könnte man auch über Hitler sagen: Solange er nur »dafür gesorgt hätte, daß die Juden nicht insgesamt aussterben, wäre an den Konzentrationslagern nichts auszusetzen gewesen!«[104]

Das wesentliche Argument der Tierrechtsbewegung besagt, daß es keine ethisch relevanten Unterscheidungen zwischen Menschen und Tieren gäbe. Tatsächlich ist der Gegenbeweis, nämlich die Behauptung von der Sonderstellung des Menschen und seiner Eigenart, die ihn wesentlich von Tieren unterscheide, nicht leicht zu begründen: Menschen seien, so diese Behauptung von der menschlichen Sonderstellung, zu autonomem und verantwortungsvollem Handeln fähig, sie besäßen Sprachvermögen und die Fähigkeit zu abstraktem Denken, sie seien sich ihrer selbst bewußt und könnten sich empathisch in andere Menschen hineinversetzen. Die Anhänger der Tierrechtsbewegung behaupten nun, daß auch Tiere diese Fähigkeiten besäßen: Auch sie verfügten über ein moralisches Bewußtsein, sie seien empathisch und zu sozialem Handeln fähig, und ihr Denk- und Sprachvermögen sei gewiß besser ausgebildet, als dies die menschliche Forschung bislang nachweisen konnte.

Diese Behauptungen von der Gleichheit menschlicher und tierischer Existenzweise sind im einzelnen kaum nachvollziehbar. Zum Beispiel ist die These von der Empathiefähigkeit mit Sicherheit falsch, und auch die Behauptungen über tierische Sprach- und Denkkompetenzen lassen sich kaum begründen, sie stoßen im Gegenteil auf starke Gegenargumente, die sich z. B. darauf stützen, daß (fast) kein Tier Symbole – wie in der Sprache – bilden kann. Auch andere Argumente der Tierrechtsbewegung, die sich auf das Erleben von Schmerz und Leid beziehen, wirken recht spekulativ. Kaplan bezieht sich z. B. auf Spaemann (1979, 1984), der das Leiden eines Tieres gegenüber dem eines Menschen um so schwerer gewichtet, weil es nicht fähig sei, sich selbst zu trösten, und weil es das Ende dieses Leidens nicht antizipieren könne. Auch zu diesem Argument taucht noch einmal ein höchst irritierender Vergleich auf: »Auf dem Weg in die Gaskammern Psalmen singen – das kann kein Tier. Es ist der dumpfen Angst sprachlos ausgeliefert, und seine Angst ist fast immer Todesangst«[105].

Dem kann man entgegenhalten, daß Menschen zwar die Fähigkeit besitzen, sich im Augenblick des Schmerzes zu trösten, daß sie aber andererseits in allen Situationen ihres Lebens gleichsam vom Tode umgeben sind, und der Schmerz, die Verletzung ist ihnen allgegenwärtig. Tiere hingegen können sich nicht vorstellen, wie es sein wird, wenn sie einmal Schmerzen erleiden werden, und sie können im Leben nicht mit dem Tode rechnen.

Obgleich also die Argumente der Tierrechtsbewegung, die auf die Gleichheit menschlichen und tierischen (Er-)Lebens zielen, im einzelnen nicht überzeugen, liegt das Fragwürdige ihrer Auffassungen eher darin, daß sie von vornherein einen rein biologischen Standpunkt wählen, der in der Tat die Sonderstellung des Menschen nicht erfassen kann. Diese Sonderstellung des Menschen ist rein biologisch gar nicht begründbar, denn sie gründet in einer philosophischen oder christlich orientierten Vorannahme, welche man nicht mit Hilfe von Tatsachen beweisen oder widerlegen kann. Selbstverständlich kann man die philosophisch oder christlich begründete Auffassung von der Sonderstellung des Menschen ablehnen – das tun die Anhänger der Tierrechtsbewegung –, aber dann muß man sich fragen, welche Folgen diese Entscheidung haben wird. Auch die Frage, welche Motive dieser Haltung zugrunde liegen, sollte gestellt werden dürfen.

Betrachtet man nun die Folgerungen einer Ethik der Tierrechtsbewegung, die die »Solidarität« des Menschen mit dem Tier in den Mittelpunkt rückt und die ethisch bedeutsamen Unterschiede zwischen Mensch und Tier in Abrede stellt, so stellt sich rasch heraus, daß die zunächst sehr attraktiv wirkende, kompromißlose Auffassung von der Gleichheit von Mensch und Tier im konkreten Einzelfall zu großen Entscheidungsproblemen führt[106].

Wie problematisch diese Entscheidungen werden, läßt sich an den Beispielen ablesen, die von den Autoren der Tierrechtsbewegung selbst angeführt werden, z. B. jene oft diskutierten Fälle, mit denen Tom Regan (1983) operiert: Er konstruierte eine jener harten »Entweder-Oder-Situationen«, in denen von zwei Lebewesen, die in einem Boot sitzen, eines geopfert werden muß, damit das andere überleben kann. In einem dieser Entscheidungsfälle handelt es sich um einen geistig behinderten Menschen und ein gesundes Tier, im zweiten Beispiel sind beide, Mensch und Tier, gesund. Regan meint nun, daß im ersten Falle der Mensch geopfert werden müsse, weil sein Tod aufgrund seiner Behinderung geringeres Leid verursache als der Tod eines gesunden Tieres. Im zweiten Falle hingegen müsse umgekehrt verfahren werden, weil der Tod eines gesunden Menschen größeres Leid verursache als der eines gesunden Tieres.

Nun läßt sich an diesen Beispielen die Problematik eines »tierrechtlichen« Standpunktes gut erläutern: Zunächst ist die Entscheidung, die Regan im zweiten Beispiel empfiehlt (gesunder Mensch vor gesundem Tier) zweifellos anthropozentrisch begründet, also genau so, wie es die »Tierrechtler« eigentlich ablehnen. Denn – wie auch Kohlmann (1995) in seiner Kritik zeigt – die Behauptung, das menschliche Sterben verursache größeres Leid als das des Tieres, kann nur von einem menschlichen, also anthropozentrischen Standpunkt aus getroffen worden sein.

Aber auch der Ausgang des ersten Beispiels (gesundes Tier vor behindertem Menschen) ist schon fragwürdig genug. Es zeigt, daß die Tierrechtler die »Gleichung« von Mensch und Tier auf Kosten der Menschenwürde herstellen, daß es ihnen also nicht darum geht, das Tier auf ein ethisches Niveau zu heben, auf dem die Menschen sich bewegen, sondern geradezu umgekehrt: Sie bestreiten die Sonderstellung des Menschen – die im Begriff der »Menschenwürde« ihren Ausdruck findet – und stellen den Menschen in seiner bloß körperlichen Existenz auf die Stufe der Tiere. Dann können sie einen behinderten Menschen, vermutlich soll es ein geistig behinderter sein, für weniger wertvoll (oder besser wohl: weniger nützlich) erachten als ein gesundes Tier.

Wenn also in der Tierrechtsbewegung von der »Erweiterung der moralischen Sphäre« auf alle Lebewesen die Rede ist, so ist gleichzeitig eine Verflachung beabsichtigt: die Beseitigung einer Ethik, die sich auf die besondere Verantwortlichkeit des Menschen, sein Selbstbewußtsein und seine Fähigkeit zum freien Handeln, kurz: seine Menschenwürde stützt. Tatsächlich liest sich das Kapitel »Menschenwürde und Tierrechte« im Buch von Kaplan wie ein einziges Pamphlet gegen die Würde des Menschen. Kaplan[107] steht auf dem Standpunkt, daß dem Menschen die Würde nicht von vornherein zukomme, er könne sie höchstens erwerben, während das Tier schon in seiner Existenz als bloßes Tier eine derartige Würde besitze.

Es ist gewiß auch kein Zufall, daß der in Deutschland wohl bekannteste Vertreter der »Animal Liberation-Bewegung«, Peter Singer, vor einigen Jahren in seiner praktischen Ethik für die Tötung schwerstbehinderter neugeborener Menschen eintrat. Dieser Beitrag zur neueren Euthanasiedebatte erregte vor allem in Deutschland aus verständlichen Gründen sehr viel Aufmerksamkeit und Widerspruch. Dennoch ist die Haltung Singers eigentlich nur konsequent. Sie entspricht sehr genau der Auffassung von Regan in seinem ersten Beispiel, in dem ein geistig behinderter Mensch im Notfall gegenüber dem gesunden Tiere geopfert werden sollte. In beiden Fällen fehlt die Voraussetzung einer Vorannahme von der unantastbaren Würde des Menschen. Wenn man diese Menschenwürde in Abrede stellt – zum Beispiel im Falle einer geistigen Behinderung –, dann kann man den Menschen in einer biologischen Betrachtung allen Tieren gleichstellen und auch wie sie behandeln.

Die Ablehnung der Eigen-Art des Menschen oder, vom Menschen aus betrachtet, der Andersartigkeit des Tieres, führt also nicht nur zu einer »Solidarität« mit dem Tier, sondern im gleichen Zuge auch zu einer Entsolidarisierung mit dem Menschen. Überdies führt sie im konkreten Einzelfall zu unlösbaren Entscheidungsproblemen, selbst dann, wenn man derartige Entweder-Oder-Situationen überhaupt ablehnt und sich – wie Kohlmann – fragt, ob es nicht besser wäre, derartig harte Entscheidungssituationen ganz zu vermeiden. Denn die radikale Ablehnung jeglicher Indienstnahme des Tieres führt nicht nur zur Weigerung, dem Bienenvolk den Honig zu stehlen und der Seidenraupe ihren Faden zu lassen, sondern letzten Endes auch zu der Frage, ob es nicht besser wäre, das eigene Haus gar nicht zu verlassen, um zu vermeiden, eine Ameise totzutreten. Und müßten nicht auch alle Kleinlebewesen aus ihrer Indienstnahme entlassen werden? All jene Milliarden von Bakterien, die helfen, unsere Fäkalien zu »verdauen«, den Rebensaft in Wein verwandeln und unseren Brötchenteig aufgehen lassen?

Man darf wohl vermuten, daß auch die Anhänger der Tierrechtsbewegung die Tiere auf ihre Weise verwenden: nämlich zu dem Zweck, die Solidarität mit anderen Menschen aufzulösen und in eine Spaltung zu verwandeln, eine Spaltung, welche die Welt in gute und böse Menschen teilt. Je radikaler diese Teilung, desto sicherer darf man sein, selbst den ganz Guten anzugehören. Und da dies alles im Dienste der Tiere geschieht, die dem natürlich nicht widersprechen können, wird die Egozentrik dieser Position zunächst gar nicht erkennbar. Sie enthüllt sich erst dann, wenn man die Tierrechtsbewegung gleichsam vom Kopfe auf die Füße stellt: Wenn man es so betrachtet, daß deren Anhänger die Tiere und deren vermeindliche Interessen verwenden, um sich von der Masse der schlechten Menschen als die besonders guten Menschen abzuheben. Nicht nur die erwähnten Beispiele, auch die Redeweise selbst, enthüllt diese wahrlich anthropozentrische Absicht. Hierzu noch einmal Kaplan: »Beim verzweifelten Versuch, das Geheimnis der Menschenwürde tiefer zu ergründen, kann sich einem zuweilen der Verdacht aufdrängen, daß es mit der Unantastbarkeit der menschlichen Würde eine fatale

Bewandtnis haben könnte: Vielleicht ist sie nur deshalb unantastbar, weil es sie gar nicht gibt!«[108]

Die Tierrechtsbewegung versucht, die Ungleichheit von Mensch und Tier zu beseitigen und den Menschen aus seiner unvermeidlich zwiespältigen Beziehung zum Tiere zu befreien. Menschen sind aber verschieden vom Tiere, ihnen kommt eine Sonderstellung zu, und es ist sinnvoll, ihnen eine unantastbare Würde zuzuerkennen. In menschlichen Gesellschaften richtet sich das soziale Leben nach ethischen Entscheidungen, tierische Gemeinschaften hingegen handeln ausschließlich nach Prinzipien der Effizienz. Dort, wo Tiere moralisch zu handeln scheinen – z. B. dann, wenn eine Dohle, die in den Zweikampf zwischen zwei rangniederen Dohlen eingreift und der unterlegenen beisteht –, handelt es sich um »moral-analoges Verhalten«[109], das ausschließlich im Dienste der Arterhaltung steht. Im Falle der Dohlen verhindert die Aggressivität der Dohle gegenüber dem rangnächsten Tier, daß die in der »Hackordnung« niederste von allen höheren angegriffen und um ihre Überlebenschancen gebracht wird.

Die Tierrechtsbewegung hat aber recht, wenn sie beklagt, daß Menschen ihre Sonderstellung sehr einseitig zur Indienstnahme und Ausbeutung des Tieres verwenden. Doch die Lösung dieses Problems kann nicht darin liegen, daß das Anderssein des Menschen gegenüber dem Tiere verleugnet wird, sondern darin, daß sich die Menschen ihres Andersseins bewußt werden und verantwortungsvoll wahrnehmen. Es käme darauf an, wie Kohlmann[110] schreibt, »sich in eine Beziehung einzulassen, indem das Andere *als Anderes* anerkannt wäre. Der Gegensatz von Mensch und Natur ist daher nicht ethisch einzuebnen, sondern in Verhältnissen aufzuheben, in denen dies Andere ohne Furcht und Mangel *verschieden* sein dürfte.«

Viele Ideen und Ideologien – auch die der Tierrechtsbewegung – bringen eine Sehnsucht des Menschen zum Ausdruck, das Anderssein des anderen, die Unterschiede zwischen den Menschen und auch die Unterschiede zwischen menschlichen und tierischen Gesellschaften ungeschehen zu machen. Es ist verlockend, dieser paradiesischen Phantasie nachzugehen, in der es keine Ungleichheiten (und natürlich auch keine Ungerechtigkeiten) gibt. Aber in diesen Phantasien kommt wohl auch zum Ausdruck, daß Menschen heute ins Zweifeln geraten sind, ob sie ihrer Sonderstellung in der Natur gerecht werden. Und sie mögen sich fragen, ob es sich für den einzelnen noch lohnt, all die Anstrengungen, den Verzicht und die innere Anpassung auf sich zu nehmen, um teilzuhaben an der Besonderheit der menschlichen zivilisierten Welt.

6. Eine Ethik der Mensch-Tier-Beziehung

Wie bereits dargestellt, taucht die Tierliebe in den vielen tausend Jahren menschlicher Beziehungen zum Tiere erst sehr spät auf. Sie ist also ein modernes Phänomen, eng verknüpft mit dem aufkommenden Selbstbewußtsein des neuzeitlichen Menschen und seiner Fähigkeit, sich in den anderen, auch in das Tier, hineinzuversetzen, mit ihm mitzufühlen, empathisch zu sein. Auch wenn diese Empathie auf einer Illusion beruht, ist sie doch die Grundlage der Tierliebe und der Motor aller Tierschutzbewegungen. So trat in der Neuzeit zu den älteren Motiven des Tierschutzes (dem Nützlichkeitsgedanken, dem Gebot christlicher Barmherzigkeit oder der Achtung vor den Mit-Geschöpfen Gottes) ein neuer Beweggrund: das Einfühlungsvermögen in das Leiden des Tieres.

Zeitlich parallel mit der Entwicklung des Einfühlungsvermögens trieb der Mensch aber auch eine Fähigkeit voran, Tiere für sich zu verwenden, sie in seinen Dienst zu nehmen. So erscheinen die moderne Tierliebe und die sehr vollkommene Unterwerfung des Tieres wie zwei Seiten eines Zusammenhanges. Fast möchte es scheinen, als sei die Tierliebe ein gefühlshaftes Gegengewicht für die Ausbeutung des Tieres, oder als sei sie zumindest ein Ausdruck schlechten Gewissens.

Tatsächlich aber ist es derselbe Entwicklungsschritt, der einerseits die Ausbeutung des Tieres ermöglichte und andererseits die Fähigkeit bereitstellte, sich in das Tier scheinbar hineinzuversetzen und Mitleid mit ihm zu empfinden: Es ist die »Exzentrizität« des modernen Menschen, seine Fähigkeit, sich selbst von außen zu betrachten, über sich nachzudenken. Und so wie er lernte, auf sich zu schauen, lernte er auch, sich in den anderen hineinzuversetzen und seine Welt mit seinen Augen zu sehen.

Es war also ein Trennungsschritt, der der Annäherung vorausging: Indem der Mensch lernte, sich von außen zu betrachten, löste er die subjektive Gebundenheit seines Denkens und Verhaltens, und er gewann nun eine distanzierte Beziehung zu sich selbst. In gleicher Weise verließ er die alte Verbundenheit mit dem »Bruder-Tier« und gewann doch dadurch erst die Fähigkeit, sich in dieses fremde Wesen scheinbar hineinzuversetzen.

Die Versachlichung, die Ausbeutung des Tieres einerseits und die Tierliebe und der Tierschutzgedanke andererseits, sind also zwei Seiten einer Medaille. Aber sie widersprechen sich und liegen fortlaufend im Konflikt miteinander. Vieles spricht dafür, daß dieser Konflikt zunehmend an Schärfe gewinnt und daß es immer schwieriger wird, eine allgemein akzeptierte Lösung zu finden. Dabei ist es nicht einmal schwer, extreme Fälle der Tierliebe und ebenso extreme Fälle der Ausbeutung des Tieres zu beurteilen: Vermutlich sind sich heute (fast) alle Mitteleuropäer einig in der Ablehnung von Hahnenkämpfen und Hundeschaukämpfen. Und auf der anderen Seite dürften wohl nur sehr wenige bereit sein, auf jegliche Indienstnahme des Tieres zu verzichten: nicht nur als Fleischlieferant oder Produzent von Bettfedern oder Seidengarn, auch als Lieferant von Bienenhonig sollte das Tier schon zur Verfügung stehen. Zwischen diesen beiden extremen Standpunkten aber begegnen wir einer großen Vielfalt schwieriger Fälle, die uns eine ethische Entscheidung abnötigen. Da geht es dann um die Frage, ob die Käfighaltung des »Batteriehuhns« gerechtfertigt sei, wieviel Quadratmeter Stallfläche das Kalb benötige, ob man Singvögel fangen und verzehren dürfe, wie viele Wale zum Abschuß freigegeben werden sollten und welche Gründe ausreichen könnten, um einen Tierversuch zur Erprobung neuer Medikamente zu rechtfertigen.

Auch innerhalb dieses Zwischenfeldes schwieriger und konflikthafter Entscheidungen geht es sehr widersprüchlich zu: Auf der einen Seite ist es dem Angler heute untersagt, einen gefangenen Fisch bis zum Ende des Angeltages in einem Drahtkorb unter Wasser lebend zu halten, auf der anderen Seite erschiene es uns absurd, ähnliches von der Berufsfischerei zu verlangen: Man stelle sich vor, ein Heringsfänger werde gezwungen, jeden einzelnen Fisch seines tonnenschweren Fanges mit einem gezielten Schlag auf den Kopf erst zu töten, anstatt ihn mitsamt der ganzen silbrigen und zappelnden Masse in den Laderaum hinabzuschütten!

Oder ein anderer Widerspruch: Eine Biologiestudentin erstritt vor einem Gericht die Befreiung von obligatorischen Sezierversuchen an lebenden Würmern. Aber zugleich ist es auf Antrag und unter Angabe eines »vernünftigen Grundes« erlaubt, auch höhere Säugetiere in der Pharmaforschung für Experimente zu verwenden.

Und ein drittes Beispiel für solche Widersprüche: Das Kürzen des Hundeschwanzes (z. B. bei Airdale-Terriern) ist heute nicht mehr erlaubt. Erlaubt ist es aber, Kälber in Boxen zu halten, die so klein sind, daß sie sich nicht einmal umdrehen können – sie sollten sich möglichst wenig bewegen, weil sie nur dann das begehrte helle, nämlich Kalbfleisch produzieren.

Das ethische Problem ist unvermeidbar

Die Konflikte, die wir uns mit der Verwendung des Tieres einerseits und unserer Tierliebe andererseits geschaffen haben, sind unvermeidbar. Ebensowenig wie wir auf unsere Tierliebe und unsere Empathie verzichten können, steht es uns frei, die Beherrschung der Natur und die Verwendung des Tieres zurückzunehmen. Wir haben – gewollt oder nicht gewollt – die Natur rings um den Erdball längst geprägt, es gibt keinen Landstrich, der nicht zumindest mittelbar auf unsere Präsenz reagiert hätte. Das ist im Einzelfall ganz unspektakulär: Die Schwarzdrossel z. B. war noch im vorigen Jahrhundert ein Zugvogel, der uns für den Winter verließ. Sie hat gelernt, unsere Gesellschaft für sich zu nutzen, und so ist sie weiter verbreitet denn je, aber eben auch ein Teil unser eigenen Umwelt.

Es ist sinnlos, sich eine Natur ohne den Menschen vorzustellen, und es kann nicht gelingen, den eigenen, menschlichen Einfluß rückgängig zu machen. Derartige Versuche, schädliche Einflüsse auf die Natur wiedergutmachen zu wollen, führen regelmäßig zu einem noch größeren Desaster.

Andererseits ist in biologischer Sicht unabweisbar, daß die Domestikation der Tiere wie eine »Krebsgeschwulst am Stammbaum der Evolution«[III] schon seit Jahrzehnten das biologische Geschehen der Evolution überwuchert.

Tatsächlich wirkt der menschliche Einfluß auf die Stammesgeschichte der Tiere fast durchweg schädlich. Zwar unterliegen Wildtiere[112] den gleichen genetischen Mutationen wie die Rassen unserer Haustiere und Nutztiere, aber die genetische Veränderung, die wir in der Tierzucht herbeiführen – z. B. den vermehrten Fleischansatz beim Hausschwein –, würde beim Wildtier zu einem Fitneßnachteil führen, seine Überlebenschance schmälern, und somit würde es als Irrtum aus der Evolution getilgt.

Die Domestikation der Haus- und Nutztiere führt in aller Regel nicht zur Herausbildung neuer Arten, sondern vergrößert nur innerhalb einer Art die Vielfalt. Bestes Beispiel ist wohl die unüberschaubar große Zahl von Hunderassen, denen gar nicht mehr anzusehen ist, daß sie alle Vertreter einer einzigen Tierart, nämlich der Hunde, sind. Diese Vielfalt ist aber ein beschämender Beweis für den schädlichen Einfluß menschlichen Züchterehrgeizes. Da gibt es Hunderassen, deren Becken so verengt ist, daß sie nur per Kaiserschnitt gebären können, andere, wie der Shar-Pei, haben als Rassemerkmal tiefe Hautfalten und Runzeln zu tragen, die täglich gereinigt werden müssen, und die herabhängenden Falten über ihren Augen müssen nach der Geburt des Tieres operativ angehoben werden. Aber auch in unserer Nähe finden wir absurde Beispiele: Der reinrassige Basset hat unter Konjunktivitis (Bindehautentzündung) zu leiden, d. h. im Klartext: Diese Erkrankung ist Teil des Rassestandards. Und die Züchtung der kurzen, krummen Dackelbeine bedingt Bandscheibenschäden, die das Tier überaus häufig an der sogenannten »Dackellähme« erkranken lassen und sein Herrchen zwingt er, dem Hund alles Treppensteigen zu ersparen. Das »Porscheheck« des modernen Deutschen Schäferhundes, also die nach hinten stark abfallende Rückenlinie, »wird mit schweren Hüftgelenksschäden erkauft«. Und so könnte ein Resümee all dieser Verirrungen lauten: »Aus Geltungsdrang und Profitgier haben Züchter von Hunden, Katzen, Tauben, Hühnern, Singvögeln und anderen Kleintieren ein Heer von Monstrositäten geschaffen. Sie handeln dabei meist streng nach Vorschrift, denn Hunde mit entzündeten Triefaugen, Schlabberfell, Atemnot und Gehbehinderung, Katzen ohne Nase, Schwanz und Schnurrhaare sind in den ›Rassestandards‹ – den Bibeln der Züchter und Preisrichter – vorgeschrieben.«[113]

All diese Rassevarianten hätten außerhalb unseres menschlichen Einflusses nicht die Spur einer Überlebenschance. Daß sie überleben, verdanken sie uns und der menschlich-künstlichen Umwelt, die wir für sie bereitstellen.

Die Evolution der Arten hat im Verlauf vieler Jahrmillionen eine für uns nicht überschaubare Vielfalt an Tierarten und Rassen hervorgebracht. Sie alle haben ihre eigenen Nischen gefunden, ihre Lebensräume, die sie ausfüllen und optimal nutzen. So spiegelt sich in der Vielfalt der Tierarten die Vielgestaltigkeit der Lebensbedingungen auf unserer Erde. Dieser Zusammenhang zwischen natürlicher Lebensbedingung und arteigener Anpassung aber ist im Falle der Domestikation von Haustieren und Nutztieren gänzlich verlorengegangen. In der Vielfalt etwa unserer Haustierrassen spiegelt sich keineswegs die Variabilität natürlicher Lebensbedingungen, sondern nur der persönliche Ehrgeiz menschlicher Züchter, ihr Geltungsbedürfnis, ihre Rivalität, aber auch ihr Wunsch nach Zuwendung, nach Gehorsam und unbeirrbarer Treue des Tieres. Und in den Arten unserer Nutztiere spiegelt sich der menschliche Wunsch nach Vermehrung seines Kapitals, nach maximalem Nutzen seines Einsatzes, nach optimaler Verwendung des Tieres als Fleisch-, Milch- oder Eierproduzent. In der Variabilität unserer domestizierten Tiere spiegelt sich also nicht die Vielfalt ökologischer Lebensbedingungen, sondern wir Menschen spiegeln uns selbst in ihnen: mit unseren Eigenschaften, unseren Wünschen und vielleicht auch unseren unbewußt gebliebenen Absichten.

Daß der Mensch seine Überlegenheit auf eine so schädliche Weise nutzte, muß seine Sonderstellung suspekt machen, denn es ist unübersehbar, daß wir unsere Überlegenheit nicht auf verantwortliche Weise nutzen. Aber es ist nicht möglich, die Geschichte der menschlichen Überlegenheit und der menschlichen Herrschaft über Tiere rückgängig machen zu wollen und auf die Suche zu gehen nach dem Tiere, welches – noch ganz unbeschädigt von menschlichem Einfluß – das Ideal natürlichen Lebens zu verkörpern scheint. Vielmehr käme es darauf an, sich der Verantwortlichkeit gegenüber dem Tiere gerade aufgrund eigener Überlegenheit bewußt zu werden und sich darüber klarzuwerden, wie sehr wir uns selbst in all jenen Tierarten und Rassen spiegeln, deren Vielfalt wir hervorgebracht haben.

Das ethische Problem ist unlösbar

Menschen haben sich herausgenommen aus dem Prozeß der Evolution, haben deren Ablauf unterbrochen und selbst die Herrschaft über das Evolutionsgeschehen an sich gerissen und ihm eigene Ziele gegeben. Mit unserem wachsenden Selbstbewußtsein und unserer Fähigkeit, über uns selbst und die anderen Gegenstände der Welt zu reflektieren, haben wir uns aus der Gemeinschaft mit dem »Bruder-Tier« herausgelöst und zugleich Selbstbeherrschung und Beherrschung der Natur erlernt. Unsere neu gewonnene Fähigkeit, die Gegenstände der Welt objektiv als Gegenstände für sich zu betrachten, trennte uns zwar von den Dingen der Welt, ermöglichte uns aber zugleich, über diese Objekte zu verfügen und sie nach eigenem Interesse zu verwenden. Wir lernten insbesondere, die Instinktgebundenheit der Tiere für uns funktional zu nutzen – ganz ähnlich, wie wir physikalische Gesetzmäßigkeiten zu nutzen gelernt haben.

Hierzu noch einmal ein Beispiel: Das Dressurreiten ist eine hochentwickelte Methode, einem wenig intelligenten und sehr ängstlichen Tiere den Willen des Menschen aufzuzwingen. Das Beispiel zeigt auch, wie sehr die Beherrschung des Tieres voraussetzt, daß sich Menschen in der Instinktwelt des Tieres zurechtfinden, daß sie seinen Bewegungsapparat studieren und herausfinden, auf welche Einwirkungen das Pferd regelmäßig reagiert. Die Kunst des Dressurreiters besteht darin, diese Einwirkungen – etwas verschämt »Hilfen« genannt – möglichst unauffällig zu geben, so daß seine Herrschaft über das Tier von außen kaum sichtbar ist. Tatsächlich aber lenkt er das Pferd durch die Gangarten selbst zu äußerst komplizierten, auch unnatürlichen Bewegungsabläufen, indem er seine Einwirkungen systematisch setzt. Zahlreiche der im Dressurreiten geforderten Figuren würde das Pferd ohne äußeren Zwang kaum je ausführen; schon das Rückwärtsgehen ist Pferden zuwider.

Mit dem Abschied aus der Gemeinschaft mit dem »Bruder-Tier« verlor der Mensch auch das Verständnis für sich selbst als einem Wesen der Natur. Jenes »ich denke, darum bin ich« verdunkelte die Einsicht, daß wir nicht nur als geistige, sondern doch auch als körperliche Wesen leben und daß unsere körperlichen Bedürfnisse nicht weniger unsere Wünsche und Motive prägen als unsere geistigen Ideale. Insofern haben sich Menschen in der Neuzeit von sich selbst entfernt, freilich haben wir auch gelernt, uns über diese Entfernung gründlich zu täuschen. In der Beziehung zum Tiere nun erblicken wir die Chancen, einer »nur« körperlichen Existenzweise wieder nahe zu sein. Die moderne Tierliebe wurzelt wohl gerade in diesem Bedürfnis: die Getrenntheit von der leiblichen Existenz zumindest illusionär zu überwinden.

Mit unserer illusionären Einfühlung in das Tier schlagen wir eine Brücke über den tiefen Graben, den wir selbst zwischen uns und der bloß körperlichen Existenzweise des Tieres gezogen haben. So ist unsere Beziehung zum Tiere von einem unlösbaren Konflikt geprägt: Einerseits müssen wir uns unserer stets unsicheren Überlegenheit gegenüber dem Tiere ständig versichern, indem wir es beherrschen und für uns verwenden, andererseits aber sehnen wir uns nach der

Nähe zu diesem rein körperlichen Wesen. In der Beziehung zu ihm, suchen wir die Fremdheit zu überwinden, die wir zwischen uns und der belebten Natur herrschen ließen. Im Kern ist es wohl die Fremdheit unserer eigenen körperlichen Existenz, die wir in der Tierliebe durchdringen möchten. Insofern ist die Tierliebe nur ein Umweg zu uns selbst; weil wir aber fürchten, unsere Sonderstellung als geistig und moralisch herausgehobene Existenz zu verlieren, können wir uns der körperlichen Existenz – unserer eigenen und der in der belebten Natur – nicht wirklich hingeben.

Die Unlösbarkeit des menschlichen Konfliktes in seiner Beziehung zum Tiere besteht also darin, daß es nicht gelingen kann, zwei Seiten eines Widerspruchs miteinander zu versöhnen: die eine Seite der notwendigen Überlegenheit und Herrschaft über das Tier und die andere Seite der leiblichen Nähe zum »Bruder-Tier«. Zwischen diesen beiden Polen, dem der Hingabe und dem der Kontrolle, sucht der Mensch einen Kompromiß, und eine dieser kompromißhaften Lösungen ist die Tierliebe.

Indem Menschen über die Jahrhunderte hinweg die Beziehung zu sich selbst verändert haben, änderten sie auch ihre Beziehung zum Tier. Ging es ihnen bis ins späte Mittelalter darum, ihre Sonderstellung zu festigen, indem sie ihre Herrschaft über das Tier demonstrativ sicherten, begannen sie in der Neuzeit, den Abstand zur belebten Natur und zu sich selbst als Mangel zu erspüren und in der Tierliebe zu überwinden.

In Zeiten, in denen sich der Mensch mit dem »Bruder-Tier« verbunden fühlte, waren es Nützlichkeitserwägungen, die sein Handeln bestimmten. Auf der Schwelle zur Neuzeit, am Ende des europäischen Mittelalters, kam es – z. B. in den Tierprozessen – zu sehr aggressiven Handlungsweisen, in denen die Bemühung des Menschen zum Ausdruck kam, sich selbst seiner moralischen Überlegenheit wenigstens mit Hilfe drastischer Strafandrohung zu versichern. Die neuzeitliche Lehre von der geistigen Überlegenheit des Menschen dann machte diese Drohungen überflüssig. Unbekümmert herrschte der Mensch über die Sache Tier, begann aber zugleich auch, die Tierliebe im modernen Sinne zu entwickeln. Tierschutzvereine und Tierschutzgesetzgebung sind Zeichen dieser Entwicklungsschritte.

Bis heute haben sich die beiden Seiten des menschlichen Verhältnisses zum Tiere, die Seite der Hingabe und die der Kontrolle, fortentwickelt: Die Verwendung des Tieres, seine Nutzung vor allem für die menschliche Ernährung, trägt immer radikalere Züge, und auf der anderen Seite nimmt auch die Tierliebe immer radikalere Formen an: Am ehesten sind es heute wohl die Veganer, die in ihrer strikten Ablehnung jeglicher Verwendung von Tieren bis hin zum Verbot, Bienenhonig zu essen, die den extremsten Gegensatz zu der nicht weniger extrem Ausbeutung des Tieres markieren.

Dabei ist die extremste Form der Verwendung des Tieres noch nicht einmal erwähnt worden: Die Möglichkeit nämlich, mit Hilfe von genetischen Manipulationen der physischen Konstitution des Tieres in weit stärkerem Maße Herr zu werden, als es alle züchterischen Erfolge bisher erträumen ließen.

Es ist über die Jahrhunderte immer schwierig gewesen, eine Ethik der Mensch-Tier-Beziehung zu begründen.

Zweitausend Jahre lang war es in Europa die christliche Religion, welche die Maßstäbe für viele Menschen setzte: Sie ermahnte zur Achtung vor den Mitgeschöpfen Gottes und erinnerte ihn daran, daß seine Herrschaft über die Natur auch die Fürsorge eines Herrn für seine Untergebenen einschließt. In der Neuzeit, mit der Entwicklung der empathischen Fähigkeiten, wandten die Menschen das christliche Barmherzigkeitsgebot auch auf Tiere an: Indem sie ihr Mitgefühl nicht nur über den »geringsten« Bruder, über den armen, kranken oder ausgestoßenen Menschen gleiten ließen, sondern auch das Tier einbezogen, fühlten sie sich nunmehr verantwortlich für das Tier, das nicht weniger ein Schutzbefohlener sein konnte als ein auf Barmherzigkeit angewiesener Mensch.

Heute dient die christliche Ethik nur noch wenigen Menschen als Richtlinie für ihr Urteilen und Handeln. Längst haben Gesetzesvorschriften diese Funktion ethischer Orientierung übernommen, aber sie haben den Grundkonflikt in der menschlichen Beziehung zum Tiere nicht lösen können. So sinnvoll all die Initiativen sind zum Schutze der Robbenbabys, zur Befreiung der Labortiere, zur artgerechten Tierhaltung in der Eier- und Fleischproduktion, zur artgemäßen Haltung der Tiere in Zoos und Zirkusunternehmen: Sie alle, so gut sie gemeint sind, verwirklichen stets nur die eine Seite eines widersprüchlichen Verhältnisses von Hingabe und Kontrolle in der Beziehung zum Tiere.

Dem Problem begegnen!

Wie wird sich die Mensch-Tier-Beziehung fortentwickeln? Wird sich der Widerspruch zwischen Hingabe und illusionärer Empathie einerseits und Kontrolle, Ausbeutung und Verwendung des Tieres andererseits weiter verschärfen?

Die jüngsten Entwicklungen legen diese Vermutung nahe. Auf der einen Seite schlug der Mensch mit seiner Fähigkeit, genetische Informationen gezielt umzuschreiben, ein neues Kapitel in der Beherrschung des Tieres auf. Uns gelingt es immer besser, die physiologische Existenz und zunehmend auch die Verhaltensausstattung des Tieres zu verändern und unseren Absichten zu unterwerfen. Neue Tierarten entstehen. Was bisher nur in seltenen Kreuzungsversuchen gelang, wie in dem von Esel und Pferd zu Maultier und Maulesel, oder sinnlose Kuriositäten hervorbrachte wie die Kreuzung von Löwe und Leopard, können wir heute gleichsam am Reißbrett entwerfen: Ein neu erschaffenes Tier zum Beispiel wie jene Bakterie, die Ölrückstände im Meere verzehrt. Seine Existenz erhält durch uns einen Sinn, nämlich den, uns bei der Beseitigung unseres Abfalls zu dienen.

Selbst diejenigen Menschen, die sich der christlichen Lehre verpflichtet fühlen, mögen nun in Zweifel geraten, ob diese neuen Geschöpfe wirklich noch in Gottes Hand liegen. Schließlich sind wir es, die ihre Existenz hervorgebracht haben, und ihr Sinn scheint sich dadurch zu erfüllen, daß sie uns zur Verfügung stehen. Aber sie sind darum nicht zu beneiden. Gottes Geschöpf zu sein, ist zwar auch ein Eigentumsverhältnis, aber doch eines, das jeder Tierart die

Freiheit zuerkennt, sich in der Evolution einen eigenen Platz zu suchen. Gerade diese »Sinnlosigkeit« im Spiel von Mutation und Selektion öffnet den Raum ihrer Freiheit. Diese Freiheit wollen wir den Geschöpfen, die wir nun erschaffen, gerade nicht mehr zubilligen.

Nun könnte man vielleicht einwenden, daß die moderne Tierzucht und erst recht die genetische Manipulation doch dazu führen könnte, daß sich die Tiere bei uns, in der Anwesenheit des Menschen, zunehmend wohler fühlten. Man denke nur an den Feldhasen, der im Tiergarten neun oder zehn Jahre alt werden kann. In »freier Natur« darf er sich einer Lebenserwartung von durchschnittlich 12 Monaten erfreuen. Sollte es nicht ein Fortschritt sein zu erreichen, daß das Batteriehuhn eines Tages nichts mehr vermissen wird, weil wir ihm einige unpassende Verhaltensweisen abgezüchtet haben: das Scharren, das Baden im Staub, das nächtliche Sitzen auf der Stange? Läge nicht ein Vorteil darin, wenn das Schlachtschwein in beengten Lebensverhältnissen und beim Transport zum Schlachthof weniger Streß empfände und weniger infarktgefährdet wäre? Müßte man es nicht begrüßen, wenn es endlich gelänge, der Milchkuh die störenden Hörner wegzuzüchten, die dem Konstrukteur von Fütterungsautomaten soviel Kopfzerbrechen bereiten und dadurch die Milchproduktion verteuerten? Wäre es nicht gar ein Akt der Tierliebe, wenn wir Fischarten hervorbrächten, die in unseren sauerstoffarmen und von Abwässern belasteten Flüssen und Seen weniger litten, sondern zügig heranwüchsen und sich vermehrten?

Tatsächlich könnte man es so betrachten: In der Zucht, und erst recht in der genetischen Kreation passen wir die

Tiere zunehmend unseren Bedingungen an, indem wir ihre Leidensfähigkeit herabsetzen. Wir ermöglichen ihnen immer mehr, unsere Anwesenheit zu ertragen. Die Eigenart des Tieres, seine Wildheit, die allzuoft unvereinbar ist mit unserer menschlichen Existenz auf der Erde und die zahlreiche Tierarten schon zum Verschwinden brachte, wird schwinden und einer Behaglichkeit Platz machen, mit der das Tier in unserer Gesellschaft leben wird. Zwar werden wir ganz ohne Zweifel noch sehr viele Tierarten auslöschen, aber wir werden andere hervorbringen, denen unsere Gesellschaft nicht nur angenehm, sondern auch notwendig ist.

Zunehmend werden wir den Tieren das Fremdartige nehmen, ihre Eigen-Art, mit der sie uns gegenüberstanden, unzugänglich, unbegreifbar. Aber indem wir das Fremde im Tier beseitigen, machen wir sie uns selbst immer ähnlicher. Zunehmend spiegeln wir uns in der Tierwelt, die wir beherrschen. Und was sehen wir, wenn wir in diesen Spiegel schauen? Was erkennen wir von uns, wenn wir uns in der Bakterie, die unsere Ölrückstände verzehrt, betrachten? Welche Seite unserer Existenz können wir wahrnehmen, wenn wir das Huhn betrachten, das offenbar zufrieden in allerkleinsten Drahtkörben zu leben gewohnt sein wird? Wir erkennen uns selbst mit unseren ausbeuterischen, gierigen und egozentrischen Interessen, mit unserer Konzentration auf materiellen Reichtum und unsere Rücksichtslosigkeit gegenüber allem, das nicht »für uns« existieren will. Das sind die Seiten von uns, die wir in diesen Tieren erkennen. Je mehr wir die Tiere nach unserem Bilde gestalten, um so deutlicher erkennen wir in ihnen die Schattenseiten unserer eigenen Existenz.

Zwar mag es sein, daß wir die Fremdheit zum Tiere nicht mehr vermissen, wenn wir es zunehmend verstanden haben, die Tierarten in der Gegenwart an uns selbst und unsere Interessen anzupassen. Aber unsere Sehnsucht nach der Natur, nach dem Nichtdomestizierten, der Wildheit und dem Leiblichen in uns selbst werden wir nicht mehr stillen können. Diese Sehnsucht galt dem Tier als dem fremdartigen Wesen, dem Gegenüber, das für sich sein wollte und noch frei zu sein schien von der Zwangsjacke der Zivilisation. Indem wir die Tiere uns selbst anpassen, zwängen wir sie in unsere Zwangsjacke mit hinein. Aber wir werden sie so nicht lieben können, weil sie uns nur selbst so ähnlich sein werden und weil sie genau jene Eigenschaften zur Schau tragen werden, die wir vor uns selbst verbergen möchten.

Und die Tierliebe? Sie wird vielleicht in ähnlichem Maße radikaler werden, wie wir auf der anderen Seite unsere Verwendung des Tieres radikalisieren. Radikal ist die Tierliebe des Hundebesitzers, der sein Leben und das seiner Familie ganz den vermeintlichen Interessen seines Hundes unterordnet: Der Tagesablauf gehorcht den Bedürfnissen des Hundes nach ausgiebigen Spaziergängen, die Urlaubsgestaltung unterliegt den Möglichkeiten geeigneten Hundeauslaufes und der wahrscheinlichen Nähe freundlicher anderer Hunde. Die Futterbeschaffung erfordert weite Wege und verursacht hohe Kosten. Der Tierarzt wird zum Freund der Familie, die ständige Sorge um mögliche Krankheiten überschattet den Tag und bedrückt den Schläfer bei Nacht. Hier steht das Tier im Zentrum menschlichen Lebens, und das Verhältnis der Menschen zu ihm scheint vor allem von der Hingabe an die Eigenart des Tieres zu sein. Das Motiv der Kontrolle, der Herrschaft über das Tier, ist nicht erkennbar, jedenfalls nicht auf den ersten Blick.

Tatsächlich aber verwendet der Tierliebhaber sein Haustier auf eigene Weise egozentrisch. Zwar soll es ihm nicht zur Nahrung dienen und soll auch keine mühseligen Arbeiten verrichten, aber es hat andere, kaum weniger drängende Pflichten zu erfüllen: Vielleicht soll es seinen Eigentümer von quälenden Selbstzweifeln befreien, vielleicht soll sein Glanz als preisgekröntes Zuchttier ein wenig Anerkennung auch auf seinen Besitzer lenken. Möglicherweise soll sein Gehorsam seinem Herrn versichern, daß er mächtig und durchsetzungsfähig ist, oder seine Aggressivität soll den Feinden seiner Familie Respekt beibringen und Furcht einflößen. Derartige Indienstnahme des Tieres ist nicht weniger egozentrisch als die offenkundige Verfügung über das Tier als Produzent von Eiern, Milch oder Fleisch. Sie ist nur weniger gut sichtbar, weil sie sich als Hingabe an das Tier tarnt und weil ihre unbewußten Motive im Dunkeln bleiben.

Und die radikalen Tierschützer, die Veganer, die gänzlich darauf verzichten wollen, das Tier oder seine Produkte für sich in Anspruch zu nehmen? Auch sie verwenden das Tier, benutzen es vielleicht im Streite gegen andere Menschen, in der Selbst-Idealisierung als der bessere Mensch in einer sehr schlechten Welt. Was bewegt einen Menschen, immer dieselben grauenhaften Bilder von gemarterten Affen aus Laborversuchen hervorzusuchen und den erschrockenen Passanten in Fußgängerzonen ins Gesichtsfeld zu rücken? Steckt nicht auch in dieser Tierliebe ein egozentrisches Motiv, ein Versuch, das gequälte Tier zum eigenen, subjekthaften Zweck zu verwenden?

Menschen bringen in der Beziehung zum Tiere immer die beiden Seiten des Widerspruchs von Hingabe und Kontrolle zum Ausdruck. Sie können sich vielleicht darüber täuschen und ihren Wunsch nach Überlegenheit und nach Verwendung des Tieres zu eigenem Zweck verleugnen; aber gerade dann mag die Indienstnahme um so radikaler sein. Menschen können ihre Sonderstellung unter den Lebewesen niemals verlassen, auch nicht in der Tierliebe.

Eine Ethik der Mensch-Tier-Beziehung kann sich nicht allein darauf konzentrieren, die Tierliebe zu vermehren und das Bedürfnis nach Kontrolle und Beherrschung des Tieres zurückzudrängen. Besser wäre es, beider Seiten, der Hingabe und der Kontrolle, gewahr zu werden und auch in der radikalsten Tierliebe das Bedürfnis nach einer Verwendung des Tieres zu erkennen. Trotz aller nützlichen Initiativen zur Verbesserung des Tierschutzes und des Naturschutzes kann es in diesem Konflikt zwischen Hingabe und Kontrolle keine Lösung geben. Auch die Frage: »Wie wäre das Tier ohne uns?« wird uns nicht weiterhelfen. Die zentrale Maxime einer Ethik menschlicher Beziehung zum Tiere möge sich an den Menschen selbst richten: Erkenne Dich selbst in Deiner Beziehung zum Tiere!

Anmerkungen

1 Davis u. Valla, 1978, S. 609
2 Nach Kuhn, 1979
3 Plessner, 1982
4 Hermann, 1967
5 Hornung, 1967
6 Kuhn, 1979
7 Das Wort vom »Bruder-Tier« geht auf Franziskus von Assisi (1182-1226) zurück; Albert Schweitzer (1875-1965) griff ihn in der Neuzeit wieder auf.
8 1979, S. 259
9 Boessneck, 1983
10 Riedl, 1979, S. 43
11 Woodruff u. Premack, 1979
12 Sauer, 1983
13 Calvocoressi, 1990, S. 164, vermutet, daß mit dem Kalb der ägyptische Stiergott Apis gemeint sein könnte, »den die Israeliten eigentlich am anderen Ufer des Roten Meeres zurücklassen sollten«.
14 Dieses Wort von der »Krone« der Schöpfung taucht in der Bibel allerdings an keiner Stelle auf.
15 Einheitsübersetzung; Neue Jerusalemer Bibel, 1985
16 Hier zum Vergleich noch einmal ein Text aus der Bibel des Jahres 1777: »Herr, wie sind Deine wercke so groß und viel? Du hast sie alle weislich geordnet, und die erde ist voll deiner güter. Das meer, das so groß und weit ist, da wimmelts ohne zahl, beyde große und kleyne thiere. Daselbst gehen die schiffe; da sind wallfische, die du gemacht hast, daß sie darinnen schertzen«.
17 Man darf annehmen, daß dieser Psalm in der Zeit des Königs David (ca. 1010-970 vor Christus) von Tempelsängern verfaßt wurde. (Neue Jerusalemer Bibel, 1985, S. 765 f)
18 Vgl. v.a. Teutsch, 1987
19 Ze'ev Levy, 1995, S. 74
20 Lauterbach, 1982, S. 48
21 Es war die 2. Kammer des Ersten Senats des Bundesverfassungsgerichtes (AZ 1 BvR 1494/95).
22 Albert Schweitzer gebrauchte vermutlich auch als erster den Begriff des »Mitgeschöpfes«. Auch Johannes Huber, der einflußreiche Präsi-

dent des Baseler Tierschutzvereins sprach (1929, S. 20) von dem »Mitgeschöpf in seiner wundervollen Eigenheit und Variabilität«. Der Züricher Theologe Fritz Blanke (1959) bezog sich mit seiner »Ethik der Mitgeschöpflichkeit« auf Albert Schweitzer – seither steht dieser Begriff im Zentrum einer Ethik der Mensch-Tier-Beziehung. (Berkholz, 1981, vor allem Teutsch, 1975, 1987)

23 Huber, 1929
24 Ein Beispiel gibt die Biographie des Edelherrrn Berhard II. zur Lippe (geb. etwa 1140), der zunächst zum Kleriker erzogen wurde, dann ein Leben als Fürst und Ritter führte, bevor er sich im sechsten Lebensjahrzehnt entschloß, sein weltliches Leben aufzugeben. Er trennte sich von seiner Gattin und trat in den Zisterzienserorden als Mönch ein. Sein Biograph Justinus beschreibt diese Lebensgeschichte ohne jede »Explikation der inneren Dimension des Handelns.« (Wiersing, 1993, S. 188)
25 In der englischen Sprache ist diese Unterscheidung sehr viel klarer mit Hilfe des »I« und des »me« zu treffen.
26 Dinzelbacher, 1981
27 Dinzelbacher, 1981, S. 189. Auf S. 193 zitiert der Autor einen Text aus der Schule Abaelards, also aus dem 12. Jahrhundert: »Liebe ist der gute Wille gegenüber einem anderen und zwar nur seinetwegen«.
28 Montaigne, Essais II, 8.
29 Es ist üblich, daß der Entdecker einer Tierart dem lateinischen Namen dieser Art seinen Eigennamen hinzufügt; deswegen tragen so überaus viele Tierarten hinter ihrem lateinischen Namen die Abkürzung L. (für Linné).
30 Zit. nach Burghardt, 1978, S. 21
31 1835, S. 517
32 Abgesehen von esoterischen Werken, die in jüngerer Zeit wieder auftauchen. Beispiele sind Spiesberger, 1986, Thomas, 1994
33 So beschrieb es der damals sehr bekannte Psychologe Claparède, 1914, S. 4.
34 Pfungst, 1907, S. 180
35 Pfungst, 1907, S. 85
36 Pfungst registrierte diese unwillkürlichen Kopfbewegungen bei vielen Personen: »Sehr ausgiebig, d. h. 1 bis 2 mm, waren diese Bewegungen nur bei ganz wenigen Versuchspersonen; durchschnittlich erreichten sie noch nicht die Größe eines Millimeters. Ganz vermißte ich sie aber nur bei zwei besonders abstrakt denkenden Gelehrten, von denen der eine charakteristischerweise auch von dem Pfer-

de trotz wiederholter Versuche keine Antwort hatte erhalten können.« (Pfungst, 1907, S. 78)
37 Vor allem von Christian von Ehrenfels, Max Wertheimer und Kurt Koffka entwickelt.
38 W. Köhler, 1921
39 Wie O. Koehler, N. Tinbergen und I. Eibl-Eibesfeld
40 Spitz, 1976
41 Zur Geschichte dieses Begriffs: Das ältere Wort »Einfühlung« oder auch »Einsfühlung« (Scheler) wurde in einem Rückgriff auf das griechische »empeia«, d. h. »mit-leiden«, von Titchener ins Amerikanische mit dem Kunstwort »empathy« übersetzt. Von dort holten die Philosophen und Psychologen Theodor Lipps und Wilhelm Wundt das Wort als »Empathie« zurück ins Deutsche. (Teutsch, 1977)
42 Bischof-Köhler, 1989
43 Zerner, 1987, S. 16
44 Wochner u. Klosinski, 1988
45 Kellert u. Felthous, 1987
47 Einige Studien bestätigten die Hypothese über einen Zusammenhang zwischen kindlicher Grausamkeit gegen Tiere und später auftretender Gewalt gegen Menschen (so Hellman u. Blackman, 1966, Felthous, 1980, Kellert u. Felthous, 1986). Andere Untersuchungen unterstützen diese Hypothese nicht (z. B. Climent et al., 1972).
48 Kellert u. Felthous, 1987, s. a. Zerner, 1987, S. 16
47 Kellert u. Felthous, 1987, S. 80, erhoben eine lange Liste grausamer Handlungen von Kindern an Tieren: »ein Haustier boshaft lange schlachten, einem gefangenen wilden Tier bei lebendigem Leib die Haut abziehen, ein Tier steinigen oder schlagen, ein Tier in die Luft sprengen, ein Tier absichtlich verwunden, einen Hund für einen Hundekampf anmelden, ein Tier aus großer Höhe hinabwerfen, einem Tier die Flügel ausreißen, zwei Tiere mit dem Schwanz zusammenbinden, ein Tier durch einen Stromschock töten, ein Tier verbrennen, ein Tier blenden, ein Tier verstümmeln, ein Tier absichtlich verhungern lassen, ein Tier erhängen, einem Tier die Knochen brechen, ein Tier mit chemischen Reizmitteln anschütten«.
49 Tapia, 1971
50 S. Kellert u. Felthous, 1987, Wochner u. Klosinski, 1988, Tapia, 1971
51 Zerner, 1988, Kellert u. Felthous, 1987
52 Tapia, 1971, Robin u. Bensel, 1985
53 1989, S. 88
54 1875, S. 2

55 Greiffenhagen, 1991, S. 26
56 Teutsch, 1987, S. 40
57 Weswegen Geiger, 1931, S. 239, glaubt, daß die »sozialen Beziehungen des Urmenschen zum Tier wahrscheinlicher als für den Kulturmenschen sind.«
58 Sauer, 1983, S. 16
59 Busemann, 1965, S. 129
60 Hediger, 1967, S. 245. Leslie hatte im Jahre 1964 über sein Erlebnis berichtet; Hediger ließ sich die Wahrheit dieses Berichtes von ihm selbst bestätigen.
61 Lindauer, 1990, S. 234
62 Dieses und weitere Beispiele sind aus Lindauer, 1990.
63 1967, S. 250
64 Lindauer, 1990, S. 45
65 1990, S. 142
66 Riedl, 1979, S. 76
67 Frazer, 1968, nach: Hirschberg, 1988, S. 460
68 Bergdolt, 1994
69 Vgl. Allport, 1951
70 Deutsches Wörterbuch, hrsg. von Jakob und Wilhelm Grimm, Bd. 29, S. 504-507
71 Mann, 1948, S. 759
72 Nach Serpell, 1990, S. 198
73 1994, S. 9
74 Foucault, 1994, S. 25
75 Serpell, 1990,. S. 219
76 Klös et al., 1994, S. 17
77 Klös et al., 1994, S. 22
78 Klös et al., 1994, S. 19
79 Klös et al., 1994, S. 12
80 Freud, 1909, S. 391
81 Freud, 1909, S. 433
82 Freud, 1909, S. 435.
83 Diese Furcht gründete vor allem darin, daß er seine Mutter ganz für sich begehrte. Allerdings gab ihm sein Vater durchaus Gelegenheit, diese Furcht mit Erfahrung zu sättigen. Z.B. drohte er seinem Sohn ganz unmißverständlich – wenn auch in scherzhaftem Tone –, daß kleinen Jungen, die lustvoll mit ihren Genitalien spielen, die Kastration drohe: »Gib den Finger nicht zum Pferd, sonst wird es dich beißen.« (Freud, 1909, S. 353) Auch war er zweifellos eifersüchtig ange-

sichts des intimen Verhältnisses zwischen dem kleinen Hans und seiner Mutter. Hierzu Freud: »Dieser Vater war ihm bei der Mutter im Wege. Wenn er da war, konnte er nicht bei der Mutter schlafen, und wenn die Mutter Hans ins Bett nehmen wollte, schrie der Vater. Hans hatte erfahren, wie gut er's bei Abwesenheit des Vaters haben könnte, und der Wunsch, den Vater zu beseitigen, war nur gerechtfertigt.« (Freud, 1909, S. 365)

84 Dies ist die Psycho-Logik vieler phobischer Erkrankungen: Eine innere Angstquelle wird in eine äußere verwandelt. Diese Externalisierung macht sie kontrollierbar. Obgleich sich Phobiker aufgrund ihrer Symptome so eingeschränkt und unglücklich fühlen, ist es offenbar einfacher, einer Angstquelle per Vermeidung auszuweichen, als sie fortgesetzt mit sich herumzutragen.
85 Spiesberger 1986, S. 114
86 Einige dieser »Klassiker« finden sich in dem Büchlein »Hundegeschichten«, herausgegeben von D. Meier-Jaeger, 1994.
87 Ebner-Eschenbach, 1901, S. 264
88 In der psychoanalytischen Behandlungspraxis begegnen wir nicht selten Menschen, die Lösungswege eingeschlagen haben, mit denen sie sich selbst schaden oder Schmerzen zufügen, aber sie tun es, weil ihnen dies als einzige Möglichkeit erschienen war, sich selbst noch als aktiv handelnd zu erleben.
89 Stekel, 1912, S. 48
90 Bertram, 1980, S. 100
91 Cecchi, 1982, S. 152
92 Cecchi, 1982, S. 155
93 Jünger, 1982, S. 167
94 Eggebrecht, 1982, S. 163
95 Cecchi, 1982, S. 152
96 Sylvia Greiffenhagen,1991, hat hierüber und über die folgenden Themen dieses Kapitels ein ausführliches und sehr informatives Buch veröffentlicht.
97 Kuratorium Deutsche Altershilfe, 1992
98 Ein Beispiel für ein wissenschaftlich begleitetes »Hundebesuchsprogramm« der Freien Universität Berlin und des Berliner Vereins »Leben mit Tieren« gibt Renfordt, 1994.
99 Kaplan, 1993, S. 23
100 Kotter, nach Bodenstein, 1982, S. 17
101 1993, S. 40
102 Der Begriff »Speziezismus« wurde von R. Ryder eingeführt; P. Singer

griff ihn auf und verwendete ihn mit großer Wirksamkeit (nach Ze'ev Levy, 1995).
103 Mirsch, 1995, S. 46
104 Kaplan, 1993 S. 84
105 Spaemann, 1979, in Teutsch, 1987, S. 264
106 Dies hat vor allem Kohlmann, 1995, gezeigt.
107 Kaplan, 1991
108 Kaplan, 199, S. 109
109 Lorenz, 1956
110 1995, S. 27
111 Boessneck, 1983, S. 20
112 Der Begriff »Wildtier« ist eigentlich irreführend; zumindest in Mitteleuropa handelt es sich überwiegend um »Kulturfolger«, und gerade dasjenige »Wild«, das uns das liebste (zumindest häufigste) ist, das Reh oder das Rotwild, haben wir längst aus dem Evolutionsgeschehen herausgenommen und unseren Bedingungen unterstellt.
113 Schuster, 1995, S. 21

Literatur

Allport, G., Treibjagd auf Sündenböcke. Christian-Verlag, Berlin, Bad Nauheim 1951

Aries, P., Geschichte der Kindheit. Hanser, München 1978

Baumann, P., Fink, O., Zuviel Herz für Tiere. Sind wir wirklich tierlieb? Hoffmann und Campe, Hamburg 1976

Bergdolt, K., Der schwarze Tod in Europa. Die Große Pest und das Ende des Mittelalters. Beck, München 1994

Berkholz, G., Erziehung zur Tierliebe – Was können Elternhaus und Schule dafür tun? In: Schröter, G. (Hrsg.): Schulkinderprobleme. Burgbücherei Schneider, Baltmannsweiler, S. 165-179, 1981

Bertram, J., Kamarad Hasso – Anmerkungen zu einem deutschen Wesen. Darmstadt 1980

Bezzel, E., Liebes böses Tier. Die falsch verstandene Kreatur. Artemis, München 1992

Bischof-Köhler, D., Spiegelbild und Empathie. Huber, Berlin, Stuttgart, Toronto 1989.

Blanke, F., Unsere Verantwortlichkeit gegenüber der Schöpfung. In: Der Auftrag der Kirche in der modernen Welt. Festgabe zum 70. Geburtstag von Emil Brunner. Zwingli, Zürich, Stuttgart, S. 193-198, 1959

Bodenstein, Walter, Das Lebensrecht des Tieres und die Schuld des Menschen. In: Hellfaier, K. A. (Hrsg.): Tier und Mensch. Selbstverlag, Detmold 1982

Boessneck, J., Die Domestikation und ihre Folgen. In: Müller-Karpe, H. (Hrsg.): Zur frühen Mensch-Tier-Symbiose. Kommission für Allgemeine und Vergleichende Archäologie des Deutschen Archäologischen Instituts Bonn. AVA-Kolloqien Bd.4. C. H. Beck, München 1983

Brackert, H., van Kleffens, C., Von Hunden und Menschen. Geschichte einer Lebensgemeinschaft. C.H.Beck, München 1989

Brehm, A. E., Illustrirtes Thierleben. Eine allgemeine Kunde des Thierreichs, 6 Bände Hildburghausen 1864

Brehm, A. E., Illustrirtes Thierleben, Bd. 1-3 Verlag des Bibliographischen Instituts, Leipzig 1875

Burghardt, G. M., 1978. Die Geschichte der Tierpsychologie. Psychologie des 20. Jahrhunderts, Bd. VI: S. 20-28

Busemann, A., Kindheit und Reifezeit. Moritz Diesterweg Verlag, Frankfurt am Main 1965

Calvocoressi, P., Who's who in der Bibel? Deutscher Taschenbuchverlag, München 1990
Claparède, E., Die gelehrten Pferde von Elbersfeld. Tierseele, Zeitschrift für vergleichende Seelenkunde I, S. 3-39, 1914
Climent, C. E., Ervin, F. R., Historical Data in the Evaluation of Violent Subjects. Arch. Gen. Psych. 27, S. 621-624, 1972
Crossan, J. D., Der historische Jesus. Beck, München 1994

Davis, S. J. M., Valla, F. R., Evidence for domestication of the dog 12,000 years ago. Nature 276, S. 608-610, 1978
Deissler, A., Vögtle, A., (Hrsg.): Neue Jerusalemer Bibel. Herder, Freiburg 1985
Delort, R., Der Elefant, die Biene und der heilige Wolf. – Die wahre Geschichte der Tiere. Hanser Verlag, München, Wien 1987
Dinzelbacher, P., Über die Entdeckung der Liebe im Hochmittelalter. In: Saeculum. Jahrbuch für Universalgeschichte Bd 32, S. 185-208, 1981

Ebner-Eschenbach, M. v., Meistererzählungen. Manesse, Zürich, S. 101-119, 1901

Felthous, A. R., Aggression against cats, dogs and people. Child Psychiatry and Human Development 10, S. 169-177, 1980
Felthous, A. R., Kellert, S., Violence against animals and people: is aggression against living creatures generalized? Bulletin of the American Academy of Psychiatry and the Law 14, S. 55-69, 1986
Felthous, A. R., Kellert, S., Childhood cruelty to animals and later aggression against people: A review. American Journal of Psychiatry 144, S. 710-717, 1987
Foucault, M., Überwachen und Strafen. Die Geburt des Gefängnisses. Suhrkamp, Frankfurt am Main 1976
Freud, S., Analyse der Phobie eines fünfjährigen Knaben. GW VII, S. 241-377, 1909
Freud, S., Bemerkungen über einen Fall von Zwangsneurose. GW VII, S. 379-463, 1909
Friedmann, H., The Honey-Guides. U.S. Natural Museum Bulletin 208, 1955

Geiger, T., Das Tier als geselliges Subjekt. Forschungen zur Völkerpsychologie und Soziologie 10, S. 234-255, 1931
Greiffenhagen, S., Tiere als Therapie. Droemer Knaur, München 1991

Hediger, H., Tierpsychologie im Zoo und im Zirkus. Friedrich Reinhardt, Basel 1961
Hediger, H., Verstehens- und Verständigungsmöglichkeiten zwischen Mensch und Tier. Schweizerische Zeitschrift für Psychologie und ihre Anwendungen 26, S. 234-255, 1967
Hediger, H., Das Leiden der Tiere. Universitas 31, S. 79-90, 1976
Herrmann, F., Das Tier als Schöpfer. Ein Beitrag zur vergleichenden Mythologie. Studium Generale 20, S. 129-138, 1967
Hirschberg, W., Neues Wörterbuch der Völkerkunde. Dietrich Reimer Verlag, Berlin 1988
Hornung, E., Die Bedeutung des Tieres im alten Ägypten. Studium Generale 20, S. 69-84, 1967
Huber, J., Tierschutz. Das Tier 4, S. 17-20, 1929

Kaplan, H. F., Philosophie des Vegetarismus: kritische Würdigung und Weiterführung von Peter Singers Ansatz. Lang, Frankfurt am Main 1988
Kaplan, H. F., Warum Vegetarier? Grundlagen einer universalen Ethik. Lang, Frankfurt am Main 1989
Kaplan, H. F., Sind wir Kannibalen? Fleischessen im Lichte des Gleichheitsprinzips. Lang, Frankfurt am Main 1991
Kaplan, H. F., Leichenschmaus. Ethische Gründe für eine vegetarische Ernährung. Rowohlt, Reinbek bei Hamburg 1993
Kellert, S. R., Felthous, A. R., Childhood cruelty toward animals among criminals and noncriminals. Human Relations 38, S. 1113-1129, 1985
Kirby, W., On the Power, Wisdom and Goodness of God as manifested in the creation of animals and in their history, habits and instincts, I, II. William Pickering, London 1835
Klös, H. G., Frädrich, H., Klös, U., Die Arche Noah an der Spree. FAB Verlag, Berlin 1994
Köhler, W., Intelligenzprüfungen an Menschenaffen. Springer, Berlin 1921
Kohlmann, U., Überwindung des Anthropozentrismus durch Gleichheit alles Lebendigen? Zur Kritik der »Animal-Liberation-Ethik«. Zeitschrift für philosophische Forschung 49, S. 15-35, 1995
Kuhn, W., Das Tier als Partner, Gott und Sklave. Katholische Bildung 5, S. 257-270, 1979
Kuratorium Deutsche Altershilfe, Wilhelmine Lübke Stiftung e.V., Tiere in Alten- und Pflegeheimen. Argumente und Beispiele. Selbstverlag, Köln 1992

Lauterbach, C., Das Tier in den Rechtsvorschriften. In: Hellfaier, K. A. (Hrsg.): Tier und Mensch. Selbstverlag, Detmold 1982

Levy, Z., Ethische Aspekte des Tierschutzes. Prima philosophia 8, S. 69-84, 1995

Lindauer, M., Botschaft ohne Worte. Wie Tiere sich verständigen. Piper, München, Zürich 1990

Linné, C. von, Des Ritters Carl von Linné vollständiges Natursystem. Raspe, Nürnberg 1773-1776

Lopez, B. H., Of Wolves and Men. Charles Scribner's Sons, New York 1978

Lorenz, K., Moralanaloges Verhalten geselliger Tiere. Universitas 11, S. 691-704, 1956

Mann, T., Faustus, S. 759, 1948

Meier-Jaeger, D. (Hrsg.): Hundegeschichten. Deutscher Taschenbuch Verlag, Manesse Verlag, Zürich 1994

Meyer-Holzapfel, M., 1978. Die Geburt der Ethologie. Psychologie des 20. Jahrhdts. VI, S. 29-38

Miersch, M., Magna Charta für Fifi. »Die Zeit« vom 3. 2. 1995, S. 46, 1995

Nozick, R., Vom richtigen, guten und glücklichen Leben. Carl Hanser, München 1991

Pfungst, O., Das Pferd des Herrn Osten (Der kluge Hans). Ein Beitrag zur experimentellen Tier- und Menschenpsychologie. Verlag von Johann Ambrosius Barth, Leipzig 1907

Plessner, H., Mit anderen Augen. Aspekte einer philosopohischen Anthropologie. Reclam, Stuttgart

Regan, T., The Case for Animal Rights. London 1982, 1983

Renfordt, H., Ben weiß, wer ich bin. FU Nachrichten 12, S. 14-15, 1994

Rheinz, H., Eine tierische Liebe. Kösel, München 1994

Riedl, R., Biologie der Erkenntnis. Die stammesgeschichtlichen Grundlagen der Vernunft. Paul Parey, Berlin und Hamburg 1979

Robin, M. ten, Bensel, R., Pets and the Socialisation of children: Pets and the family. Marriage and family review 8, 1985

Sauer, H., Über die Geschichte der Mensch-Tier-Beziehungen und die historische Entwicklung des Tierschutzes in Deutschland. Dissertation

Justus-Liebig-Universität, Gießen 1983
Schuster, G., Qualzüchtungen: Folter für die Kuscheltiere. Stern, Heft 7, S. 16-26, 1995
Serpell, J., Das Tier und wir. Eine Beziehungsstudie. Albert Müller Verlag, Zürich, Stuttgart, Wien 1990
Singer, P. (Hrsg.): Verteidigt die Tiere: Überlegungen für eine neue Menschlichkeit. Ullstein, Berlin 1988
Singer, P., Befreiung der Tiere: eine neue Ethik zur Behandlung der Tiere. Hirthammer, München 1982
Singer, P., Praktische Ethik. Reclam, Stuttgart 1984
Singer, P., Animal Liberation. London 1991
Spaemann, R., Bestialische Quälereien Tag für Tag. In: Deutsche Zeitung 33, 1979
Spaemann, R., Tierschutz und Menschenwürde. In: Händel, U. M. (Hrsg.): Tierschutz, Testfall unserer Menschlichkeit. Fischer, Frankfurt am Main 1984
Spiesberger, K., Phänomen Tier in Forschung – Volksglaube, Magie und Esoterik. Verlag Richard Schikowski, Berlin 1986
Spitz, R. A., Vom Säugling zum Kleinkind. Klett, Stuttgart 1976
Stekel, W., Die Entstehung der Tierliebe. Zentralblatt für Psychoanalyse 3, 1912

Tapia, F., Children who are cruel to animals. Child Psychiatry and Human Development 2, S. 70-71, 1971
Teutsch, G. M., Soziologie und Ethik der Lebewesen. – Eine Materialsammlung. Peter Lang, Frankfurt am Main 1975
Teutsch, G. M., Lernziel Empathie In: Lück, H. E. (Hrsg): Mitleid-Vertrauen-Verantwortung. Klett, Stuttgart, S. 145-155, 1977
Teutsch, G. M., Kinder und Tiere. Unsere Jugend 32, S. 435-455, 1980
Teutsch, G. M., Kinder und Tiere. Von der Erziehung zu mitgeschöpflichem Verhalten. Unsere Jugend 32, S. 435-455, 1980
Teutsch, G. M., Tierschutz oder Menschenschutz? Unsere Jugend 32, S. 433-434, 1980
Teutsch, G. M., Da Tiere eine Seele haben. Kreuz Verlag, Stuttgart 1987
Teutsch, G. M., Mensch und Tier: Lexikon der Tierschutzethik. Vandenhoeck und Ruprecht, Göttingen 1987
Thomas, E. M., Das geheime Leben der Hunde. Rowohlt, Reinbek bei Hamburg 1994
Tuan, Yi-Fu, Dominance and affection. The making of pets. Yale University Press, London 1984

Uexküll, J., von Kriszat, G., Streifzüge durch die Umwelten von Tieren und Menschen. Ein Bilderbuch unsichtbarer Welten. S. Fischer Verlag, Frankfurt am Main 1970

Wiersing, E., Überlegungen zum Problem mittelalterlicher Personalität. In: Röckelein, H. (Hrsg.): Biographie als Geschichte. edition diskord, Tübingen, S. 184-218, 1993

Wochner, M., Zum Phänomen der Tierquälerei im Kindes- und Jugendalter. Dissertation der Medizinischen Fakultät der Universität Tübingen 1988

Wochner, M., Klosinski, G., Kinder- und jugendpsychiatrisch auffällige Tierquäler. Schweizer Archiv für Neurologie und Psychiatrie 139, S. 59-67, 1988

Woodruff, G., Premack, D., Intentional communication in the chimpanzee: The development of deception. Cognition 7, S. 333-362, 1979

Zerner, J. M., Wenn Kinder Tiere quälen. Psychologie Heute 14, S. 16, 1987

HERRAD SCHENK
WIEVIEL MUTTER BRAUCHT
DER MENSCH?
Der Mythos von der guten Mutter

Broschur

Dieses Buch macht Frauen Mut, sich zu ihrer ganzen Identität als Mutter und als gesellschaftliches Individuum mit Recht auf Selbstverwirklichung zu bekennen. Der Blick in die Geschichte hilft, die Mystifikation der heutigen Mutterrolle zu relativieren – zum Nutzen von Mutter *und* Kind.

KIEPENHEUER & WITSCH

Barbara Belford
Viktorianische Liebesspiele
Das Leben der Schriftstellerin Violet Hunt

Titel der Originalausgabe: *Violet*
Deutsch von Leonore Schwartz
Mit zahlreichen Abbildungen
Gebunden

Für Oscar Wilde war sie »The sweetest Violet in England«; Henry James nannte sie seinen »Purple Patch«. Sie flirtete leidenschaftlich gern und hatte zahllose Affären. Ihr lebenslang geführtes Tagebuch ist die Quelle für Barbara Belfords lebensvolle, fesselnde Biographie.

Kiepenheuer & Witsch